조울병의 변증법적
행동치료 워크북

Sheri Van Dijk 지음

김 원 옮김

 시그마프레스

조울병의 변증법적 행동치료 워크북

발행일 | 2015년 9월 15일 1쇄 발행

저자 | Sheri Van Dijk
역자 | 김원
발행인 | 강학경
발행처 | ㈜ 시그마프레스
디자인 | 우주연
편집 | 류미숙

등록번호 | 제10-2642호
주소 | 서울시 영등포구 양평로 22길 21 선유도코오롱디지털타워 A401~403호
전자우편 | sigma@spress.co.kr
홈페이지 | http://www.sigmapress.co.kr
전화 | (02)323-4845, (02)2062-5184~8
팩스 | (02)323-4197

ISBN | 978-89-6866-500-4

The Dialectical Behavior Therapy Skills Workbook for Bipolar Disorder: Using DBT to Regain Control of Your Emotions and Your Life

∗ 책값은 책 뒤표지에 있습니다.

이 도서의 국립중앙도서관 출판예정도서목록(CIP)은 서지정보유통지원시스템 홈페이지 (http://seoji.nl.go.kr)와 국가자료공동목록시스템(http://www.nl.go.kr/kolisnet)에서 이용하실 수 있습니다.(CIP제어번호 : CIP2015024658)

역자 서문

조울병은 내가 20년 전 정신과 전공의를 처음 시작했을 때, 나에게 처음으로 배정된 환자의 병명이었다. 첫 환자에 대한 기억은 평생의 의사 생활에 영향을 준다고 했던가! 지금까지 나는 꾸준히 조울병과 조울병을 겪고 있는 환자들에게 더 많은 관심을 지녔었다. 나는 조울병이 생물학적인 면과 심리사회적인 면이 모두 중요한 정신건강의학의 핵심을 보여준다고 생각했고, 이 두 측면의 치료가 잘 이루어졌을 때 환자의 회복과 사회의 기여가 어떤 질환보다도 더 성공적이라고 생각했기 때문이다. 실제로 여러 멋진 사람들이 조울병으로 오래 고통을 받다가, 적절한 치료를 제대로 받으며 혼란을 극복하는 그 훌륭한 모습을 볼 때 가장 기뻤던 것 같다. 그래서 이 워크북을 발견하고 번역 작업을 하면서 조울병을 가진 사람들이 이용할 수 있는 심리사회적 기술을 하나 더 소개한다는 것에 나 나름의 의미를 갖고 기쁘게 임할 수 있었다.

조울병은 일반적으로 대중들이 알고 있는 우울증에 비해 조금 더 복잡한 기분장애라고 할 수 있다. 조증과 우울증이라는 반대되는 기분 삽화가 발병하는데, 이렇게 기분조절이 잘 되지 않는 기분 삽화에는 생물학적인 뇌 기능의 불균형이 상당히 작용하므로 약물치료가 필수적이다. 실제로 정신건강의학과 병의원에서 조울병치료는 대부분 약물치료에만 치중되고 있다. 그러면 조울병이 있는 사람들의 심리사회적 측면은 관심을 가질 필요가 없을까? 그렇지 않다. 조울병치료에 약물치료가 가장 핵심적인 치료이긴 하지만, 조울병 환자들은 약물을 장기간 복용한다는 것에 대한 부담, 정신건강에 문제가 있는 사람이라는 낙인, 조증이나 우울증으로 인해 파괴된 대인관계, 직장 및 학교생활의 실패 등으로 많은 심리적 고통을 겪고 있다. 그리고 이런 심리적 고통은 다시 조증이나 우울증을 악화 혹은 재발시킬 수 있는 스트레스로도 작용한다. 그러므로 조울병을 잘 극복하고 안정된 삶을 되찾기 위해서는 약물치료와 더불어 심리사회적 관심과 치료가 필요하다.

이 **조울병의 변증법적 행동치료 워크북**은 조울병 환자가 스스로 읽고 실행하면서 여러 기술들을 익힐 수 있는 자조(self-help) 워크북이다. 변증법적 행동치료는 넓은 의미의 인지행동치료에 속하며, 원래 감정조절장애가 주요 문제인 경계성 인격장애의 치료법으로 개발된 치료이다. 그러나 변증법적 행동치료에서 사용하는 여러 기술은 조울병에서의 감정 조절 및 여러 문제에도 성공적으로 적용될 수 있을 것이라고 생각한다. 나는 조울병과 인지행동치료의 전문가로서 이 워크북의 내용이 많은 이에게 도움이 될 것이라고 믿는다. 하지만 번역에는 전문가가 아니므로 노력했지만 번역 오류도 있을 수 있음을 밝히고 독자들의 지적과 도움을 부탁드린다. 그리고 현재 조울병의 공식적인 학술 용어는 양극성장애(bipolar disorder)이고 이 책의 원서에도 양극성장애라고 하였지만, 번역서에는 대중이 더 잘 이해하는 용어인 조울병으로 모두 번역하였다.

끝으로 이 책을 펴내는 데 많은 도움을 준 ㈜시그마프레스, 대한우울조울병학회, 한국인지행동치료학회에 감사드리고, 항상 나에게 안정과 기쁨을 주는 연경과 도연에게 감사한다.

2015년 9월

역자 김 원

저자 서문

당신이 조울병을 겪고 있다면, 당신은 조울병이 인생에 큰 영향을 주고 심지어는 인생을 위태롭게 만들 수도 있다는 것을 알고 있을 것이다. 조울병의 전형적인 치료방법은 약물치료인데, 약물치료를 통해 효과적으로 심한 기분의 변동을 안정시킬 수 있다. 하지만 조울병은 한 번 극복하면 다시는 생기지 않는 그런 질병이 아니다. 조울병은 재발이 아주 흔하다. 조울병과 함께 오랜 기간 살아간다는 것은 천식이나 고혈압, 당뇨병과 같은 만성질환을 관리하는 것과 비슷한 측면이 있다. 당신은 의학적 치료와 함께, 증상 악화를 방지하고 삽화 재발을 막기 위한 생활습관 개선도 추구해야 한다. 당신은 자신의 감정에 영향을 주는 것들에 대해, 그 순간을 잘 알아차려서 선택하는 방법도 배우는 것이 좋다. 조울병의 힘든 증상이 있더라도, 당신의 감정을 잘 조절하고 대처하는 행동을 선택하는 방법도 배울 수 있다. 새로운 기술과 새로운 태도를 배우는 것이다.

하지만 조울병의 어려움을 조절하기 위한 심리학적 전략을 생각할 때, 우리는 재미있는 역설에 부딪히게 된다. 이런 작업에 필요한 도구는 바로 우리의 마음인데, 조울병은 이 마음에 생긴 병이기 때문이다. 심리학의 행동주의 학파는 마음은 내버려두고 행동과 그 행동의 결과에 집중하는 방식으로 이 문제를 해결하려 한다. 또 다른 접근방식인 인지치료는 논리와 근거를 이용해서 우리의 생각을 우리가 믿는 정도를 변화시키고, 이를 통해 결국 행동을 변화시키려고 한다. 이 두 가지의 방식으로, 당신은 당신의 마음을 알게 되고 조울병 증상을 느끼는 그 순간에 선택과 변화를 할 수 있는 능력을 얻게 된다.

저자가 이 책에서 제시하는 접근법은 행동치료와 인지치료의 가장 좋은 요소를 마음챙김 연습과 잘 결합해서, 당신에게 조울병에 대한 지식과 이에 잘 대처하는 방법을 제공해주는 것이다. 이 워크북은 우리가 잘 알지 못하는 우리의 믿음과 태도가 우리의 세상에 대한 관점을 좌우한다는 전제로부터 시작한다. 우리의 행동에 미치는 이런 소리 없는 영향력을 인식하는 능력을 키우기 위해서, 저자는 현재 순간의 경험에 대한 인식을 높이는 여러 가지 연습을 제시해준다. 이 책 전체를 통해서 반복되는 중요한 주제는, 조울병의 상승과 하강을 관리하기 위해서는 위기를 극복하는 방법을 배워야 한다는 것이다.

힘든 문제가 개인적인 것이건, 대인관계이건, 경제적 문제이건 간에 당신이 반응을 어떻게 하느냐에 따라 그 문제는 더 심해질 수도 좀 나아질 수도 있다. 첫 번째 단계인 수용(받아들이기)은 간혹 비생산적으로 보이고 심지어 포기하는 것처럼 보이기도 한다. 하지만 수용은 도전에 단순히 반응하는 것이 아니라 효과적으로 문제에 대처하기 위한 첫걸음인 것이다. 불쾌한 경험을 회피하고 밀어내던 습관적인 행동을 버림으로써 당신은 수용을 할 수 있고, 당신이 마주친 문제가 무엇인지 명확히 알게 되어 더 건강한 행동을 선택할 수 있다.

이어지는 장에서 다루는 감정에 대한 지식, 고통 감내 기술, 대인관계 효율성에 대한 공부와 훈련은 당신에게 새로운 기술과 능력을 가져다줄 것이다. 맨 마지막 장에는 가족들을 위한 내용도 담겨 있다. 조울병이 있는 사람에게 제공되는 도움의 질은 가족과 친구들에 의해 결정되기 때문에 조울병에 있어서는 주변 사람들의 역할도 매우 중요하다.

조울병은 겪고 있는 사람이나 주변 사람들이나 치료자들에게도 모두 도전을 가져다주는 쉽지 않은 질병이다. 그런데 이에 대한 좋은 워크북은 매우 적다. 이 워그북은 조울병을 겪고 있는 사람들이 필요로 하는 도움을 제공하고, 압도적인 감정을 조절하는 방법을 배울 수 있는 아주 좋은 워크북이다. 이 책이 앞으로도 오랫동안 아주 귀중한 자료가 될 것이라고 기대한다.

진델 시걸 박사
토론토대학교 정신건강의학과 교수
'우울증을 다스리는 마음챙김 명상', 저자

차례

조울병과 변증법적 행동치료에 대하여

당신은 아마도 당신이나 주변의 누군가가 정서적인 어려움을 겪고 있기 때문에 이 책을 구입했을 것이다. 당신은 혹시 그것이 조울병[1] 이 아닐까 하는 걱정을 하고 있거나 혹은 "대체 조울병이란 것이 뭐야?"라는 궁금증을 가지고 있을 수도 있다.

조울병은 기분이 극도로 들떠 있는 상태인 조증과 극도로 가라앉아 있는 상태인 우울증을 특징으로 하는 질환이다. 다른 말로 하자면, 조울병을 가진 사람은 기분이 들뜨거나 가라앉는 상태(우울증 삽화나 조증 삽화)를 주기적으로 겪는다는 것이다.

아래의 설문지는 간단하게 조울병의 유무를 추정해볼 수 있는 선별검사 도구이다. 이 설문지를 통해 조울병의 진단을 내릴 수는 없다. 실제 조울병의 진단은 정신과 전문의만이 내릴 수 있다. 하지만 이 선별검사를 해봄으로써 이 워크북이 도움이 될지를 알 수 있을 것이다. 이 설문지에 나오는 증상들과 비슷한 경험들이 있다면, 조울병이건 아니건 간에 이 책에서 배우는 여러 기술들이 도움이 될 것이다.

---

[1] 역주 : 현재 정신의학에서 조울병의 공식 학술 명칭은 양극성장애(bipolar disorder)이다. 이 명칭은 우울증 삽화와 조증 삽화가 서로 극과 극의 감정 상태라는 의미에서 양극성이란 말로 표현된 것이다. 하지만 양극성장애라는 용어를 싫어하는 전문가들도 많으며, 일반적으로 조울병이란 용어가 일반 사회에 훨씬 널리 알려져 있으므로 이 책에서는 모두 조울병으로 기술하고자 한다.

한국형 기분장애 질문지

과거에 있었던 기분의 변화를 조사하는 질문입니다(현재 상태를 평가하는 것이 아닙니다).

1.	다음처럼 당신은 평소의 자신과는 달랐던 적이 과거(예전)에 있었습니까?	예	아니요
	기분이 너무 좋거나 들떠서 다른 사람들이 평소의 당신 모습이 아니라고 한 적이 있었다. 또는 너무 들떠서 문제가 생긴 적이 있었다.		
	지나치게 흥분하여 사람들에게 소리를 지르거나, 싸우거나 말다툼을 한 적이 있었다.		
	평소보다 더욱 자신감에 찬 적이 있었다.		
	평소보다 더욱 잠을 덜 잤거나, 또는 잠잘 필요를 느끼지 않은 적이 있었다.		
	평소보다 말이 더 많았거나 말이 매우 빨라졌던 적이 있었다.		
	생각이 머릿속에서 빠르게 돌아가는 것처럼 느꼈거나 마음을 차분하게 하지 못한 적이 있었다.		
	주위에서 벌어지는 일로 쉽게 방해 받았기 때문에, 하던 일에 집중하기 어려웠거나 할 일을 계속하지 못한 적이 있었다.		
	평소보다 더욱 에너지가 넘쳤던 적이 있었다.		
	평소보다 더욱 활동적이었거나 더 많은 일을 하였던 적이 있었다.		
	평소보다 더욱 사교적이거나 적극적(외향적)이었던 적이 있었다. (하나의 예를 들면, 한밤중에 친구들에게 전화를 했다.)		
	평소보다 더욱 성행위에 관심이 간 적이 있었다.		
	평소의 당신과는 맞지 않는 행동을 했거나, 남들이 생각하기에 지나치거나 바보 같거나 또는 위험한 행동을 한 적이 있었다.		
	돈 쓰는 문제로 자신이나 가족을 곤경에 빠뜨린 적이 있었다.		
2.	만약 위의 질문 중에서 두 개 이상 예라고 했다면, 그중 몇 가지는 같은 시기에 벌어진 것입니까? 　　　　예　　　　　　　　　아니요		
3.	이러한 일들로 인해서 어느 정도의 문제가 발생했습니까? 예를 들어 일할 수 없었다, 금전적 문제, 법적 문제 또는 가족 내에 분란이 생겼다, 말다툼하거나 싸웠다 등(다음 중 하나만 표시하십시오.) 　문제 없었다　　　경미한 문제　　　중등도의 문제　　　심각한 문제		

기분장애 질문지(MDQ)는 세 가지 주요 부분으로 구성되어 있다. 첫 번째 부분은 기분장애의 특정 증상들에 대한 13개의 예-아니요 질문 항목으로 구성된다. 두 번째 부분은 증상들이 비슷한 시기에 함께 생겼느냐에 대한 질문이고 역시 예-아니요 질문이다. 세 번째 부분은 증상으로 인한 결과의 심각도를 묻는 질문인데, '문제 없었다'에서 '심각한 문제'까지로 되어 있다.

조울병의 가능성이 있다는 결과

1. 첫 번째 부분의 13개 질문 중 적어도 7개 이상에서 '예'라고 대답하였고,

2. 두 번째 부분에서도 '예'라고 대답했으며,

3. 세 번째 부분에서는 적어도 '중등도의 문제'나 '심각한 문제'로 답하였을 때

위 질문지에서 조울병 가능성이 있다는 결과가 나왔더라도 조울병이 진단되는 것은 아니다. 조울병 진단을 위해서는 정신과 전문의에 의한 광범위하고 철저한 진단 평가가 필요하다.

(위에 인용한 한글판은 전덕인 등에 의해 한글화 및 표준화됨. 대한우울조울병학회)

이제 당신이 조울병 증상들을 가지고 있는지 살펴보았다면, 다음에는 변증법적 행동치료 (Dialectical Behavior Therapy, DBT)가 무엇인지 간단히 살펴보고, 이 워크북이 어떻게 당신의 문제를 도울 수 있는지 설명하려 한다.

변증법적 행동치료란 무엇인가

변증법적 행동치료(DBT)란 마샤 리네한(Marsha Linehan 1993a, 1993b)이 원래 경계성 인격장애 환자들에 대한 심리치료로 개발한 치료이다. 하지만 이후 다른 문제들에서도 효과가 있는 것으로 알려졌다. 조울병 증상을 가진 사람에게도 도움이 될 수 있는 가장 큰 이유는 이 치료를 통해 과도하고 강력한 감정을 관리할 수 있는 여러 방법을 배울 수 있기 때문이다. 변증법적 행동치료는 자신의 고통을 보다 건강한 방식으로 조절할 수 있게 해주어 감정의 폭발이나 제어불능 상태를 막는 데 도움을 준다.

DBT 기술

변증법적 행동치료(DBT)의 첫 번째 목표는 일상생활을 더 효과적으로 살아갈 수 있게 해주는 기술들을 배우는 것이다. 이 워크북 전체를 통해서 당신이 배울 여러 가지 DBT 기술들은 크게 네 가지 범주로 나뉠 수 있는데, 그중 첫 번째는 **마음챙김**(mindfulness)이다. 이는 당신이 과거나 미래를 끊임없이 생각하며 고통스러워하기보다는, 현재 이 순간을 더 생생히 살아가도록 돕는 방법이다. 이 책 전체를 통해 마음챙김은 계속 강조될 것인데, 이를 다양하게 잘 활용하면 단지 조울병의 증상을 조절하는 것뿐 아니라 삶의 질을 높이는 데에도 많은 도움이 될 것이다.

두 번째는 **고통 감내**(distress tolerance) 기술이다. 이것은 우울증 삽화나 조증 삽화 같은 위기 상황을 보다 현명하게, 보다 자신을 덜 파괴하는 방향으로 대처할 수 있게 도와준다.

조울병 환자들에게 가장 중요한 문제는 감정 조절에 어려움을 겪는 것이라 할 수 있다. 세 번째 기술 범주인 **감정 조절**(emotion regulation) 기술은 말 그대로 당신의 감정 조절을 도와주고 조절이 잘 안 될 때에도 견딜 수 있는 방법들을 알려준다.

마지막 기술 범주인 **대인관계**(interpersonal effectiveness) 기술은 인생에서 당신이 맺고 있는 인간관계에 대한 것이다. 대인관계는 모든 사람에게 있어 인생의 가장 중요한 부분이다. 불행하게도 조울병의 증상은 주변 사람들에게 많은 고통을 주고, 환자는 **효과적인** 대인관계를 유지하는 데 커다란 어려움을 겪는다. 여기서 효과적인 대인관계 기술을 배움으로써 좋은 인간관계를 유지하고, 또한 자기 자신을 잘 돌보고 자신의 뜻대로 활동할 수 있게 될 것이다.

이 책은 누구를 위해 쓰여졌나

최근에 조울병에 대한 연구와 이해가 높아지면서 진단 비율도 높아졌다. 하지만 조울병은 복잡하고 미묘하게 나타날 수 있기 때문에, 조울병의 진단은 전문가에게도 쉬운 일이 아니다. 그래서 나는 이 책을 정신과 전문의에게 조울병 진단으로 치료를 받고 있는 분들을 위해 썼지만, 조울병 진단을 명확히 받지 않은 분들에게도 도움이 될 것이라 생각한다.

만일 당신이 앞에서 시행한 기분장애 설문지(MDQ)에서 조울병의 가능성이 있다고 나왔고, 다음 제1장에서 자세히 보게 될 조울병 증상과 자신의 증상이 유사하다고 생각한다면, 이 책의 여러 기술들은 당신에게 많은 도움이 될 것이다. 그리고 다시 강조하지만 기분장애 설문지에서 조울병 의심 소견이 나왔다면 되도록 빨리 전문의를 방문하여 조울병이 맞는지 아닌지에 대해 확실한 진찰을 받아야 한다. 왜냐하면 조울병의 치료에는 대부분 약물치료가 필수적이기 때문이다.

이 책은 어떻게 활용해야 하는가

이 책을 활용하는 데에 있어 가장 중요한 점은 단지 책을 읽는 것만으로는 별로 도움을 받을 수 없고, 반드시 각각의 기술을 잘 익혀서 실제 생활에 적용해야 한다는 것이다. 그렇게 하기 위해서는 충분한 시간을 가지고 이 책의 기술들을 차근차근 배워야 하며, 한 단계의 기술을 충분히 몸에 익힌 후에 다음 단계로 넘어갈 것을 권장한다. 책에 자주 나오는, 종이에 써보는 연습들을 차근차근 하는 것도 매우 중요하다.

당연하지만 이 책은 전문의의 치료를 대신할 수 있는 것이 절대 아니다. 만일 당신이 아직 조울병 진단을 받지는 않았지만, 조울병이 맞는 것 같다고 생각한다면 바로 정신과 전문의의 진료를 받아야 한다. 그리고 이 책의 기술들을 배우고 활용하는 것이 혼자서는 어렵고, 현재 주변 사람들의 도움을 별로 받고 있지 못하다고 느낀다면 이에 대한 정신/심리치료를 받는 것이 좋다.

당신이 이 책을 보기 시작했다는 것은 인생을 변화시키기 위해 새로운 기술을 배울 용기를 냈다는 뜻이다. 시작에 앞서 이런 용기를 낸 당신 스스로를 대견하게 생각하고 스스로를 격려해야 한다. 자, 이제 시작해보자.

01

조울병이란 무엇인가

조
울병이란 기분 상태와 에너지 수준에 과도한 변동이 생겨, 생활 여러 측면의 기능에 지장을 초래하는 생물학적 질병이다. 현재 학술적으로는 양극성장애라는 말로 불리지만, 조울병이란 용어가 더 오래전부터 있었고 일반적으로 이해하기도 쉬운 용어이다. 조울병은 조증과 우울증을 합친 말인데, 기분이 들뜨거나 흥분 상태 기간인 **조증 삽화**(manic episode)[1]와 기분이 우울하고 처지는 **주요 우울증 삽화**(major depressive episode)를 왔다갔다하며 경험하는 것을 말한다. 최근에 의사들은 이 병이 단순히 흑과 백처럼 전형적인 조증과 우울증의 모습만이 아니라 조증과 우울증 사이에 다양한 스펙트럼의 기분 상태가 있을 수 있다는 것을 강조한다. 조울병이 있는 사람들은 단순히 우울 삽화나 조증 삽화만 경험하는 것이 아니라, 이 양극단 사이의 다양한 기분과 증상을 경험하는 것이다.

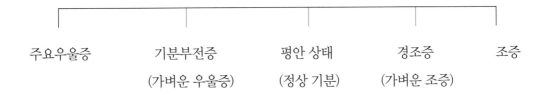

주요우울증	기분부전증	평안 상태	경조증	조증
	(가벼운 우울증)	(정상 기분)	(가벼운 조증)	

---

[1] 삽화란 영어 'episode'를 번역한 용어로 일정 기간 이상 지속되는 조증/경조증 혹은 주요우울증의 구분되는 한 기간을 뜻한다. 현재의 진단기준에 따르면 주요우울증 삽화는 최소 2주 이상, 조증 삽화는 최소 1주 이상, 경조증 삽화는 최소 4일 이상 지속되어야 각 증상군의 삽화로 진단할 수 있다.

우리는 모두 살아가는 동안에 무척 슬픈 시간을 겪기도 하고, 상황에 잘 대처하지 못하거나 심한 어려움에 압도되기도 한다. 하지만 조울병에서 일어나는 기분의 변동은 모든 사람이 때때로 겪는 일반적인 기분의 업다운과는 근본적으로 다르다. 조울병의 증상들은 일반적인 기분 변화에 비해 훨씬 더 심하기 때문에 대인관계가 파탄나고 학교나 직장생활을 못하게 되며, 심지어 자살 시도나 생명에 위협이 되는 위험한 행동을 하기도 하는 것이다.

때때로 조울병으로 인한 기분 변화가 매우 극적이어서, 기분이 들떠 있거나 심하게 흥분된 상태이다가 갑자기 돌변하여 슬픔과 우울에 휩싸이고, 절망적이 되는 경우도 있다. 하지만 어떤 경우에는 기분 변화가 그리 심하지 않아서 가벼운 정도로만 조증이 나타나는 경우가 있는데, 이를 경조증이라 한다. 또 어떤 경우에는 우울증과 조증 증상이 한꺼번에 동시에 나타나서, 에너지는 넘치는데 기분은 슬프고 절망에 빠져 있는 혼란스러운 경험을 하기도 하는데, 이를 **혼재성 삽화**(mixed episode)라 한다. 아래에서 조울병의 여러 형태에 대해 더 자세히 설명할 것이다.

일반적으로 이런 삽화들 사이에는 우울하지도 들뜨지도 않은 정상 기분 상태를 보이는 기간이 있는데, 이를 **평안 상태**(euthymia)라 부른다. 이 시기에는 대부분 자신의 원래 모습과 기능으로 회복되는데, 몇몇 사람들은 여전히 가벼운 우울 증상에 계속 시달리거나(기분부전증), 불안, 불면으로 고생을 하기도 한다. 이런 남아 있는 증상 때문에 학교나 직장으로 완벽하게 돌아가는 데에 어려움이 있는 경우도 많다.

당뇨병, 심장질환과 같은 신체적 문제처럼 조울병도 약물치료와 심리치료를 통한 지속적인 관리가 필요한 만성질환이다. 조울병이 효과적으로 치료되면 건강하고 생산적인 삶을 영위할 수 있다. 다음 부분에서는 조울병의 복잡한 여러 양상들을 각각 자세히 살펴보아서 이 질환과 증상들에 대한 이해를 넓히고자 한다.

우울증이란 무엇인가

앞에서 말한 것처럼 우리 모두는 삶에서 우울한 순간들을 경험한다. 우리는 때때로 "아, 우울해", "나 우울증에 걸렸나 봐."라고 말하기도 하지만, 이런 경우가 모두 우울증인 것은 아니다. 우울증은 우리 생활의 모든 부분에 타격을 주는 질환이다. 우울증은 우리의 행동방식, 기분, 생각들을 바꾸어 놓고, 식습관, 수면 양상, 자기 자신이나 세상을 바라보는 방식에도 영향을 준다.

미국정신의학회에서 발간하는 **정신장애진단 및 통계편람**(Diagnostic and Statistical Manual of Mental

Disorders, DSM)[2]은 다양한 정신과적 질환들의 진단 기준을 제공하는 책인데, 여기에서 주요우울 삽화는 (1) 하루 대부분 우울한 기분, (2) 흥미나 즐거움의 상당한 저하, (3) 체중의 상당한 변화, (4) 불면이나 과수면, (5) 정신운동성 초조나 지체, (6) 피로나 에너지 상실, (7) 무가치감이나 과도한 죄책감, (8) 집중력과 결정의 장애, (9) 반복되는 죽음의 생각의 9개 증상 중에 (1) 항목이나 (2) 항목 중 반드시 하나를 포함하여 5개 항목 이상이 있는 기간이 최소 2주일 이상이 될 때에 진단할 수 있다.

패트리샤의 이야기

패트리샤는 자주 불면증에 시달렸다. 그녀는 이전에 좋아하던 일도 즐기지 못했으며, 자주 예민해지고 자신감도 없었다. 그녀는 뭔가 이상하다고 생각했으나 왜 그런지를 알 수는 없었다. 그녀는 이전에는 그러지 않았으나 갑자기 남들과 자기를 비교하였고, 남들은 다 할 수 있는 일을 자신은 못한다며 걱정을 많이 하였다. 그녀는 전혀 문제가 없는 것처럼 매일 출근하였고, 아무렇지 않은 듯 지내면 좋아질 것이라고 억지로 생각하였다. 그러나 시간이 지나면서 그녀의 기분은 더 악화되기만 했고, 이제 괜찮은 척을 하기도 힘들어졌다. 결국 죄책감과 절망감까지 들면서 이제 더 이상 좋아질 수 없다는 생각이 들자 패트리샤는 의사를 찾아갔고, 의사는 그녀가 주요우울 삽화에 빠진 것이라고 진단하였다.

이 사례에서 보듯이 어떤 사람들은 우울증에 걸렸을 때에도 최소한의 사회생활은 하면서 자신의 우울증을 숨겨 주변 사람들이 모르게 하는 경우도 있다. 하지만 도움을 받으려 하지 않고, 이런 거짓 연기를 하는 기간이 길어질수록 상황은 더 악화되고 증상은 심해져, 생활의 더 많은 부분이 우울증에 잠식된다.

때로는 항우울제 약물치료 없이 우울증 삽화를 극복할 수도 있지만, 약물치료 없이는 기능을 제대로 못하고 점점 더 악화되는 경우도 많다. 여러 번의 우울증 삽화를 경험한 사람은 어떤 때에는 증상이 덜 심하였고, 어떤 때에는 아주 심했는지 판단할 수 있기도 하다. 우울증은 질병이고, 질병에 약을 먹는 것은 정신력이 약한 것이 아니라는 것을 반드시 알아야 한다. 고혈압이나 당뇨병 치료제를 먹는 사람들에게 약을 먹지 말라는 이야기를 하지는 않을 것이다. 혼자서 견디겠다며 병을 키우지 말고, 의사와 상의하여 약물이 필요한 정도인지를 알아보는 것이 훨씬 훌륭한 태도이다.

---

[2] DSM은 이 책이 쓰일 때에는 제4판의 개정판인 DSM-IV TR이었고, 2014년 제5판인 DSM-5가 출간되었다. 그러므로 본 진단기준의 자세한 내용은 판에 따라 약간 다른 점이 있다.

우울증 체크리스트 • • • • • • • • •

잠시 멈추고 아래의 우울증 증상 중 자신이 경험했었던 항목에 모두 표시해보시오.

_____ 지속적인 기분 저하	_____ 잠을 너무 많이 잠
_____ 식욕 저하	_____ 절망감
_____ 식욕 증가	_____ 무력감
_____ 가치가 없다는 느낌	_____ 체중 증가
_____ 잠들기 어려움	_____ 죄책감을 느낌
_____ 체중 감소	_____ 새벽에 일찍 잠에서 깸
_____ 공허한 느낌	_____ 정신이 혼미함
_____ 활동에 흥미가 없음	_____ 안절부절못함
_____ 사회적 고립	_____ 결정하기 어려움
_____ 집중력 저하	_____ 자존감 저하
_____ 기억력 저하	_____ 무활동
_____ 자살에 대한 생각	_____ 눈물을 많이 흘림
_____ 지속적인 분노	_____ 축 처진 상태
_____ 잠에서 자주 깸	_____ 흥미를 잃음
_____ 쉽게 흥분함	_____ 지난 일에서 헤어나지 못함
_____ 활력(에너지) 감소	_____ 팔다리의 통증과 근육통
_____ 의욕 감소	_____ 치료에 잘 듣지 않는 두통, 만성 통증, 소화불량 등의 신체 증상

기타 우울증의 증상을 경험했다면 아래에 쓰시오.

_____   _____

_____   _____

_____   _____

이 체크리스트는 참고용이고 이것으로 진단을 할 수는 없다. 그러므로 이 항목들의 증상들을 경험했더라도 우울증이라 판단할 수는 없다. 다만 대여섯 개 이상의 항목에 표시를 했다면 의사와 상담해보기를 권한다.

조증이란 무엇인가

미국정신의학회의 DSM은 조증 삽화를 비정상적으로 의기양양하고 과대하거나 과민한 기분이 지속되고, 목적 지향적인 활동이나 에너지가 비정상적으로 증가된 기간이 적어도 1주일 이상 지속되는 경우로 정의하고 있다. 또한 여기에 추가하여 다음 증상 중 3개 이상(기분이 의기양양이나 과대가 아니고 과민한 경우에는 4개 이상)이 있을 때 명확한 진단을 할 수 있다: 심하게 과장된 자신감, 수면 욕구 감소, 평소보다 말이 많거나 계속 말을 함, 사고의 비약 또는 생각이 연달아 일어나는 주관적 경험, 주의 산만, 활동 증가 혹은 정신운동성 초조, 위험한 활동(술이나 마약의 과도한 사용, 큰 도박이나 절제되지 않은 성관계, 과소비)에 과도하게 몰두.

조증의 경험은 마치 양날의 칼과 같다. 때로는 우울증 삽화를 겪은 후에 기분이 상승되고 행복한 기분과 활력을 느끼는 것이 당연하고 자연스러운 일이다. 하지만 기분 상승이 정상 범위를 넘어 조증이 되면, 매우 위험하고 파괴적이 된다. 조증 삽화의 증상과 행동들은 가족이나 친구, 주변 사람들과의 관계에서 문제를 불러일으키며 법적인 문제가 생기기도 한다. 하지만 조증 동안에 환자는 자신이 대단하다고 느끼기 때문에 자신이 아프다는 것을 이해할 수가 없고, 치료나 주변의 도움도 거부하고 상황은 더 악화되는 경우가 많다.

칼라의 이야기

칼라는 19세이고 부모님과 함께 사이좋게 살고 있다. 하지만 부모님은 점차 칼라의 행동이 변하고 있다는 것을 알게 되었다. 칼라는 밤늦게까지 잠을 안 자는 날이 많아졌고, 아침나절에 귀가하기도 하였으며, 모터사이클 클럽의 나이 많은 남자와 어울리고 옷에서는 마리화나 냄새가 났다. 급기야 특별한 이유 없이 직장을 그만두고 인터넷 사업을 하겠다며 방 안에 틀어박혀 지냈고, 이미 많은 돈을 벌었다고 부모님께 말하기도 하였다. 하루는 부모님이 칼라에게 행동이 변한 것 같다고 하자, 칼라는 극도로 화를 내며 아버지에게 공격적으로 대들었다. 이후 가족관계는 나빠졌고, 칼라의 기분은 종잡을 수 없게 되었다. 결국 칼라의 부모님은 어쩔 수 없이 그녀를 병원에 데려갔고, 조증 삽화의 진단으로 안정과 약물치료가 필요하다는 진단이 내려져, 칼라는 비자발적인 입원을 하게 되었다.

조증 체크리스트 ● ● ● ● ● ●

아래의 조증 증상 중 자신이 경험했었던 항목에 모두 표시해보시오.

_____ 상승된 기분

_____ 잠잘 필요를 못 느낌

_____ 생각이 조각조각나서 산만함

_____ 위험한 성적인 행동

_____ 몸 전체가 아픔

_____ 기분 변화가 빠르고 예측불가

_____ 활동의 증가

_____ 열에 들뜬, 너무 좋은 기분

_____ 과도한 자신감

_____ 과도하게 친한 척함

_____ 생각이 연달아 질주함

_____ 술이나 약물 과용

_____ 초조

_____ 도박

_____ 많은 돈을 쉽게 써버림

_____ 성욕의 과다한 증가

_____ 운전을 빠르고 위험하게 함

_____ 말의 속도가 엄청나게 빠름

_____ 가만히 앉아 있을 수가 없음

_____ 이완하고 쉴 수가 없음

_____ 스릴을 추구함

_____ 사회적으로 물의가 되는 행동

_____ 자신도 자제를 할 수가 없음

_____ 책임과 의무를 무시함

_____ 절도 행위

_____ 타인을 의심함

_____ 과도한 활력, 에너지

_____ 식욕을 못 느낌, 먹을 필요가 없음

_____ 판단력에 문제가 생김

_____ 갑자기 사교적이 됨

_____ 생각의 혼란

_____ 말이나 행동이 공격적임

_____ 착각이나 환각을 경험하기도 함

기타 조증 증상을 경험했다면 아래에 쓰시오.

_____   _____

_____   _____

_____   _____

다시 말하지만 이 체크리스트는 참고용이고 이것으로 진단을 할 수는 없다. 위 증상들 중 몇 개 이상 경험한 적이 있다면 빠른 시일 내에 의사와 상담해보기를 권한다.

경조증이란 무엇인가

조울병을 가진 사람 중 어떤 사람들은 조증 삽화를 겪지는 않지만 기분이 약간 상승되는 기간을 경험하기도 하는데 이를 경조증(hypomania)이라고 한다. 경조증의 증상은 조증 증상과 내용은 같지만 그 심한 정도가 덜하고, 기간도 짧은 경향이 있어서 DSM에서는 경조증의 기간이 4일 이상만 되면 진단할 수 있게 규정하고 있다. 조증과 달리 경조증에서는 증상들이 심하지 않으므로 환자가 자신의 변화를 스스로 인식하여, 더 이상의 심한 충동이나 기분에 따라 행동하는 것을 자제할 수 있는 경우도 있다.

DSM에 따르면 조증과 경조증을 구분하는 가장 좋은 방법은 증상으로 인한 개인/사회 기능 상실의 정도라 할 수 있다. 조증인 경우에는 학교나 직장에 가지 않고, 과격한 운전이나 다툼으로 경찰서에 가거나, 엄청난 돈을 써버리고 난잡한 성생활을 하기 때문에 이런 혼동을 안정시키기 위해선 입원이 필요한 경우가 많다. 이에 비해 경조증에서는 충동적이고 파괴적인 행동을 약간 하기도 하지만 자제력이 전혀 없는 것은 아니어서 극단적인 행동은 잘 하지 않는다.

이외에도 다음과 같은 조증과 경조증과의 구별점이 도움이 된다(Benazzi 2007).

- 조증 삽화는 보통 경조증 삽화보다 기간이 길다.
- 조증은 기능 상실이 심한 반면에 경조증은 오히려 에너지 증가로 기능이 더 좋아지기도 하고 좋지 않은 경우라도 약간의 기능 상실만 있다.
- 조증일 때는 생각이 너무 빨라서 서로 연결이 안 될 정도이고, 말도 속도가 빠르고 쉬지를 않는

정도이다. 경조증 삽화에서는 생각이 빠르지만 연결이 안 되어 혼동이 될 정도는 아니고, 창의적인 경우도 있다.

- 조증은 활동을 과다하게 하지만 실속이 없다. 예를 들어 많은 계획을 한꺼번에 세우고 정신없이 돌아다니느라 결국 아무것도 실제로 이루어지는 것은 없다. 그러나 경조증에서는 목표 지향적인 활동이 증가해서 활동에 대한 결과가 더 좋을 수도 있다.

우울증이 나으면서 경조증 상태가 되는 것은 그동안 괴롭고 저하되었던 기분이 상승하여 해방감과 행복감을 가져다줄 수 있기 때문에 환자 입장에서는 경조증을 환영하기도 한다. 환자는 이 상태에서 병이 다 나았다고 생각하며 이제 더 행복하고 창의적이 되었으니 치료는 그만해도 되겠다며 치료를 중단하기도 한다. 하지만 경조증도 치료를 하지 않거나 치료를 중단하면 다시 심한 조증으로 악화될 수 있음을 반드시 유념해야 한다. 또한 심한 조증은 없는 제2형 조울병 환자의 경우에도 경조증을 잘 관리하고 관찰하지 않으면 심한 우울증이 생길 가능성이 더 높아진다는 것을 기억해야 한다.

케빈의 이야기

케빈은 성공한 회계관리자이고 상당히 많은 시간을 회사에서 보낸다. 그는 본부장이 되기 위해 요즘 더 많은 시간을 회사에서 일하고 있다. 그는 세 아이의 아빠인데 많은 시간 회사 일을 해야 하기 때문에 아이들의 야구 게임에도 겨우 참석할 수 있는 정도였다. 케빈은 아침 일찍 출근하고 밤늦게 퇴근하였고, 이에 대해 자신은 큰 불만이 없었다.

하지만 케빈의 아내인 켈리는 남편이 집에서 거의 시간을 보내지 못하는 것에 더 이상 참을 수가 없었고, 아이들을 데리고 집을 나가버렸다. 케빈은 무너져버렸다. 그는 허전함을 달래기 위해 매일 술을 마셨고, 하루는 우울과 절망감에 빠져 자살을 시도하였다.

케빈은 즉시 병원으로 옮겨져 생명에는 지장이 없었지만, 조울병으로 진단을 받았다. 조울병이라는 것을 알고 지난 일들을 돌이켜 생각해보니, 케빈은 지난 3년 동안 자신이 계속 경조증 삽화를 겪었다가 나아졌다가를 반복했다는 것을 깨닫게 되었다.

혼재성 삽화란 무엇인가

혼재성 삽화(mixed episode)란 우울증 증상과 조증 증상이 동시에 한꺼번에 나타나는 기간을 말한다. 어떤 사람은 슬픔, 분노, 극도의 행복감과 같이 서로 상반된 기분으로 빠르게 변화하는 급속순환형의 모습을 보이기도 한다. 혼재성 삽화에서는 초조, 불규칙한 식욕, 불면, 정신병적 증상, 자살 사고 등의 심한 증상을 동반하기도 한다. 이렇게 복잡하고 다양한 증상이 나타나기 때문에 혼재성 삽화는 진단이 더 어려울 수 있지만, 조울병의 여러 상태 중에서 가장 경과가 좋지 않을 수 있으므로 적절한 의학적 치료가 반드시 필요하다.

정신병적 증상이란 무엇인가

간혹 조증이나 우울증 삽화가 너무 심하면 정신병적 증상도 나타날 수 있다. **정신병적 증상**이란 기본적으로 현실 인식을 잃은 상태라고 말할 수 있는데, 실제로 존재하지 않는 것을 듣고, 보고, 지각하는 증상을 뜻하는 **환각**(hallucination)이 가장 흔한 정신병적 증상 중 하나이다. 어떤 경우에는 환자들이 이것이 환각임을 알고 있기도 하다.

망상(delusion)도 가장 흔한 정신병적 증상 중 하나인데, 망상이란 그 사람의 문화적 종교적 상황으로도 설명될 수 없는 거짓된 믿음을 아주 강하게 믿고 있어서 논리적인 반박으로도 전혀 깨지지 않는 믿음으로 정의할 수 있다. 어떤 사람이 망상 상태에 있을 때에는, 명백한 반대 증거가 있어도, 자기 자신의 믿음이 거짓이란 것을 깨닫지 못한다(APA 2000). 내가 정신건강 분야에서 막 일하기 시작했을 때에 어떤 사람이 설명하기를, 누군가 망상이 있는 사람에게 그 믿음이 망상이라는 것을 설득하는 것은 마치 누군가 나에게 내가 대학도 나오지 않았다고 설득하는 것과 마찬가지라고 하였다. 망상이 있는 사람들에게 망상이란 현실인 것이다.

일단 정신병적 상태에 들어가면, 망상이 자신이 아프다는 사실과 입원이나 약물치료가 필요하다는 사실을 깨닫지 못하게 한다. 예를 들어 흔한 망상인 피해망상의 경우, 다른 사람들이 자신을 해치려고 한다는 망상인데, 이것이 의학적 치료와 연관이 되면, 사람들이 자신을 조종하기 위해 약물을 투여하려 한다는 망상, 처방약이 사실은 독극물이라는 망상, 어떤 음모에 의해 병원에 갇히게 되었다는 망상을 하게 될 수 있다. 그 결과 자신을 도우려는 가족이나 친구, 의료진들도 믿지 못하게 될 수 있는 것이다.

더욱이 이런 상황에서 경험되는 환청은 매우 무섭게 작용하여 주변 사람들을 더 멀리하는 역할을 한다. 때로 이렇게 증상이 심한 경우에는 비자발적으로 입원하게 되거나, 경찰에 구류되는 경우도 있다. 예를 들어 내 환자 중 한 명은 자신을 쫓아오는 '악마'를 피하기 위해서 위험하게 과속 운전을 하다가 경찰에 붙잡혔다. 횡설수설하는 그를 보고 경찰관은 그가 마약을 한 상태라고 생각하여 구치소로 보냈고, 이후에 비자발적인 입원을 하게 되었다.

조울병 환자 대부분이 정신병적 증상을 겪는 것은 아니라는 사실을 꼭 기억해야 한다. 위의 내용은 좀 무서운 내용이지만, 정신병적 증상은 빨리 치료할수록 빨리 호전되기 때문에 여기서 자세히 설명하였다. 조울병을 치료하는 데 있어 가장 중요한 것은 병에 대한 자세한 지식을 잘 무장해서, 어떤 일이 있을 때 빨리 이를 환자 자신이나 지인이 알아차리고 빨리 적절한 치료를 받을 수 있도록 하는 것이다.

조울병의 다양한 아형

조울병 환자들과 치료 작업을 하다 보면 그들이 자신의 병에 대해서 잘 알지 못하는 경우가 흔하다는 것을 알게 된다. 그 이유는 조울병이란 진단에 놀라고 황망해서 무슨 질문을 해야 할지도 잘 모르고, 무엇이 필요한지에 대해서도 잘 묻지 않기 때문이다. 당신은 조울병에 대해서 스스로 공부해 본 적이 있는가? 혹시 조울병 진단이 맞는 진단인지에 대해 아직도 의심을 하고 있지는 않은가? 이런 질환을 가지고 있다는 것은 받아들이기가 매우 힘든 일이다. 아마도 조울병의 증상은 매우 다양하기 때문에 조증이나 우울증이라는 단순한 개념으로는 모두 설명하기가 어렵고, 심한 조증이나 심한 우울증을 겪은 것도 아닌 경우에 이런 진단이 내려지면 이해하기가 어려울 수도 있다. 전에 이야기했듯이, 전문가들의 최근 견해에 따르면 조울병이란 것이 단순히 극단적인 기분 고양이나 극심한 기분 저하가 전부는 아니라는 것이 점점 분명해지고 있다. 즉, 기분의 변동 말고도 다양한 증상이 있으며 이로 인해 다양한 아형들로 구분될 수 있는 것이다. 어떤 학자들은 매우 다양한 조울병의 증상과 양상을 전체적으로 설명하기 위해서는 조울병이란 진단명을 조울 스펙트럼 장애(양극성 스펙트럼 장애)라고 바꾸어야 한다고 주장하기까지 한다(Ghaemi, Ko, and Goodwin 2002).

한편, 조울병 진단을 인정하고 받아들였지만, 이것이 무엇을 의미하는지를 정확히 이해하지 못하는 환자들도 많다. 조울병의 증상이 무엇인지, 이와는 구별되지만 함께 나타날 수 있는 불안 증상은 무엇인지, 어떤 것이 '정상'이고 병이랑 관계없는 것인지 확신하기가 쉽지는 않다. 이런 지식은 환자가 재발을 예방하고, 조증/경조증과 우울증 삽화에 대처하기 위해 자신에게 필요한 것이 무엇인지를 배우는 데 있어 필수적이다. 아래에 환자들이 자신의 조울병 아형이 무엇인지 이해하는 데 도움이 될 수 있도록 조울병 아형에 대해 서술하였다.

제1형 조울병

제1형 조울병은 전통적으로 알려진 가장 유명한 조울병 아형이다. 반복적인 조증 삽화와 우울증 삽화가 특징이지만, 약 10%는 우울증 없이 조증 삽화만 있는 경우도 있다(Frank and Thase 1999). 제1형 조울병 진단을 위해서는 한 번 이상의 전형적인 조증 삽화가 있어야 하며, 이 조증은 알코올이나 약물이나 다른 신체 질환에 의한 것이 아니어야 한다. 위에서 설명했듯이 제1형 조울병 환자는 정신병적 증상을 겪는 경우도 꽤 있다.

제2형 조울병

제2형 조울병은 적어도 한 번의 경조증 삽화와 반복되는 주요우울증 삽화를 특징으로 한다. 기분의 변화가 심하지만 전형적이고 극심한 조증 삽화를 경험하지는 않는 경우에 제2형 조울병 진단을 일반적으로 내린다. 이 아형은 일반적으로 정신병적 증상을 겪지 않으며, 경조증 증상은 입원을 필요로 할 정도는 아닌 것이다. 일부 환자는 제2형 조울병으로 진단 받았다가 조증 삽화가 발병하여 제1형 조울병 진단으로 바뀌는 경우도 있다.

기분순환장애

DSM 진단 시스템에 따르면, **기분순환장애**는 환자가 경조증과 우울 증상을 오가며 기분이 오르락내리락하는 장기간의 문제를 보이는 경우를 말한다. 하지만 이 기분 증상이 조증이나 주요우울증 삽화로 진단될 정도로 심하지는 않는다. 그러므로 기분순환장애는 조울병의 가벼운 형태라고 할 수 있다. 기분 상승기는 경조증과 비슷하고, 기분 저하기는 우울증의 가벼운 형태 정도라 보면 된다. 이런 상승과 저하가 환자의 일생에 걸쳐서 장기간 나타나는데, 전형적으로 심한 조울병으로 발전하지는 않는다. 보통 이 진단은 조증이나 주요우울증 삽화 없이 적어도 2년 동안 이런 증상이 있을 때 내려진다.

이들이 현재의 조울병의 분류 체계이다. 하지만 나타나는 증상들의 스펙트럼이 다양하기 때문에,

가벼운 형태의 질환은 이를 인지하고 진단하기가 매우 어렵다. 사실 미국의 우울증, 조울증 지지 모임의 회원 중 3분의 2 이상이 처음에는 조울병이 아닌 다른 진단을 받았었다고 보고한다. 또한 처음 증상이 생기고 올바른 진단을 받을 때까지 걸리는 시간이 평균 9년이라고 한다(Thase 2006). 이는 증상이 다양해서 각 환자에 따라 나타나는 양상이 매우 다르기 때문이기도 하지만, 조울병의 모습에 대한 표준이 실제로 없기 때문이기도 하다. 자, 이제 조울병이 어떻게 발생하는지에 대해 알아보자.

조울병의 원인

학자들이 새로운 정보나 가설을 계속 제시하고는 있지만, 조울병이 어떤 원인에 의해 발병하는가 하는 질문에 대한 확실한 대답은 아직 없다. 대부분의 정신건강 전문가들은 일반적으로 정신질환은 대여섯 가지의 요소가 함께 작용하는 복합적 원인 때문이라고 생각한다. 조울병에서 이런 원인들은 대체로 생물학적인 것과 심리학적인 것으로 나누어볼 수 있다. 다른 말로 하자면, 질환이 발생하는 주요 원인은 생물학적인 것(유전적인 것과 생리적인 것을 포함하여)과 환경적인 것(감정이나 생각을 다루는 방식)이라 할 수 있다.

생물학적인 요인

많은 연구들이 조울병에 강한 유전적 요인이 있다고 보고하고 있다. 예를 들어 일란성 쌍둥이 연구에서 조울병에 대한 일치율은 여러 연구에서 50% 내지 거의 100%까지 나타나고 있다. 이 말은 쌍둥이 중 한 명이 조울병이 있으면, 다른 쌍둥이도 조울병이 있을 가능성이 50~100%라는 뜻이다(Stoll et al. 2000). 유전적 요인에 대해 고려하면서 다음의 질문을 생각해보자.

1. 가족이나 친척 중에 조울병 진단을 받은 사람이 있는가? 누구인가?

_____

_____

2. 가족 중에 조울병 진단을 받은 사람이 없다 하더라도, 가족이나 친척 중(조부모, 삼촌, 고모, 사촌 형제 등)에서 조울병 증상으로 보이는 사람이 있는가? 아래와 같은 증상들을 생각해보라.

- 우울한 기분
- 알코올 남용
- 위험한 행동
- 과하게 높은 에너지
- 잠을 잘 필요성을 못 느낌
- 기분 변동이 심함

하지만 유전적 요인이 조울병의 원인 중 유일한 것은 아니다. 이는 일란성 쌍둥이라도 일치율이 100%가 아니고 한 명은 조울병이고 한 명은 조울병이 아닌 경우가 분명히 있는 사실이 이를 보증한다. 최근에는 자기공명영상(MRI)처럼 의료 기술이 발달하여 연구자들이 조울병 환자의 뇌를 연구할 수 있게 되었다. 뇌 연구에서도 조울병에 대한 단일한 원인 요소는 찾지 못하였고, 다양한 뇌 부위에서 감정 행동의 여러 측면과 연관된 이상이 관찰되는 것으로 보고되고 있다(Vawter, Freed, and Kleinman 2000). 또한 뇌 안의 화학물질들도 조울병 환자의 뇌에서 중요한 역할을 한다. 신경전달물질이라는 것이 그것인데, 조울병이 이 신경전달물질의 불균형과 연관이 있다고 알려져 있지만, 사실 의사들도 이 신경전달물질이 조울병의 발병에 어떤 정확한 역할을 하는지는 아직 알지 못한다. 즉, 생물학적인 요인이 정확히 어떤 역할을 하는지는 명확히 밝혀지지 않았지만, 상당히 많은 부분에서 연관이 있다는 것은 확실하다.

방아쇠 역할을 하는 스트레스

많은 심리학적인 요인 중에서 일상의 스트레스 사건과 당사자가 이 사건에 대처하는 방식도 조울병의 증상이 발현하는 데 일정 부분 방아쇠 역할을 한다고 알려져 있다. 가족의 사망이나 실직, 아이 출산과 같은 일상 사건들도 이런 방아쇠 요인으로 작용할 수 있다. 이런 요인들은 어떤 사람에게는 스트레스가 되지만 다른 사람에게는 그렇지 않을 수도 있기 때문에 어떤 것이 방아쇠 요인이라고 명확히 말하기는 어렵다. 그러나 일단 조울병이 발생되면, 이는 질병 자체의 경과를 밟게 된다. 다시 말하자면, 일단 기분의 순환 양상이 시작되면 심리적/생물학적 과정들이 생겨나고 이것이 조울병을 계속 지속되게 한다.

병이 언제 어떻게 시작되었는지를 아는 것이 매우 도움이 된다. 이 시점부터 인생 차트(다음 장에서 설명할)를 그릴 수 있고, 이를 통해 병의 발생과 변화 양상에 대한 이해를 늘릴 수 있는 것이다. 이런 변화 양상과 발생을 알아야 재발을 방지하는 데 도움이 된다.

제1형 조울병을 가진 많은 사람들에게, 첫 조증 삽화의 기억은 머리에 강하게 각인되어 있어서 그들은 당시에 무슨 일들이 있었고, 어떻게 병원에 들어오면서 그 사태가 마무리되었는지 아주 자세히 떠올릴 수 있는 경우가 많다. 한편 제2형 조울병에서는 경조증의 증상은 매우 미묘한 것이기 때문에 이 증상들이 언제 어떻게 시작되었는지 알기가 쉽지 않다. 다음과 같은 질문들은 언제 병이 시작되었는지 기억하는 데 도움이 될 수 있다.

1. 어떤 특정 상황 때문만은 아닌 것 같은데 정말로 슬픈 감정, 극도로 우울한 기분을 처음 느꼈을 때가 기억나는가? 그때는 몇 살이었는가?

_____

2. 당신의 삶에서 무슨 일이 일어나고 있었는가? 당신은 학생이었나, 아니면 직장에 다니고 있었는가?

_____

_____

3. 그때 어디에서, 누구와 함께 살고 있었는가?

_____

_____

4. 만일 있었다면 어떤 스트레스 요인이 그 당시에 있었는가? (예 : 동생이 태어남, 자녀 출산, 가족이나 친구와의 갈등, 학교나 직장에서의 어려움, 이사, 가족이나 친구의 사망 등)

_____

_____

5. 첫 조증 삽화 혹은 첫 경조증 삽화를 겪었을 때 나이가 몇 살이었는가?

_____

6. 경조증 증상은 좀 더 미묘해서, 경조증은 기억해내기가 매우 어렵다는 것을 염두에 두어라. 만일 첫 경조증 삽화가 언제인지 잘 모르겠다면, 일생 중에 다음과 같은 시절들이 있었는지 잘 기억해 보라.

   a. 잠을 잘 필요성을 별로 못 느끼고, 평소보다 에너지가 넘쳤던 시절 (나이)_____

   b. 기분이 평소보다 더 좋고 행복한 느낌이었던 시절 (나이)_____

   c. 평소보다 자신감이 충만하고, 외출이 많고 더 사교적이 된 시절 (나이)_____

   d. 술을 과도하게 많이 마셨던 시절 (나이)_____

   e. 난폭한 운전, 도박, 방만한 성관계처럼 위험한 행동들을 했던 시절 (나이)_____

   f. 사람들이 당신에게 당신이 아닌 것 같다고 말하고, 난폭해지고 이기적이 되었다고 말했던 시절 (나이)_____

만일 이 항목들에 해당하는 것들이 잘 기억나지 않는다면, 당신을 오랫동안 잘 알고 있는 가족이나 친구에게 물어보라. 이런 정보들은 병이 처음 발생했을 때의 상황과 발병과 연관이 있는 스트레스 요인 등을 이해하는 데 큰 도움이 된다.

종합적 이해 : 취약성-스트레스 모델

조울병의 원인을 살펴보면, 하나의 간단한 원인으로 우리가 만족할 만한 설명을 찾을 수 없다는 것이 확실해진다. 현재로서는 가장 최선의 설명으로 취약성-스트레스 모델이 있다(Frank and Thase 1999). '취약성'이란 말은 어떤 사람이 어떤 특정한 질병에 대해 보통보다 더 취약한 신체적 조건(유전적 조건)을 지니고 있다는 뜻이다. 하지만 이런 취약성이 있다고 해서 모두가 질병에 걸리는 것은 아니다. 이런 취약성은 어떤 스트레스 요인으로 인해 건드려져야 질병으로 발생하게 되는 것이다.

취약성-스트레스 모델에 따르면 각 사람들은 모두 어떤 신체적 취약성을 가지고 있는데, 이것은 인생에서 어떤 스트레스를 겪느냐에 따라 질병 문제가 나타날 수도 나타나지 않을 수도 있는 것이다. 그러므로 당신이 조울병을 가지고 있다면, 태어날 때 조울병이 발생할 취약성이 있었고, 인생의 어떤 사건이 일어나 이 병이 시작된 것이라 할 수 있다.

인생 차트

자신의 병이나 증상에 대해서는 가능한 한 많이 알고 익숙한 것이 중요하다. 위의 연습을 통해 조울병이 언제 처음 시작되었는지를 알게 되었기를 바란다. 인생 차트는 조울병이 시작된 후부터 겪은 일들을 더 깊은 역사적 시각으로 바라볼 수 있게 해주고, 현재의 삽화들에 대해서도 잘 이해할 수 있도록 도와주는 좋은 도구이다. 인생 차트에서 자신의 기분 삽화에 어떤 패턴이 있음을 알게 되면 앞으로 있을지도 모르는 재발에 더 잘 대비할 수 있다. 중간에 그어진 긴 직선(기준선)을 안정된 보통의 기분이라고 한다면, 우울 삽화는 기준선 아래의 곡선으로 표현되고 조증이나 경조증 삽화는 기준선 위의 예리한 곡선으로 표시될 수 있다. 우울증이나 조증이 더 심할수록 곡선의 깊이나 예리함은 더 클 것이고, 삽화의 기간이 길수록, 곡선의 폭은 더 넓을 것이다. 만일 당신이 혼재성 삽화를 경험했다면, 기준선을 오르내리는 구불구불한 선으로 이를 그리거나 당신의 방식대로 이를 그림으로 표현할 수도 있을 것이다.

테레사의 인생 차트

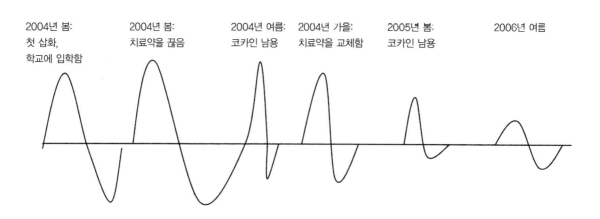

| 2004년 봄: 첫 삽화, 학교에 입학함 | 2004년 봄: 치료약을 끊음 | 2004년 여름: 코카인 남용 | 2004년 가을: 치료약을 교체함 | 2005년 봄: 코카인 남용 | 2006년 여름 |

테레사는 24세부터 인생 차트 그리기를 시작했는데, 이때는 그녀가 첫 조증 삽화를 진단받고 3년이 지난 때였다. 그녀의 병은 매우 격동적이었고, 그녀가 우울함을 떨치기 위해 코카인 같은 마약을 남용함에 따라 더 심하게 악화되었다. 그녀가 그린 첫 조증 삽화(2004년 봄)는 학교에 입학하여 처음으로 집에서 멀리 떨어져 생활하게 된 스트레스 요인과 연관이 있었고, 그녀는 인생 차트에 이것을 표시한 것이다. 테레사는 그때 입원이 되었고, 조증 삽화 바로 뒤에 우울증 삽화가 나타났는데 이것도 병원

입원 중에 회복되었다. 그러나 퇴원 후 테레사는 치료약이 너무 많게 느껴지고 부작용이 있다며 치료약을 임의로 중단하였다. 이는 테레사의 두 번째 조증 삽화를 유발하게 되고, 또 다시 입원되어 두 번째 우울증 삽화로 이어지게 되었다. 퇴원 후에도 우울한 기분이 남아 있던 테레사는 이때 처음으로 우울증에서 벗어나고 싶다는 마음으로 코카인을 하였고, 이는 바로 다시 조증 삽화를 유발시켜 세 번째 입원을 하게 된다. 다행히도 치료가 빨리 시작되어 조증 삽화는 그리 오래 지속되지는 않았다. 테레사는 이어진 우울증에서도 빨리 회복되어 안정된 기분 상태로 돌아왔다. 그러나 2004년 가을에 치료약을 변경하면서 다시 조증 삽화가 발생하였고, 바로 치료가 다시 시작되어 빨리 회복할 수 있었다. 그 이후 테레사는 두 번의 조증 삽화를 더 겪어서 입원해야 했었지만(한 번은 코카인과 연관이 있었음) 빨리 회복될 수 있었다.

각 삽화들을 인생 차트에 그리면서 테레사는 점차 여기에 어떤 패턴이 있다는 것을 알게 되었다. 예를 들어서 그녀는 좋지 않은 마약을 사용하면 바로 조증 삽화가 발생하여 입원했다는 것을 깨달았다. 그리고 그녀에게는 조증 삽화 다음에 항상 우울증 삽화가 바로 따라온다는 점과 조증 삽화가 항상 봄에 발생했다는 것을 알게 되었다. 그녀는 또한 치료약을 잘 복용하고 있을 때에는 삽화가 훨씬 드물게 나타났다는 점도 깨달았다. 테레사는 계속 인생 차트를 잘 이용하고 있고, 이것이 매우 도움이 된다는 것을 발견했다.

인생 차트 그리기는 삽화의 패턴을 알아내는 데(예 : 어떤 사람들에게는 조증이나 우울증 삽화가 꼭 1년 동안의 특정한 시기에 발생), 삽화를 유발하는 방아쇠 요인을 파악하는 데(예 : 코카인과 같은 마약 사용, 대인관계 어려움과 같은 스트레스성 인생 사건), 그리고 어떤 치료약이나 기타 치료방법이 얼마나 효과적이었는지를 파악하는 데에 엄청난 도움이 된다. 테레사에게 인생 차트는 자기 증상에 대한 파악 능력을 증가시켜주었고, 결국 재발의 횟수를 줄이는 데 실질적인 도움을 주었다. 테레사는 이제 자신의 방아쇠 요인과 패턴을 잘 알게 되었기 때문에, 다시는 마약 사용을 하지 않았고, 증상이 막 시작될 때 빨리 파악할 수 있어서 적절한 치료와 조치를 전에 비해 매우 빨리 받을 수 있게 되었다.

자신만의 인생 차트 그리기

당신의 인생 차트는 당신이 스스로 자신에 맞게 만들어 나가는 것이다. 이것은 당신이 자신의 병의 패턴을 알아보고 치료에 도움이 되도록 이용하려고 만드는 것이다. 다음의 각 단계들은 어떻게 자신의 인생 차트를 만들고, 차트를 가장 유용하게 만들기 위해서는 무엇을 포함시켜야 하는지에 대한 제안이다. 이것은 Monica Ramirez의 책 조울병 워크북 : 당신의 기분 변화를 조절하는 기법들(2006)에 있는 가이드라인에서 가져온 것이다.

1. 빈 종이의 가운데에 긴 직선을 긋는다. 이것이 시간을 나타내는 선이다. 선의 시작점은 당신의 병의 발생 시점이거나 아니면 기억나는 첫 사건일 수도 있다. 당신이 기억하는 첫 삽화를 시간선의 시작점에 표시한다. (어떤 사람은 가장 최근에 겪은 삽화부터 시작하는 것을 더 선호하기도 한다. 어떤 쪽이든 차트를 잘 작성할 수 있는 쪽으로 하면 된다.) 삽화가 시작된 날짜 혹은 연도와 계절을 적는데, 기억이 잘 나지 않으면 그 당시의 자신의 나이를 적어도 된다.

   테레사의 인생 차트에서 보았듯이, 우울증 삽화는 시간선의 아래쪽 곡선으로 그리면 되고, 조증/경조증 삽화는 시간선의 위쪽으로 그린다. 짧은 삽화는 폭을 좁게, 긴 삽화는 시간선의 폭을 넓게 걸쳐 그리면 된다. 혼재성 삽화가 있으면 구불구불한 선으로 표시하거나 자신만의 표시로 이해할 수 있게만 그리면 된다.

2. 기억이 나는 모든 삽화를 같은 방식으로 차트에 그린다.

3. 술이나 마약을 사용한 기간, 또는 중요한 생활 사건들은 차트의 시간선에 맞추어 기록한다. 중요 생활 사건들에는 친지의 죽음, 직장을 옮김, 학교를 그만두게 됨, 경제적 손실, 가족의 변화(출산, 죽음, 결혼 등), 신체적 문제(사고나 질병), 기타 정신건강 문제(불안장애의 동반)뿐 아니라 긍정적이든 부정적이든 당신의 인생에 큰 영향을 주는 사건은 모두 포함된다.

4. 치료에 관해서도 기억나는 것이 있으면 모든 사항을 기록하는 것이 좋다. 입원이나 치료약의 변화, 치료약을 중단한 것, 심리치료를 받은 기간 등의 정보를 모두 기록한다.

인생 차트를 되도록 통합적으로 만들기 위해, 당신이 믿을 만한 사람들(당신의 정신과 의사나 가족, 친구들)에게 물어서 당신이 삽화나 중요한 생활 사건들을 기억하는 데 도움을 받는 것이 좋다.

기분 차트

우리는 이미 증상 발생을 잘 알아차리는 것이 재발을 막는 데 중요한 도움이 된다는 것을 논의하였다. 자신의 기분을 더 잘 알수록, 우울증이나 조증의 증상들을 경험하기 시작할 때 이를 빨리 알아차릴 수 있다. 인생 차트를 이용해 우리가 장기간의 경과에 대한 큰 그림을 볼 수 있다면, 매일 자신의 기분을 점검하여 기록하는 것은 단기간의 시간에 따른 증상들의 파악에 도움이 된다.

많은 사람들이 자신이 어떤 기분인지 확실히 알지 못하고 일종의 망각의 주변을 맴돈다. 사람들은 일이 잘 안 풀리는 날이나 좀 침울한 기분은 잘 인식하지만, 그 이상에 대해서는 생각하는 경우가 드물다. 이렇게 감정 인식이 부족한 것은 매우 흔한 현상인데, 물론 조울병이 없는 사람들에게도 감정 인식 부족이 좋은 것은 아니다. 하지만 조울병을 가진 사람에게는 감정 인식이 부족한 것으로 인해 병원에 입원할 수도 있는 것이다. 기분 차트는 매일 자신의 기분이 어떤지를 점검해볼 수 있도록 해준다.

다음은 기분 차트의 예시이다. 하지만 꼭 이런 양식으로 만들 필요는 없고 매우 다양한 양식이 존재한다. 이 책에서 보여주는 양식이 마음에 들지 않는다면 인터넷에 찾아보면 더 많은 양식이 있다.

아래의 기분 차트 예시를 보면, '안정된'이란 단어가 차트의 중간에 있는 것을 볼 수 있다. 이 상태는 당신의 기분이 우울하지도 않고 들떠 있지도 않은 상태, 즉 정상 기분 상태를 뜻한다. 만일 당신의 기분이 들떠 있다면, 안정된 상태의 위쪽에 그날의 기분을 표시하는 것이고 우울할 때는 아래쪽에 되도록 자신의 기분을 정확하게 표시하는 것이 좋다. 이 기분 차트는 처방받은 대로 치료약을 잘 복용했는지를 점검하는 칸도 있다. 치료약을 잘 복용하는 것은 조울병 치료에 있어서 극히 중요하고, 복용을 게을리하는 것은 기분에 분명한 악영향을 준다. 또 하나의 칸은 전날 밤에 잠을 잔 총시간을 표시하는 칸인데, 이것은 당신의 기분과 수면량과의 연관을 파악할 수 있는 좋은 정보가 된다. 삽화의 초기 증상으로 수면의 변화가 나타나는 경우도 매우 많기 때문에 수면 변화를 점검하는 것은 중요하다.

이런 기록지 작성이 귀찮고 힘들 수 있지만, 이런 연습이 재발을 예방하여 재입원을 막고 수많은 나쁜 결과를 예방할 수 있다는 것을 명심해야 한다. 당신 자신을 안전하고 건강하게 유지하기 위해 조금의 추가적인 노력을 하는 것은 매우 가치 있는 일이다.

조울병이 미치는 영향

당신이 만일 조울병을 겪고 있다면, 조울병이 인생 전반에 미치는 다양한 영향들에 대해 이미 알고 있을 것이다. 이 병은 보통의 사람들보다 단지 기분이 더 잘 변동되는 그런 단순한 병이 아니다. 기분 변동의 영향력은 엄청나고 인생을 바꾸어 놓을 수도 있다. 몇 개의 예시를 들어보자.

기분 차트

_____ 년 _____ 월

일	1	2	3	4	5	6	7	8	9	10	11	12	13	14	15	16	17	18	19	20	21	22	23	24	25	26	27	28	29	30	31
심하게 들뜬																															
중간 정도로 들뜬																															
가볍게 들뜬																															
안정된																															
가볍게 우울한																															
중간 정도로 우울한																															
심하게 우울한																															
치료약 복용 여부																															
잠을 잔 총시간																															

학교와 직업

당신이 만일 우울 삽화를 겪고 있다면, 피곤한 기분, 힘이 빠져나간 느낌, 무기력, 해야 할 일은 많은데 에너지와 의욕이 전혀 없는 상태가 된다. 여기에 덧붙여 우울 삽화는 집중력과 문제해결 능력, 결단력에도 문제를 초래하기 때문에 학교나 직장에서 자신이 하던 만큼의 능력을 전혀 발휘하지 못하는 것이 당연하다.

조증 삽화일 때의 학교나 직장생활도 마찬가지로 문제가 심각하다. 일단 조증 상태에서는 자신이 대단하게 느껴지고 자신의 에너지나 창의성이 하찮은 업무에 낭비되고 있다고 생각하기 때문에 일단 일 자체를 하기 싫은 것이 가장 큰 문제이다. 또한 집중이 안 되고, 어떤 업무를 완수할 수 있을 만큼 생각의 속도를 낮출 수가 없다. 그리고 여러 가지 갈등도 생긴다. 예를 들어 당신은 더 예민해지고 화를 잘 내게 되고, 자신에 대해서는 매우 긍정적인 느낌을 가지고 다른 사람들에 대해서는 그렇지 않기 때문에 주변 사람들을 매우 부정적인 방식으로 대하고 관계를 망치게 된다. 술이나 마약을 하는 것도 당연히 학교나 직장에서의 능력 발휘를 저해하는 중요 요소이다. 이런 것이 결국 선생님이나 고용주에게 알려지게 되면 학교나 직장을 못 다니는 결과로 귀결될 수 있다. 사실 조울병을 가진 사람들이 평균적으로 교육을 덜 받고, 적은 임금을 받는 것으로 조사된다. 그리고 휴직, 병가, 실업급여 같은 것에 의지하는 경우도 훨씬 많다(Leahy 2007).

자신이 스스로 자기를 평가하는 것은 어렵다. 하지만 변화하기 위해 새로운 것을 시도하고 열심히 해보는 것도 동기부여가 되는 것이므로, 잠시 짬을 내어 다음 질문에 대해 생각해보자. 당신 생활의 이런 측면이 병 때문에 지장을 받고 있는가? '예, 아니요'로 표시해보자.

____ 최근에 학교나 직장에서 당신의 수행 능력이 저하되었는가?

____ 집중력이나 기억력에 문제가 있어서 공부나 일을 하는 데 지장이 있는가?

____ 최근이나 이전에 학교나 직장에서 당신의 행동이 대인관계에 문제를 초래한 적이 있는가?

____ 이런 행동들 때문에 직장을 잃거나 학교에서 제재를 당한 적이 있는가?

대인관계

조울병이 있는 사람들은 이혼율도 높다(Leahy 2007). 조울병은 매우 다양한 방식으로 대인관계에 영향을 미친다. 일단 대부분의 사람들이 조울병에 대해 잘 모르고 조울병이 행동을 어떻게 변화시키는지 모르기 때문에, 사람들은 조울병의 증상으로 나타난 현상을 보고 그 사람을 탓하고 비난한다. 물론 조울병을 가진 사람이라고 해서 그의 모든 행동이 병 때문이고 용서받을 수 있다는 뜻은 아니다. 다만 조증으로 인해 자신을 조절하기 어려워지는 때가 분명히 있고, 자제력이 약해진다는 뜻이다. 그래서 조울병이 대인관계에 영향을 주는 대표적인 예는 지인이 조울병에 대해 전혀 모르기 때문에 당신의 조울병 증상에 놀라고 겁에 질려서 병인지 모르고 오해만 가득한 채로 관계가 끊어지는 것이다.

두 번째 문제는 행동 그 자체로 인해 발생한다. 예를 들어, 조울병을 가진 사람과 몇 년간 함께 잘 살고 있고, 잘 이해해주고 잘 대처해온 한 배우자가 있다. 하지만 이들에게도 파국의 순간이 다가왔는 데, 조울병으로 인해 성적 방종, 도박, 알코올 의존과 같이 배우자가 수용하기 어려운 문제들이 발생 하게 되면, 이것이 병의 한 부분이라는 것을 배우자가 아무리 잘 알고 있다 하더라도, 관계가 끝날 수 있는 것이다. 한 사람의 인생이 위태롭다면, 이것이 아무리 병으로 인한 것이라 해도 주위 사람의 이 해를 기대하기 어려운 경우가 많다. 결국 자신이 스스로를 돌보아야 하는 것이다. 당신은 인간관계가 끊어지거나 손상된 경험을 한 적이 있는가? 조울병의 어떤 증상이 인간관계에 큰 타격을 주었나?

_____

_____

_____

_____ 당신의 행동으로 인해 관계가 깨진 적이 있는가?

_____ 당신은 가족이나 친지들과 자주 대화를 나누는가?

_____ 당신은 이 사람들을 자신으로부터 자꾸 몰아내는 경향이 있지는 않은가?

_____ 당신의 삶에서 건강한 인간관계를 맺고 있는가?

_____ 당신의 삶에서 인간관계의 질적인 측면에 만족하는가?

물질 남용

당신은 술이나 나쁜 약물을 자주 사용하는가? 이런 물질 남용은 매우 흔하다. 조울병을 가진 사람은 그렇지 않은 사람에 비해서 물질 남용을 하는 경우가 훨씬 높다. 예를 들어, 한 연구에서는 제1형 조 울병 진단을 받은 사람의 60% 이상, 제2형 조울병 진단을 받은 사람의 48% 이상이 물질 남용이나 물 질 의존의 진단 기준에 들어맞았다고 보고하였다(Altman et al. 2006). 사람들은 조울병의 증상들을 스스로 어떻게 해보려는 마음에 술을 마시거나 엉뚱한 약을 처방받아서 복용하기도 한다. 다음의 질문에 '예, 아니요'로 답해보자.

당신은 다음과 같은 이유로 술을 마시거나 약물을 사용한 적이 있는가?

_____ 우울함을 덜 느끼기 위해

_____ 잠을 더 잘 자기 위해

_____ 자기 자신을 진정시키기 위해

_____ 생각의 속도를 줄여서 더 명확한 생각을 하기 위해

_____ 인간관계에서 문제가 있고, 술을 마심으로써 이런 것을 잊거나 도움이 된다고 생각해서

당신이 위 질문들에 '예'라고 답했다면, 당신은 아마 조울병 증상에 나름대로 대처하기 위해 술이나 약물을 사용하였을 것이다.

한편, 조울병의 증상을 스스로 조절해보려고 물질 남용을 하는 경우도 있지만, 술이나 마약을 하는 것이 조울병의 증상인 경우도 많다. 술이나 마약을 한다는 것은 조증 삽화에서 나타날 수 있는 대표적인 충동적 위험 행동인데, 조증은 더 흥분되고 위험한 활동을 하려는 충동과 에너지를 부추기는 효과가 있다. 또한 조증 기간에는 자신의 행동의 결과를 인식하는 마음의 판단력이 작동하지 않아 물질 남용이 흔히 일어나기도 한다. 다음의 질문들에도 '예, 아니요'로 대답해보자.

_____ 당신은 조증 삽화 기간 중에는 술이나 약물을 하려는 충동이 생기는 편인가?

_____ 인생에서 더 짜릿함을 느끼거나 스릴을 즐기기 위해서 술이나 약물을 하는가?

_____ 인생이 재미가 없어서 뭔가 자극을 주려고 술이나 약물을 하는가?

_____ 조증 삽화 때 나타나는 들뜨고 고양된 기분을 계속 유지하고 싶어서 술이나 약물을 하는가?

당신이 위 질문들에 '예'라고 답했다면, 술이나 물질 남용은 증상에 대처하려는 시도라기보다는 당신의 조울병의 증상일 가능성이 높다. 물론 어떤 사람에게는 물질 남용이 증상에 대처하려는 시도와 조울병의 증상, 둘 다일 수도 있다. 하지만 왜 물질 남용을 하는지를 아는 것은 이 문제를 해결하기 위해 어떤 기법을 써야 하는지에 대한 힌트를 준다. (기법들에 대해 다루는 장에서 이 이야기를 다시 다룰 것이다.)

술이나 약물을 남용하는 것은 조울병 진단 여부와 상관없이 누구에게나 나쁜 결과를 초래한다. 하지만 조울병이 있는 사람에게는 이런 물질 남용은 훨씬 더 큰 악영향을 준다. 우선 술이나 약물은 조증이나 우울증 삽화를 유발하거나 악화시킬 수도 있고, 삽화의 기간을 오래 지속되게 하며, 조울병 증상과 관련된 기간, 즉 정상 기분 기간을 짧게 만들고, 조증이나 우울증의 증상을 더 심하게 하여 치료가 어렵게 만들기도 한다(Altman et al. 2006). 만일 당신이 조울병을 가지고 있고, 물질 남용도 하고 있다면, 무엇보다도 물질 남용을 빨리 줄여야 조울병의 치료 경과에도 좋은 결과를 기대할 수 있다.

자살 위험

불행하게도, 조울병 진단을 받은 사람에게 있어 자살은 매우 실제적인 고민이다. 조울병을 가진 사람이 자살 시도를 하는 비율은 50%에 육박하고(Rizvi and Zaretsky 2007), 실제 자살로 생을 마감하는 비율은 일반 인구에 비해 60배나 높은 것으로 보고되었다(Leahy 2007).

자살 생각은 우울증 삽화와 연관이 있고, 상황이 전혀 나아지지 않을 것 같은 느낌이나 미래에 대한 절망감, 변화는 없을 것이라는 무력감이 있을 때 많이 나타난다. Michael Thase의 연구(2007)에 의하면 조울병 환자의 자살의 70%가 우울증 삽화나 혼재성 삽화일 때 발생한다고 한다. 하지만 자살 생각은 언제나 나타날 수 있다. 예를 들면, 조증 삽화에서 회복되면서 자신이 인간관계를 모두 파괴해버린 것을 깨닫게 되면, 커다란 후회와 죄책감이 몰려오고 이로 인해 절망감과 자살 생각이 생기기 쉽다.

당신도 주기적으로 자살 생각이 드는가? 그럴 때 정신과 의사에게 이를 이야기하는가? 자살 생각이 있으면 이를 주변 사람에게 알려서 이런 생각이 당신을 덮칠 때 주변 사람이 당신을 도울 수 있도록 위기 관리 계획을 세워놓아야 한다. 이 주제는 제5장 위기 탈출 기법의 부분에서 더 자세히 다루어질 것이다. 만일 당신에게 지금 자살 생각이나 행동이 있다면 제5장을 지금 즉시 먼저 읽어보는 것이 좋다.

당신은 당신의 병이 아니다

이제 당신의 병이 당신에게 어떤 영향을 주는지에 대해 조금 알았다면, 이제 정말로 중요한 한 가지를 더 언급하려고 한다. 그것은 당신이 비록 조울병을 겪고 있다 하더라도, 당신은 조울병만으로는 규정되지 않는 그 이상의 존재라는 것이다. 즉, 당신은 당신의 병이 아니다. 많은 정신건강 문제를 가진 사람들은 자기 자신을 그냥 병으로 점철된 존재로 생각하는 경우가 많다. 예를 들어 우울증이 있는 사람은 마치 자기 자신이 우울증 그 자체인 것처럼 이렇게 말한다. "나는 우울증이야." 많은 조울병 환자들은 자기가 마치 걸어다니는 질병인 것처럼 인생을 살아가기도 한다. 아래의 그림을 한 번 보라 (Velyvis 2007). 큰 원이 당신이고 작은 원들은 당신의 여러 측면이라고 해보자. 조울병도 하나의 작은 원일 것이다. 만일 당신이 불안장애도 앓고 있다면 이것은 두 번째 원으로 그릴 수 있다. 세 번째 작은 원에는 술 남용을 적어 넣을 수도 있다. 이렇게 작은 원들은 모두 당신의 일부분일 수는 있지만, 이것들이 당신 전체인 것은 아니다.

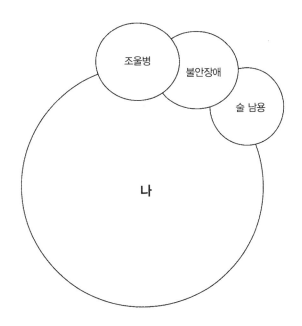

가족이나 친구들도 이런 당신의 생각에 나쁜 영향을 주었을 수도 있다. 당신은 단지 무엇에 대해 흥분했을 뿐인데, 어떤 사람이 당신에게 "진정해, 너 지금 조증이야."라고 말한 적이 있는가? 이런 경험은 매우 고통스러울 뿐 아니라, 당신 스스로도 점점 자신의 모든 감정은 나쁜 것이고 병으로 인한 것이라고 믿어버리게 된다. 하지만 절대 그렇지 않다.

조울병은 당뇨병과 비슷하다. 혈당 수치란 모든 사람에서 오르락내리락하는 것인데, 당뇨병 환자는 정상적인 혈당의 오르내림이 어느 정도이고, 당뇨병으로 인한 것은 무엇인지를 정확히 알 필요가 있다(Velyvis 2007). 심장 상태에 대한 비유도 들어보자. 운동을 하거나, 흥분하거나, 화가 나거나, 불안할 때, 우리는 모두 심장 박동의 변화를 경험한다. 심장병 환자라면 어떤 정도의 심장 박동 변화가 정상적인 것이고, 어떤 것이 심장병 때문에 발생되는 것인지를 알아야 한다.

　조울병을 겪는 사람도 정상적인 감정을 모두 경험한다. 그들도 좋아하는 사람이 떠나가면 당연히 슬퍼지고, 이것은 우울증이 아니다. 그들도 파티에 갈 기대를 하면 흥분되는데, 이것이 조증인 것은 아니다. 우리에게 중요한 것은 어떤 감정들이 정상이고 어떤 것들이 조울병의 영향을 받은 것인가를 배우고 알게 되는 것이다. 이 주제도 다음에 다시 한 번 자세히 다루어질 것이다.

　자, 이제 다음 목록 중에서 당신을 설명해주는 항목들에 표시를 해보자. 조울병 이외에도 당신을 설명해주는 항목은 매우 많다. 해당되는 것은 모두 고르라.

_____ 아들 혹은 딸	_____ 애완동물 애호가	_____ 노동자
_____ 음악가	_____ 교사	_____ 형제자매
_____ 부모	_____ 운동선수	_____ 청취자
_____ 자연애호가	_____ 손자 혹은 손녀	_____ 친구
_____ 자원봉사자	_____ 시인	_____ 삼촌 혹은 이모
_____ 작가	_____ 조언자	_____ 사진작가
_____ 수집가	_____ 이웃	_____ 학자
_____ 책 읽는 사람	_____ 간병인	_____ 조부모
_____ 배우자	_____ 연극애호가	_____ 코미디언
_____ 영화 평론가	_____ 관리자	_____ 여행자
_____ 직장인	_____ 사촌	_____ 강연자
_____ 조카		_____ 지인

이 외에 당신은 또 누구?

　_____　　_____　　_____

　_____　　_____　　_____

　_____　　_____　　_____

조울병의 치료

당신은 당신의 병이 아니지만, 조울병은 반드시 치료를 받아야만 하는 병이다. 조울병을 가진 대부분의 사람들에게 약물치료는 꼭 필요하고, 인생 대부분의 기간에 약물치료가 필요한 경우가 많다. 심리치료도 병이 미치는 영향을 조절하는 데에 도움이 될 수 있다. 아래에 약물치료에 대한 정보와 여러 치료들에 대해 설명하려고 한다.

약물치료

조울병 진단을 받으면 약물치료를 거의 대부분 받게 된다. 심리치료를 비롯해서 조울병 환자들에게 도움이 되는 많은 치료들이 있지만, 조울병은 생물학적 요소가 크기 때문에 약물치료가 그 무엇보다도 중요하다는 것을 명심해야 한다. 조증이나 우울증 삽화가 아닌 때에 조울병의 재발 가능성을 낮추고 남아 있는 사소한 증상들을 조절하기 위해 심리치료도 많은 도움이 되지만, 약물치료를 반드시 병행해야 한다. 이것은 당뇨병이나 심장병이 있는 사람이 건강을 유지하기 위해 치료약 복용을 해야 하는 것과 마찬가지이다.

만일 약물 복용을 중단하면, 다시 재발을 겪을 가능성이 매우 높다. 약을 잘 복용하고 있는 중에도 재발을 경험할 수도 있는데, 이는 우리의 몸이 시간에 따라 변할 수 있고 이전에는 효과가 있던 용량이 부족해서 그런 경우도 있다. 또한 많은 환자들은 조증이나 우울증 삽화가 아닌 때에도 이런 증상을 한두 가지 정도는 여전히 경험하고 있는데, 이런 잔류 증상들은 삽화는 아니지만 일상생활을 힘들게 한다.

이미 언급한 대로 대부분의 사람들은 약을 반드시 복용해야 한다는 것을 받아들이기 무척 힘들어하고, 그것은 또한 당연한 일이다. 약을 복용하면서 부작용이 나타날 수도 있다. 약을 복용한다는 것을 단순히 약에 의지하는 것으로 생각해서 부정적인 생각을 가진 사람도 있다. 어떤 환자는 주변 사람들이 진단이나 약물치료에 대해 전혀 모르면서도 무심코 약 먹지 말라고 하는 말을 듣고 약을 복용하지 않기도 한다. 처방된 약을 먹지 못하게 방해하는 이유가 무엇이든 간에, 중요한 것은 일단 약을 복용하지 않으면 우울증과 조증, 그리고 이에 동반되는 여러 증상들의 위험에 자신을 내던지게 된다는 점이다. 과거에 이런 증상들이 어떤 결과를 초래했는지 잘 생각해보라. 정말로 이전의 그 증상과 결과를 다시 겪어도 괜찮은가? 물론 이것은 당신의 선택이지만, 정말 면밀히 심사숙고해야 하는 결정이다.

만일 약을 복용하는 것을 자꾸 잊어버리거나, 약의 부작용이 너무 싫거나 정말로 이런 약을 먹어야 하는지에 대해 의구심이 든다면, 꼭 정신과 전문의에게 이에 대해 확실히 말하고 상의해야 한다. 이 결정은 너무 중요한 결정이기 때문에 혼자서 결정하기 어렵다. 당신은 자신을 위한 가장 좋은 결정을 하기 위해 최대한 많은 도움과 정보를 얻어야 하는 것이다.

정신치료(심리치료)

앞에서 조울병에는 생물학적인 요소, 즉 유전과 뇌의 영향이 매우 강하다고 이미 언급하였다. 그래서 당신은 비생물학적인 치료가 어떤 도움이 될지 의아해할 것이다. 생물학적인 영향이 가장 중요하기는 하지만, 스트레스도 병에 많은 영향을 준다. 힘든 일상 사건이나 이런 사건에 대처하는 방법, 가족 환경 같은 것들이 조증이나 우울증 삽화의 발병에 영향을 주는 것이다. 조울병은 힘든 일상 사건에 의해 악화되기도 하지만, 조울병이 힘든 일상 사건을 유발하기도 한다. 예를 들어 우울증이나 조증은 직업을 잃게 만들거나 인간관계를 파탄시킨다. 그러므로 이런 사건들을 부정적인 관점에서 바라보고, 감정을 조절하거나 대인관계 갈등을 조정할 능력이 부족하고, 건강한 대처 기술을 가지고 있지 못하다면, 당신은 조울병으로 인한 고통을 겪을 가능성이 그만큼 늘어나는 것이다.

조울병에서의 정신치료에 대한 연구들은 많지는 않지만, 몇몇 치료들은 효과가 있다고 보고되었다. 이 중 여러 연구에서 효과가 있다고 알려진 치료인 인지행동치료(cognitive behavioral therapy, CBT)와 대인관계 사회리듬치료(interpersonal social rhythm therapy, IPSRT)에 대해 조금 설명을 하고, 그 다음에 변증법적 행동치료(dialectical behavior therapy, DBT)가 위의 두 치료에 비해 더 효과적일 것이라고 내가 생각하는 이유에 대해 설명하고자 한다.

인지행동치료

인지행동치료(이하 CBT)는 생각하고 행동하는 방식, 그리고 생각, 행동, 감정 사이의 연결에 대해 집중적으로 다루는 치료이다. CBT는 일반적인 우울증의 치료와 재발 방지에 효과가 있는 것으로 검증되었기 때문에, 조울병의 치료에도 사용되었다. CBT는 이외에도 불안장애, 물질 남용, 성격장애와 같이 조울병에 흔히 동반되는 정신건강 문제에도 성공적으로 사용되고 있고, 사람들에게 기술을 가르치는 데 초점을 맞추는 잘 짜여진 방법이란 장점도 있다.

조울병 치료에 CBT의 효과를 조사한 연구에 의하면, CBT는 의미 있게 조울병의 재발률을 낮추고, 입원 가능성도 줄이며, 조울병 삽화의 기간도 줄이고, 약물 복용 순응도도 높이고 사회 적응 기능도 높여주는 것으로 나타났다. CBT는 이렇게 전반적인 조울병 치료에서 효과적이지만, 조증 증상 자체를 좋아지게 하는지는 아직 검증되지 못했다.

대인관계 사회리듬치료

대인관계 사회리듬치료(이하 IPSRT)는 대인관계치료(interpersonal therapy)를 변형한 정신치료인데, 대인관계치료란 대인관계가 감정에 미치는 영향, 그리고 인생에서의 역할 변화(즉, 결혼, 승진, 관계파탄, 가족의 죽음 등)가 감정에 미치는 영향에 초점을 맞추는 정신치료의 일종이다. 대인관계치료는 주로 주요우울증의 급성기 치료에 효과가 있는 것으로 알려져 있고, 이 때문에 조울병의 치료에 적용된 것으로 보인다.

　IPSRT는 대인관계치료에 조울병에 관한 교육 요소, 인지행동적 치료기법, 사회적 생활리듬(매일의 일상)의 자기 관리를 덧붙여 구성된 치료이다. IPSRT의 기본 전제는 이런 일상의 리듬이 깨지는 것이 수면 주기 등의 일주기 리듬을 교란시키고 이것이 조울병의 삽화를 일으키는 요인이 된다는 것이다. 연구에서는 급성기에 IPSRT를 받은 조울병 환자들의 재발률이 줄었다는 결과가 보고되었다(Rizvi and Zaretski 2007).

　그래서 CBT와 IPSRT가 모두 일상 활동을 규칙적으로 하고, 약물 순응도를 높이고, 재발의 초기 증상을 빨리 파악해서 조절하는 것에 강조를 두고 있다 할 수 있다. 그러나 나는 이 책에서 수행하는 변증법적 행동치료(DBT)가 이 모든 사항에 도움을 주고 추가로 그 이상도 해준다고 생각한다.

변증법적 행동치료

변증법적 행동치료(이하 DBT)는 1993년에 Marsha Linehan이 개발한 치료로 경계성 성격장애의 치료에 효과적이라 검증된 최초의 치료이다. 이 성격장애는 많은 증상이 조울병과 비슷한데, 감정 조절 문제, 충동성, 불안정한 대인관계, 자기 파괴적인 대처방법들이 그것이다. 실제로 이 두 질환은 매우 비슷해 보이기 때문에 둘을 확실히 구분하는 것에 대해 논란도 많다. 어떤 학자들은 이 두 질환의 차이점이 단지 정도의 문제이고, 경계성 성격장애를 조울병 스펙트럼의 일부분으로 보아야 한다고 주장하기도 하였다(Magill 2004).

　그래서 이렇게 두 질환이 비슷하고, DBT가 경계성 성격장애 치료에 효과가 있다면, DBT가 조울병에도 효과가 있을 것이라는 생각도 일견 타당하다. 두 질환이 같은 질환이라 할 수는 없다 해도, 많은 공통적인 증상들과 두 질환의 동반 발생률이 높다는 사실은 DBT가 조울병에 효과적인 치료일 수 있음을 시사한다.

DBT는 처음부터 경계성 성격장애 이외에도 많은 다른 질환들에 성공적으로 적용되어 왔는데, 다른 성격장애들과 우울증, 물질 남용 및 의존증, 섭식장애, 자해나 자살 행동(Dimeff, Koerner, Lienhan 2006) 등이 그것이다. 조울병을 가진 사람들도 이런 문제들로 고통받고 있으므로 DBT가 충분히 효과적일 수 있다.

지금까지 조울병에 DBT를 적용한 효과 연구는 단 하나만 보고되었다(Goldstein et al. 2007). 이 연구 결과는 조울병 환자의 자살이나 자해 관련 증상이 DBT 치료로 상당히 호전되었고, 기분 조절과 우울증 증상에도 좋은 효과를 보였다는 것이었다. 앞으로 더 많은 연구들이 수행되어 조울병 치료에서의 DBT의 효과를 뒷받침하는 근거가 늘어나기를 기대한다.

최근 연구에서도 DBT가 조울병에 적용될 수 있을 것이라는 의견이 지배적이다. 나는 많은 환자들이 실제로 도움을 많이 받고 있는 것을 매일 직접 관찰하고 있다. DBT는 조울병 환자가 질병과 함께 살아나가는 방법을 배우고 여러 부정적인 결과를 줄이는 데 많은 도움이 된다. 그러므로 여러분도 한 번 시도해보기를 바란다.

자, 이제 DBT가 무엇이고 어떤 것을 기대할 수 있는지 좀 더 설명하려고 한다. DBT는 다음과 같은 네 부분으로 구성된다.

1. **핵심 마음챙김 기술** : 이것은 사람들이 과거나 미래에 대한 생각에 얽매어 스스로 고통스러운 감정을 만드는 것을 그만두고, 현재의 순간을 더 잘 살아갈 수 있도록 돕는 기술이다. 현재의 순간에 초점을 맞추면 자신의 감정, 생각, 느낌을 더 잘 알아차릴 수 있기 때문에, 이것은 자기 자신을 더 잘 알게 되도록 돕는 기술이기도 하다.

2. **고통 감내 기술** : 이것은 위기 상황에 닥쳤을 때, 이전처럼 자기 파괴 행동을 해서 상황을 더 나쁘게 만들지 않고, 위기 상황을 잘 극복할 수 있게 도와주는 기술 세트이다.

3. **감정 조절 기술** : 이 기술들을 통해 당신은 자신의 감정 반응들과 이를 효과적으로 조절할 수 있는 방법을 알게 된다. 그뿐만 아니라 고통스러운 감정을 줄여서 감정에 덜 휩쓸리는 방법들을 제공해준다.

4. **대인관계 효율성 기술** : 이 기술들은 당신이 대인관계에서 더 효율적으로 소통할 수 있게 하여 자신이 필요한 것을 얻을 수 있는 쪽으로 도와준다. 이 기술들을 익힘으로써 대인관계를 더 균형

있게 만들어서, 관계로부터 주는 것뿐 아니라 받는 것에 대한 전반적인 만족도를 높일 수 있다.

아래에는 각 기술들이 어떻게 조울병의 증상을 줄이는 데 도움이 되는지에 대한 요약이다.

	증가시키는 것들	감소시키는 것들
핵심 마음챙김 기술	• 나는 누구인가에 대한 느낌 • 증상들에 대한 인식 • 집중하는 능력 • 기억력 • 자신의 생각을 조절할 수 있는 능력	• 나는 누구인가에 대한 혼란 • 증상들을 잘 인식하지 못하여 우울증, 조증이 악화됨 • 산만하고 복잡한 생각 • 생각 되새김질(우울증을 유발하는)
고통 감내 기술	• 건강한 대처 기술 • 대인관계의 긍정적인 측면 • 자아 존중감	• 자기 파괴 행동 • 사랑하는 사람을 지치게 함 • 자신에 대한 분노(자기 존중을 감소시키는)
감정 조절 기술	• 감정을 받아들이는 수용 • 기분 안정성 • 감정을 조절하는 능력	• 감정에 대한 자기 판단과 비판 • 판단으로 비롯되는 부정적인 감정 • 희망이 없고 압도되는 느낌 • 감정의 심한 기복
대인관계 효율성 기술	• 자신이 필요한 것을 얻는 능력 • 사랑하는 사람들에게서 받는 도움과 지지	• 일방적인, 만족스럽지 않은 대인관계 • 갈등이 많고, 지지적이지 않은 대인관계

이 장의 총정리

이 장에서는 조울병과 조울병을 겪는다는 것이 어떤 것인지, 조울병이 있어도 더 편안하게 생활할 수 있는 방법들을 배우는 데에 주력하였다. 이 장에서 제시된 여러 정보들을 통해 당신이 조울병과 그 증상들에 대해 더 익숙해지기를 바란다. 반드시 기억할 점은, 이 정보들을 잘 알수록 재발을 예방할 가능성이 높아진다는 것이다. 다음 장에서는 이 책의 주요 주제인 DBT 기술들 중 첫 번째 기술을 소개하려고 한다. 이는 마음챙김이라는 것으로, 여러 다양한 방법을 통해 인식하는 능력을 발달시키는 기술이다.

02

마음챙김 연습[1]

당신이 우울증이나 조증에 빠져들 때, 당신은 별로 관심이 없고 이 증상들을 인식하지 못해서, 주변 사람들이 당신에게 이것을 먼저 말해주는가? 아니면 당신은 그 증상들이 그냥 아무 일 없이 사라지기를 바라면서 이를 인식하기를 회피하는 것은 아닌가? 당신은 화가 나면 맹렬히 사람들을 비난하고, 그다음에 자신의 감정을 조절하지 못했다며 괴로워하는가? 무슨 일인지를 명확히 파악하기도 전에 당신은 반응해버리는가? 당신은 과거에 했던 일을 계속 기억하고 후회하면서 자신의 인생은 왜 이렇게 끔찍한가 하는 생각에 사로잡혀 있는가?

이런 모든 것들은 기본적으로 당신이 자신의 감정, 생각, 신체 감각, 행동에 대해 불인식 상태에 있는 시간이 많기 때문에 발생한다. 이 장에서는 마음챙김이라는 기술을 통해 당신의 인식력을 높이는 것에 주력할 것이다.

마음챙김과 조울병

마음챙김이란 일종의 명상 훈련법으로서 동양에선 수천 년에 걸쳐 수행되었으며, 일반적으로 선불교

---

1 'mindfulness practice'는 마음챙김 연습, 수행, 혹은 훈련으로 번역될 수 있다. 연습은 일상생활에서 편하게 할 수 있는 느낌이고, 수행은 영적인 느낌이 강하며, 훈련은 공식적이고 어려운 느낌이다. 사실 'mindfulness practice'라는 말에는 위의 세 가지 의미가 모두 포함되어 있다. 일단 통일을 위해 모두 마음챙김 연습으로 번역하였다. 그러나 수행이나 훈련이라는 의미도 담겨 있음을 기억하는 것이 좋겠다.

에서 많이 행해지는 것으로 알려져 있다. 서양에서 이를 행한 것은 그리 오래되지 않았지만, 현재는 많은 과학자들이 마음챙김을 연구해서 이 수행으로 얻을 수 있는 이점들을 많이 밝혀내고 있다. 마음챙김의 이점은 이 장의 후반부에 더 깊이 다룰 것이고, 지금은 일단 두 가지 중요한 점을 짚고 넘어가려 한다. 첫 번째, 마음챙김의 기원이 무엇이든 간에, 마음챙김을 연습하기 위해서 종교인이나 영적인 사람이 될 필요는 없다는 점이다. 필요한 것은 오직 열린 마음과 새로운 것을 기꺼이 시도해보려는 의지뿐이다. 만일 당신이 종교가 있고, 마음챙김이 당신의 종교적 믿음과 상충된다고 느낀다면, 이런 생각을 잠시만 유보하고 마음챙김이 무엇인지에 대한 아래 설명을 조금 더 읽어보기를 권유한다. 더 자세히 알게 되면 마음이 좀 편해질 수 있다.

두 번째 중요한 점은 마음챙김이 비록 명상의 한 형태이지만, 바닥에 가부좌를 하고 앉아서 마음을 청결하게 하고 주문을 외우는 형태의 명상 수행을 여기서 하지는 않을 것이라는 점이다. 물론 위와 같은 명상법은 매우 효과적이지만, 수행하기가 매우 어렵고 특히 초심자에게는 아주 어렵다. 내 경험으로는 사람들이 마음챙김을 어려운 명상 수행으로 생각하여 지레 겁을 먹는 경우가 많았다.

그러면 마음챙김이란 무엇인가? 마음챙김은 아무런 판단 없이, 현재의 순간에, 의도적으로 주의를 집중하는 것이다(Kabat-Zinn 1994). 다른 말로 하자면, 마음챙김은 의도적으로 현재 순간을 더 의식하도록 하고, 그 순간에 찾아낸 것들이 무엇이든지 판단이나 평가를 하지 않는 것이다. 어떤 딱지도 붙이지 말고, 현재 순간을 그저 바라보는 것이다. 이해를 돕기 위해 아래 몇 가지 예를 제시하였다.

당신은 자동차를 운전해서 같은 길을 얼마나 많이 가보았는가?(예 : 직장에 가는 길, 자주 가는 친구 집 등) 목적지에 도착한 다음 한번 생각해보자. 운전을 했던 지난 15분 동안의 시간에 대해 당신은 기억하고 인식하고 있는 것들이 있는가? 별로 없다. 이것은 당신이 자동 모드에 있었기 때문이다. 당신의 신체는 운전을 하는 행동에 온전히 관여하고 있었지만, 당신의 마음은 다른 것들(예 : 아버지와 말다툼을 벌인 일이나 일의 마감 시간 등)에 가 있었을 것이다. 우리는 실제로 우리의 삶의 대부분을 이런 식으로 살아간다.

이것도 한 번 생각해보자. 당신은 어제 점심에 무엇을 먹었는가? 아마도 이것은 금방 생각나지 않고 기억이 가물가물할 것이다. 이런 이유는 당신이 그저 점심을 먹기만 한 것이 아니기 때문이다. 아마 당신은 먹으면서 뉴스 검색을 하거나, 이메일을 체크하거나 다른 일을 하면서 먹었을 것이다. 아니면 친구와 나가서 점심을 하면서 그와 이야기를 하느라 정신이 없어서 음식 그 자체에 대해서는 별로 인식을 하지 않았을 것이다. 이렇게 우리의 몸이 먹는다는 자동 행동을 하고 있을 때, 보통 우리의 마음은 다른 일을 하고 있다.

좋다. 이런 예는 어떤가? 배우자나 아이들, 형제, 부모, 그 외 가까운 친지들과 가장 최근에 이야기 했던 대화를 한 번 떠올려보자. 당신이 무슨 이야기를 했는지 기억이 나는가? 이 대화에 대해서 당신은 얼마나 자세히 기억할 수 있는가? 아마도 당신에게 아주 중요하거나 흥미로운 이야기가 있었다면, 기억나는 것이 많을 것이다. 하지만 다음 질문들에 대해 생각해보자. 그 대화를 할 때 당신은 무엇을 하고 있었나? 당신은 조용히 앉아서 대화에만 집중하고 있었나, 아니면 컴퓨터로 게임을 하고 있었나? 저녁 준비를 하고 있었나? 텔레비전을 보고 있었나? 아마 대화 중에 여러 순간들은 기억이 안 날 것인데, 이는 당신의 마음이 그 대화에 온전히 참여하고 있지 않았기 때문이다. 마음은 대화 말고도 다른 생각을 하는 데에 바빴던 것이다.

마음챙김은 좋다 나쁘다 판단 없이 현재 순간에 주의를 집중할 수 있도록 마음을 연습시키는 것이다. 마음이 현재 순간이 아닌 다른 것에 가 있거나 방황을 하는 것을 알아차리면 다시 주의를 현재 순간으로 가져오는 것이다. 이것은 현재 일어나는 일들, 당신의 마음속이나 주변에서 일어나는 일들에 마음의 주파수를 맞추는 것이고, 이를 자신의 경험에 대한 호기심, 수용, 열린 태도를 가지고 수행하는 것이다. 어떤 것을 경험하면서 이를 판단하지 않고 어떤 해석을 덧붙이지 않는다는 것은 우리 모두에게 무척 어려운 일이다. 예를 들어 우리가 음식을 먹을 때, 우리는 지금 씹고 있는 이 음식이 맛있는지 맛없는지를 생각하고, 좋다 싫다를 생각한다. 이런 생각이 없이, 어떤 평가도 하지 않고, 음식이 어떤 맛이 나는지를 단순히 관찰하는 것이란 쉽지 않은 것이다.

여기에 마음챙김이 어떤 것인지 이해하는 데 도움이 되는 연습이 하나 있다. 다음에 무엇을 먹을 때, 천천히 속도를 낮추어 그 음식에 당신의 모든 집중력을 쏟아보자. 조용히 앉아서 텔레비전은 끄고, 책이나 신문도 치우고, 당신의 오감을 총동원하여 오직 음식만 경험하는 것이다. 그 음식을 처음 보는 것처럼 한 번 바라보라. 냄새를 맡아보고, 원한다면 만져보고 어떤 색다른 촉감이 느껴지는지 살펴보아도 좋다. 준비가 되었으면 포크를 들어 천천히 음식을 입으로 가져간다. 그렇게 할 때에 당신의 몸에서 일어나는 감각들도 느껴보라. 입에 침이 고이는가? 배에서는 꼬르륵 소리가 나는가? 음식을 입안에 넣고 혀로 느낀다, 아직 씹지는 않는다. 그저 그 음식이 입안에서 어떻게 느껴지는지 그 순간을 인식한다. 그것은 따뜻한가 아니면 차가운가? 여러 감촉들도 느껴본다. 만일 마음이 다른 곳으로 방황하기 시작하는 것을 알아차리면(아마 당신은 참기 어려워져서 그냥 음식을 삼켜버리고 한 입 더 베어물고 싶을 것이다) 그저 이런 생각의 방황을 관찰하고 다시 주의력을 그 음식으로 돌아오게 한다. 자, 이제 씹어보라. 씹을 때 느껴지는 감각을 느껴보라. 음식의 맛을 느끼고 인식해보라. 마음챙김을 하지 않고 그냥 먹을 때에 비해서 훨씬 더 강한 맛이 느껴질 것이다. 이것은 단가? 신가? 매운가?

이 음식이 맛이 좋은지 나쁜지에 대해서는 판단하려고 하지 마라. 대신 단순히 당신의 맛 경험을 관찰하고 묘사해보라.

이제 음식을 삼켜도 된다. 하지만 그때에도 음식이 목을 타고 내려가는 그 경로를 따라서 느껴보고, 식도를 거쳐 위에 그 음식이 도달하는 것을 실제 느낄 수 있는지 한 번 관찰해보라. 다 해보았는가? 어떤가? 이전에도 이런 방식으로 음식을 경험한 적이 있는가? 처음 음식을 마음챙김 방식으로 경험하고 나면, 많은 사람들이 그들이 평소 얼마나 많은 경험을 놓치고 있었는지에 대해 놀란다. 많은 사람들이 음식의 맛을 더 강하게 느꼈고, 그 전체 경험이 전보다 더 만족스러웠다고 말한다. 자, 이제 단순히 생각해보자. 당신이 마음챙김 방식으로 먹음으로써 음식을 이런 방식으로 경험할 수 있다면, 그 밖에 무엇이 더 필요하겠는가?

이 장의 첫 부분에서 많은 연구자들이 마음챙김과 명상의 효과에 대해 이미 많이 연구하였고, 여러 부분에서 이점이 많다고 언급하였다. 이를 아래에 정리하였다(Harvard Medical International 2004).

- 마음챙김은 만성 통증, 근막염, 건선, 고혈압 등의 내과질환 증상들도 줄여준다.
- 마음챙김은 불안과 스트레스도 줄여준다.
- 마음챙김은 면역계 기능도 증가시킨다.
- 마음챙김은 수면을 나아지게 한다.
- 마음챙김은 우울증이 재발하는 것을 예방하는 데 도움이 된다.
- 마음챙김은 자기 인식을 촉진한다.
- 마음챙김은 화나는 생각을 감내하는 능력을 증가시킨다.
- 마음챙김은 행복과 낙관주의를 경험하는 뇌의 부분을 활성화시킨다.

지금까지 조울병에 국한되어 마음챙김의 효과를 검증한 연구는 없다. 그러나 조울병에 대해 마음챙김 기반 인지치료(mindfulness-based cognitive therapy)의 효과를 조사한 연구는 하나가 있었다. 마음챙김 훈련을 접목시킨 이 치료는 자살 생각이 있거나 자살 행동을 한 적이 있는 조울병 환자에서 우울증 증상과 불안 증상을 효과적으로 감소시켰다고 보고되었다(Williams et al. 2008).

일반 우울증과 우울증 재발, 범불안장애, 공황장애 같은 다른 문제에 대해서도 마음챙김은 효과가 있다고 보고되었다. 우울증은 조울병의 큰 부분을 차지하는 문제이고, 불안은 조울병 환자에서 자주 발생한다는 사실로만 보아도, 마음챙김이 조울병을 치료하는 데 역시 도움이 될 것이라 생각한다.

마음챙김을 연습하는 방법

마음챙김의 개념은 비교적 간단하지만(판단 없이 현재 순간에 의도적으로 집중한다) 이것을 훈련하는 것은 매우 어렵다. 이것은 우리가 자랄 때 배운 것들과 많은 것이 반대이기 때문이다. 우리는 한 가지만 해서는 안 되고 한 번에 여러 가지를 해야 한다고 배웠다. 적어도 서양 사회에서는 한 번에 한 가지 일을 하는 것보다는 세 가지 일을 하는 것이 훨씬 효율적이고 좋다는 잘못된 믿음을 발전시켜왔다. 그래서 마음챙김은 일을 하는 새로운 방법을 배우는 것이고 대체로 익히기가 쉽지 않다.

많은 내담자들이 처음 마음챙김을 배우고 다음 시간에 와서는 자신은 마음챙김에 적합하지 않거나, 잘할 수가 없었다고 말한다. 그들이 말하는 것은 물론, 자꾸 주의력이 다른 곳으로 도망가 버렸고 하나에 집중을 유지하는 것이 어려웠다는 것이다. 그러나 마음챙김은 현재 순간으로 돌아오는 작업 그 자체라고 생각할 수도 있다. 우리는 사람이기 때문에 주의력이 자꾸 여기저기 산만해지기 마련이다. 이것은 당연한 것이다. 마음을 챙긴다는 것은 하나에 주의 집중을 그대로 유지하는 것이라기보다는, 오히려 주의력이 자꾸 흩어지는 것을 알아차리고, 비판 없이 다시 현재 순간에 일어나고 있는 것에 마음을 돌아오게 하는 것이다. Mark Williams와 동료들(2007)은 이렇게 우리의 주의력이 돌아왔다 나갔다 하는 것을 '마음의 파도'라고 불렀다. 바다에 이는 파도처럼, 이것은 지극히 자연스러운 일이다. 마음이, 주의력이 저기로 나갔다가 다시 돌아오는 것은 마음이 원래 작동하는 방식이고, 이것이 마음챙김 연습의 핵심이지, 실패를 뜻하는 것은 아니다.

마음챙김의 유일한 목표는 현재 순간을 더 잘 인식하게 되는 것이라는 점을 기억하라. 처음 훈련을 시작할 때, 많은 사람들은 이것이 잘 되지 않는다고 호소한다. 마음챙김의 목표는 당신을 이완시키고 안정시키는 것이 아니다. 잠을 더 잘 자게 해주는 것도 아니다. 집중력을 높여주는 것도 아니다. 이 모든 것은 마음챙김을 연습함으로써 생기는 좋은 부작용이라 할 수 있다. 이것들이 마음챙김의 목표는 아닌 것이다. 그래서 만일 연습 도중에 "이것은 나에게는 잘 안 돼!"라는 생각이 들면서 좌절감에 빠져드는 자신을 알아차렸다면, 자기 자신에게 마음챙김의 유일한 목표는 현재 순간에 더 자주 있게 하는 것뿐이라는 것을 재확인시키는 것이 좋다. 이런 관점에서 바라보면 마음챙김은 항상 작동하는 것이다. 쉽지는 않지만 항상 마음을 챙기고 있다면, 당신은 자동 인형처럼 사는 것이 아니라, 더 많은 시간을 현재 순간에서 보내고 있는 것이다.

처음 훈련을 시작할 때는, 자신의 주의를 쉽게 잡아둘 수 있는 활동으로부터 시작하는 것이 좋다. 이 전략은 순간에 집중을 유지하는 것이 어려울 때 나타나는 좌절을 달래준다. 당신이 집중을 더 잘

할 수 있는 상황에서 마음챙김을 시작한다면, 이 경험은 당신도 할 수 있다는 근거가 되어 다음에는 좀 더 집중하기 어려운 훈련으로 발전시키는 데 도움이 된다.

짐의 이야기

짐은 호흡 마음챙김 연습을 할 때 그 순간에 머무르기가 힘들었다. 그는 마음이 호흡에 머무르지 않고 자꾸 요즈음 처한 스트레스 상황에 가버리는 것을 인식할 때마다 좌절감이 들고 자기 자신을 비난하였다. 짐은 좌절감과 분노가 기분을 자꾸 나쁘게 만들어서 마음챙김을 하기 전보다 더 힘들어졌기 때문에 마음챙김을 그만두려고 하였다. 나는 짐에게 지금은 호흡 마음챙김 연습을 잠시 그만두고, 이전에 짐이 좋아했던 일, 쉽게 주의 집중을 할 수 있었던 일이 무엇이 있었는지 생각해보도록 하였다. 그는 기타 연주를 친구와 매주 하고 있다고 했다. 그래서 짐의 숙제는 호흡 마음챙김은 일단 멈추고 마음챙김 방식으로 기타 연습을 하는 것으로 바뀌었다.

다음 시간에 짐을 만났을 때, 그는 마음챙김 방식으로 기타를 연주하는 것이 성공적이었다고 말했다. 다시 말해, 그는 주의력이 이전만큼 다른 데로 헤매지 않았고 현재 순간에 더 잘 머물러 있었다. 이 경험은 짐에게 마음챙김에 대한 새로운 이해를 하게 해주었다. 그는 자신의 몸과 마음이 함께 연주에 온전히 참여하는 순간 기타 연주를 더욱 즐기게 된다는 것을 알게 되었다. 이 활동을 마음챙김 방식으로 할 수 있게 되면서 짐은 마음챙김에 대한 확신을 가질 수 있었다. 그는 다음에는 자신이 쉽게 집중할 수 있는 다른 활동을 찾았고, 운전을 마음챙김 방식으로 하는 것을 시도해 보았다. 그런 다음에 짐은 호흡 훈련으로 다시 돌아와서 시도하였다. 그는 호흡 훈련에서 여전히 주의력이 방황하고 산만해짐을 느꼈지만, 마음챙김에 대한 이해가 깊어졌고 확신이 늘어났기 때문에 계속 연습을 이어갈 수 있었고, 이에 따라 점차 좌절감도 감소하였다.

잠시 시간을 내어 어떤 종류의 활동이 현재 당신의 몸과 마음이 온전히 참여할 수 있는 활동인지를 생각해보라. 다음은 내담자들이 내게 이야기해준, 마음챙김을 더 자연스럽게 할 수 있는 활동들의 예이다. 이 활동 중 당신도 좋아하고 이미 집중하여 행하는 것들이 있는가? 현재에 집중하는 노력이 필요치 않도록 쉽게 집중할 수 있는 활동이 있는가?

마음챙김 연습을 위한 지침

자, 이제 시작해보자.

다음은 어떤 종류의 마음챙김 연습을 할 때든 따라야 하는 지침이다.

1. 무엇인가 집중할 것을 선택하라. 어떤 것이어도 좋다. 마음챙김을 연습할 수 있는 방법은 무한하다. 초심자에게는 구체적인 것으로 시작하는 것이 좋다. 예를 들어 음악 듣기, 혹은 눈으로 바라볼 특정 대상을 고르는 것도 좋다.

2. 당신의 주의를 그 대상으로 가져와서, 집중을 시작한다. 당신이 음악 듣기를 골랐다면, 재생버튼을 누르고 듣기를 시작한다. 바라볼 대상을 골랐다면 그것이 처음 보는 물건인 것처럼 오감을 이용하여, 이리저리 면밀하게 관찰을 시작한다.

3. 당신의 주의가 산만해지고 방황할 때 이를 알아차려라. 이것은 이미 예상한 일이라는 것을 기억하라. 핵심은 산만해지지 않는 것이 아니라 그것을 어떤 시점에 알아차리는 것이다. 바로 알아차릴 수도 있고, 몇 분이 지난 후에나 알아차릴 수도 있다. 얼마나 오래 걸렸나에 상관없이 그저 그것이 생겼음을 알아차리기만 하라.

4. 부드럽게 당신의 주의를 다시 집중 대상으로 돌려놓는다. 즉, 집중을 유지하지 못했다고 자신을 비난하지 말고, 그저 당신의 주의를 원래의 집중 대상으로 향하게 하는 것이다. 이것도 역시 어려운 일인데, 이유는 당신도 아마 '제대로' 하지 못한 것에 대해 자신을 탓하는 경향을 가지고 있기 때문일 것이다. 이전에 하던 방식으로 후퇴하지 말고, 이것을 단지 다시 연습으로 돌아가는 기회로 받아들이기만 하면 된다.

3단계와 4단계를 계속 반복한다. 단 1분 만에 주의가 50번이나 방황하는 것을 알아차릴 수도 있다. 마음챙김이란 이런 일들을 계속 알아차릴 때, 그냥 부드럽게 마음을 현재 순간으로 되돌아오게 하는 연습이다.

_____ 해가 뜨거나 지는 광경 바라보기   _____ 애완 동물과 놀기

_____ 등산하기   _____ 악기 연주하기

_____ 스포츠 경기 하기   _____ 걷기

_____ 좋은 책 읽기   _____ 춤추기

_____ 당신이 좋아하는 주제에 대해 누군가와 이야기하기

_____ 짜릿한 영화나 텔레비전 쇼 보기

_____ 아이들이나 손주들, 조카들과 시간 보내기

기타 쉽게 집중할 수 있는 다른 활동들이 있으면 아래에 적어보자.

_____   _____

_____   _____

_____   _____

이런 활동들에 집중하는 동안에는 무작정 하는 것이 아니라 마음챙김을 연습하려는 의도를 가지고 있어야 마음챙김 연습이 된다. 주의력이 방황을 하는 것을 알아차려서 그것을 돌려놓는 것은 저절로 생기는 것이 아니다. 당신이 마음챙김 연습을 이미 당신이 집중할 수 있는 활동으로 시작한다면, 이것은 다음에 집중하기 어려운 다른 연습으로 넘어가기 위한 디딤돌로 이용할 수 있어서 좋다, 짐이 호흡 훈련으로 넘어갈 수 있었던 것처럼. 중요한 것은 당신이 자신의 방식을 만들어 점차 어려운 훈련으로 넘어가야 한다는 점이다. 목표는 인생을 더 마음챙김 방식으로 살 수 있게 하는 것이므로, 쉬운 것에만 머물러 있으면 안 된다. 이런 처음의 활동들은 나도 마음챙김을 할 수 있다는 자신감을 갖는 계기로 사용하고, 다음에는 도전적인 다른 훈련으로 넘어가야 한다.

마음챙김에는 무엇이든 알아차리고 자신의 경험을 인식하고 있는 한 실패나 잘못이란 것이 없다. 그러므로 당신이 어떤 연습이 어렵다고 생각하는 것을 알아차리는 것도 마음챙김이다. 연습하다가 좌절하게 되는 것을 인식하는 것도 마음챙김이다. 때로 어떤 사람들은 자기 자신이나 훈련에 대한 기대가 너무 높아서, 마음챙김 연습이 잘 되지 않는다고 불평한다. 이런 생각이 당신에게 떠오르면, 단순히 이런 생각과 그에 따르는 감정을 알아차리기만 하면 된다는 것을 다시 주지시켜라. 마음챙김은 계속하는 과정이고 많은 연습이 필요하다. 하지만 그렇게 오래 노력을 기울일 만한 충분한 가치가 있다.

비공식적 연습과 공식적 연습

마음챙김 연습에는 두 가지 종류가 있는데, 이 둘은 모두 매우 중요하다. 비공식적 연습이란 일상생활을 하면서 할 수 있는 연습을 모두 말하는 것으로, 예를 들면 설거지를 하거나 이를 닦거나, 걷거나, 운전을 하면서도 마음챙김 연습을 하는 것이다. 비공식적 연습은 매일의 활동에 스며들어 있는 것이고 따로 일부러 시간을 낼 필요가 없다. 호흡 훈련과 같은 연습은 어떻게 어디에서 하느냐에 따라 공식적일 수도 비공식적일 수도 있다.

공식적 연습은 시간을 따로 내어 조용한 장소에서 앉거나 누워서 마음챙김 연습을 하는 것이다. 이런 공식적 연습의 예로는 생각 관찰 연습과 단계적 근육 이완법이 있는데, 이 둘은 이 장의 후반부에 다시 소개할 것이다.

인생을 더 마음을 챙기면서 살고 일상생활 중에 이것을 연습하는 것이 중요하므로 비공식적 연습도 중요하고, 공식적 연습으로는 자신의 경험에 대한 더 깊은 이해를 얻고, 자신의 생각과 감정에 대해서 마음챙김을 연습할 수 있기 때문에, 이 또한 중요하다. 앞으로 마음챙김을 연습함으로써 되도록 많은 이점을 얻기 위해 이 두 가지 방식이 모두 필요하다는 것을 점차 이해하게 될 것이다.

얼마나 오랫동안 마음챙김을 연습해야 하는가

이것은 어려운 질문이고 답도 다양하다. 어떤 전문가들은 마음챙김을 생활에 완전히 스며들게 하고, 그로부터 최대한 많은 것을 얻기 위해서는 하루 45분 정도의 연습이 필수라고 믿는다. 그러나 내가 알기로는 지금까지 연습 시간의 차이에 따른 마음챙김의 효과 차이를 비교한 연구는 없었고, 만일 45분 연습이 더 좋다고 하더라도 현실적으로 매일 45분씩 연습을 한다는 것은 많은 사람들에게는 어려운 일이다. 물론 더 오랜 시간을 연습할수록 더 빨리 마음챙김으로 인한 좋은 점을 얻을 수 있지만, 우선 자신의 생활양식을 살펴보고 어느 정도가 현실적이고 자신이 열심히 할 수 있을지 고려해 보아야 한다.

만일 당신이 이전에 마음챙김이나 다른 명상을 한 번도 연습해본 적이 없다면, 짧은 연습부터 시작하여 점차 시간을 늘여나가는 것이 좋을 것 같다. 나는 어떤 그룹에게 처음 마음챙김을 소개하면서 1분 30초만 연습하는 것으로 시작한 적이 있다. 그룹치료의 다음 회기까지 매일 마음챙김을 연습하도록 격려하였고 매주 30초씩 시간을 늘여나가서 5분까지 시간을 늘였다. 내 경험으로는 경조증, 우울증, 주의력결핍 과잉행동장애와 같은 문제가 있는 사람에게도 5분 정도는 그렇게 긴 시간은 아니다. 하지만 5분은 다른 감정들과 생각들을 경험하기에는 충분한 시간이다.

어떤 것이 불편하게 느껴진다고 해서, 그것을 멈추어야 한다는 뜻은 아니다. 불편감이 생기면 그저 그 불편감을 알아차리면 된다. 연습을 그만두고 싶은 충동이 떠오르면, 그 충동에 따라 연습을 그만 두어야 한다는 뜻은 아니다. 단지 그 충동을 알아차리면 된다. 나는 연습을 짧게도 길게도 시도해보고 어떤 것이 당신에게 더 잘 맞는지 알아보기를 권한다. 이것은 때에 따라 달라질 수도 있다. 예를 들어, 인생이 너무 힘들고 고통스러운 감정이 많은 시기에는 현재 순간에 머물러 있는 것이 더 힘들기 마련 이다. 이런 때에는 이전에 충분히 훈련되어 있지 않는 한, 긴 연습을 견디기가 어려울 것이다. 어떤 방 식을 선택하든지 간에 중요한 것은 우리가 좀 더 마음을 챙기며 살기 위해서는 적어도 하루에 한 번은 연습을 정기적으로 수행해야 한다는 점이다. 그리고 당신은 비공식적인 연습도 할 수 있으므로, 실제 로는 바쁜 일과 중에 따로 시간을 내지 않고서도, 하루에 두 번 이상 마음챙김 연습을 할 수 있다.

눈은 감아야 하나, 눈을 뜨고 있어도 괜찮은가

보통 공식적 마음챙김 연습을 할 때에는 앉아서 눈을 감는 것이 보통이다. 마음챙김 연습을 할 때 눈 을 뜰 것인지 감을 것인지에 대해서는 의견이 분분하다. 나는 눈을 뜰 것을 제안한다. 눈을 감았을 때 가 생각, 기억, 심상 등으로 인해 주의가 더 많이 흐트러진다. 그리고 어떤 사람들은 눈을 감으면 다른 곳에 다른 시간에 간 것 같은 느낌을 경험하기도 하고, 의학 용어로 말하자면 해리 현상을 경험하기도 한다. 만일 당신도 이런 경우라면 눈을 뜨고 있어야 현재 순간에 기반을 둘 수가 있다.

하지만 눈을 뜨는 것이 엄격한 규칙은 아니다. 공식적 마음챙김 연습을 수행할 때에는 특히 어떤 것 을 상상할 때에는 상상을 더욱 생생하게 만들기 위해 눈을 꼭 감아야 한다. 그리고 처음 훈련을 시작 했고 눈을 뜨고 수행하는 것이 어렵다면, 눈을 감고 해도 좋다. 하지만 눈을 뜨고 마음챙김을 할 수 있 도록 목표로 삼는 것이 좋다고 생각한다.

마음챙김이 어떻게 조울병 증상을 줄이는 데 도움이 될까

마음챙김은 쉽지는 않지만 이를 연습하는 모든 사람에게 도움이 된다. 아래에서는 이 기술이 특히 조 울병 환자에게는 어떻게 도움이 되는지 설명하려고 한다.

생각 조절하기

우리는 이미 지난 과거의 일들에 대해 그리고 미래에는 어떤 일이 벌어질지에 대해 자주 반추한다. 과거나 미래에 살고 있는 것이다. 이것은 우리에게 고통스러운 감정을 유발한다. 예를 들어, 당신은 지난 우울증 삽화 때로 생각이 자꾸 가서 괴로웠던 경험이 있는가, 아니면 조증 삽화 때 수백만 원을 도박으로 날렸던 기억에 사로잡혀 있는가? 그리고 이후 발생될지도 모르는 조증이나 우울증 삽화에 대해 자주 걱정을 하고 있는가?

이렇게 생각이 과거나 미래에 살고 있으면, 이것은 금방 **파국적인 생각**으로 변하여, 가장 최악의 경우를 상상하게 된다. 예컨대 만일 당신이 어제 사랑하는 사람과 말다툼을 벌였고, 상처 주는 말을 내뱉었으며 지금은 후회하고 있는데, 이것이 머릿속을 떠나지 않고 있다고 가정해보자. 당신은 어제 다르게 행동할 수도 있었고, 상처 주는 말을 하지 않았어야 한다는 생각으로 시작했을 것이다. 이런 걱정은 여기서 멈춘다면 괜찮을 것이다. 하지만 멈추지를 않는다. 대신 당신은 다른 사람이 당신에 대해 어떻게 생각할까에 대한 가정을 세우고, 당신의 대인관계는 어떻게 될지에 대해 예상을 만든다. 당신은 아마 대인관계가 모두 파탄이 나서 이번 명절에는 가족들이 함께 모이는 자리에 갈 수도 없을 것이라는 걱정으로 발전시켰을 수도 있다.

장담하건대 많은 사람들이 파국적인 생각을 하고 있지만, 사람들이 반추하는 모든 걱정이 정말로 끔찍한 사건으로 끝맺지는 않는다. 하지만 실제로 어떤 사람들은 우울증 삽화 때 자살 시도 같이 끔찍한 경험을 했고, 폭행이나 성폭력 같은 범죄의 피해자인 경우도 있다. 만일 당신이 이런 경우라면 잠시 다음과 같이 생각해보자. 이미 일어난 일에 집착하고 그러지 말았어야 한다고 바라는 이런 반추 방식에 사로잡혀 있다면, 이런 생각은 어쨌든 당신에게 도움이 되는가? 그 사건을 반복해서 생각하고 걱정을 하면 그 기억들을 없애는 데에 도움이 될까? 이제 당신도 반추가 고통을 유발하기만 하고 당신에게 아무 도움이 안 된다는 것을 알았을 것이다. 이 내용은 제9장에서 근본적 수용(radical acceptance)을 다룰 때 더 자세히 이야기할 것이다.

이런 반추 생각에 사로잡혀 있는 것은 많은 고통스러운 감정을 유발한다. 위의 예에서 애인에게 마음에 상처가 되는 말을 들었을 때 당신은 화가 났을 것이고, 당신이 상처되는 말을 한 것에 대해서는 죄책감이 들었을 것이다. 그런데 이 상황에 대해서 계속 반추를 하면 불안과 슬픔과 같은 다른 감정들도 또한 만들어내게 되는 것이다. 왜냐하면 대인관계가 깨지고 가족 모임에도 나가지 못하는 미래에 대한 부정적 상상을 만들어내기 때문이다(Williams et al. 2007). 이렇게 상황을 파국적으로 생각하고 미래의 부정적 상상을 만들어내지 않는다면, 당신은 그 상황에서 느낀 원래의 화와 죄책감만 느끼면 되는 것이다.

대부분의 사람들이 이런 반추에 때때로 사로잡힌다. 반추에 빠졌을 때에는 많은 에너지를 소모하게 되어 인생을 온전히 살아가는 능력이 떨어지게 된다. 이런 종류의 생각은 기분에도 큰 영향을 미쳐 우울증 삽화를 실제로 유발할 수도 있다. 만일 당신이 인생에서 일어나는 여러 사건에 대해 항상 이런 반추를 주기적으로 계속한다고 상상해보라. 당신은 과거에 했던 일과 미래에 벌어질 수 있는 일에 사로잡혀 지속적으로 고통스러운 감정을 만들어낼 것이고, 막상 현재 펼쳐지고 있는 당신의 현재 인생을 온전히 체험하지 못할 것이다.

이렇게 과거와 미래에 살고, 반추를 지속하는 것은 당신의 감정을 눈덩이 커지듯 불어나게 한다. 사람은 자신에 대한 미래의 상상을 하게 마련이고 자신의 상상을 진짜처럼 느끼고 생활하는 경향이 있다. 예를 들어 이번 명절에 가족 없이 홀로 지내야 한다는 것이 심한 슬픔을 유발했다면, 이것은 다른 사람이 자신을 비난할 것이라는 두려움, 자기가 자신을 비난하는 죄책감의 감정을 또한 유발한다. 당신은 이런 생각과 감정에 사로잡혀서 실제 이런 상황이 미래의 일이고 아직 일어난 것은 아니라는 것을 잊고, 이런 상황을 바꿀 수 있다는 것도 모른다. 마치 이런 일이 이미 일어난 것처럼 느끼고 경험하는 것이다.

우리들 대부분은 이런 종류의 경험을 한다. 예를 들어 당신이 여동생과 전화로 말다툼을 했는데, 여동생이 일방적으로 전화를 끊어버렸고, 이에 당신은 5일간 동생에게 말을 걸지 않았다. 당신은 그녀의 행동에 대해 화가 난 상태이다. 하지만 당신은 또한 동생이 앞으로 전혀 말을 걸지 않을까 봐 걱정하기 시작하였고, 이 상황을 어떻게 풀어야 할지 고민하였다. 시간이 지날수록 동생에게 말을 걸어 상황을 해결하는 것이 점점 두려워졌다. 결국 당신은 여동생에게 전화를 걸었는데, 정작 동생은 전화 사건에 대해 기억도 잘 하지 못하였고, 감기에 걸려 집에 누워 있었다. 자, 지금까지 느낀 불편한 불안감의 의미는 대체 무엇인가?

그럼 여기서 마음챙김은 어떤 역할을 할 수 있는가? 먼저, 당신이 현재의 순간을 잘 인식하고 있었다면 과거에 머물러서 지난주에 있었던 말다툼을 계속 다시 체험하고 있지는 않았을 것이다. 그리고 앞으로 무슨 일이 일어날까 걱정하면서 미래를 살고 있지도 않았을 것이다. 마음챙김은 당신이 과거나 미래에 살고 있는 때를 인식하게 도와주어서 고통스러운 감정이 덜 생기게 해준다. 이렇게 인식 능력이 높아지면 반추가 시작될 때 더 빨리 이를 알아차릴 수 있게 되고, 여기에 사로잡히는 것을 방지할 수 있게 된다. 정리하자면 마음챙김은 당신의 마음이 당신을 조종하는 것이 아니라, 당신이 당신의 마음을 조종할 수 있게 도와주는 방법인 것이다.

아래에 자신의 생각을 조절할 수 있게 도와주는 마음챙김 연습들을 소개하였다. 이 연습들은 모두 자신의 생각을 바라보도록 하는 것인데, 자신의 생각을 바라보는 것은 생각과 감정에 대한 인식을 높이는 데에 매우 큰 도움이 된다.

구름 속에서

당신이 잔디밭에 누어 하늘의 구름을 바라보고 있다고 상상하라. 생각이 마음속에 떠오르면 그 생각이 떠가는 구름 위에 있다고 상상해보라. 그 생각을 판단하지 말고, 평가하지도 말고, 이름을 붙이지도 말고, 마음속에서 구름처럼 떠다니는 그 생각을 그저 바라보라. 그 생각을 붙잡지도 말고 그 생각에 사로잡히지도 말고, 그저 보고만 있는 것이다. 당신의 주의가 이 연습에서 벗어나 다른 곳으로 달아났다면, 부드럽게 다시 주의를 가져와서 구름 위의 생각을 바라본다.

낙엽 위에서

숲 속에 서서 자연의 경관과 소리를 즐기고 있는 당신을 마음의 눈으로 상상해보라. 당신 앞의 나무에서 나뭇잎이 하나 떨어진다. 어떤 생각이 당신의 마음에 떠오를 때마다 그 생각들이 지는 낙엽 위에 얹혀져 있다고 상상하라. 나뭇잎 하나하나가 떨어지고 그 위의 생각이 보이기 시작하면, 당신은 나뭇잎을 주워서 어떤 생각인가에 따라 구분해서 차곡차곡 쌓아놓는다. 예를 들어 "나는 아무 생각도 안 해."라는 생각 나뭇잎이 떨어졌다면, 당신은 이 낙엽을 '걱정 생각' 혹은 '관찰하는 생각' 항목에 쌓아놓을 수 있을 것이다. 만일 "이것은 멍청한 연습이다."라는 생각 낙엽이 있다면, 이것은 '분노 생각'이나 '비판 생각' 항목으로 쌓을 수 있을 것이다. 가능한 한 이런 생각을 하는 자기 자신을 비난하지 말고, 그저 생각 낙엽을 각 항목에 쌓기만 하면 된다. 여기에는 정답과 오답이 있는 것은 아니다.

시냇물에 서서

마음속으로 흐르는 시냇물에 서 있는 자신을 그려보아라. 시냇물은 당신의 무릎 정도 깊이로 흐르고 있고 당신의 다리는 부드러운 시냇물의 흐름을 느끼고 있다. 그때 시냇물에 떠 있는 당신의 생각이 시냇물과 함께 당신을 막 지나쳐 간다. 당신은 그 생각을 잡지 않고 그 생각에 사로잡히지도 않는다. 당신은 그저 그 생각이 시냇물과 함께 지나쳐 저쪽으로 흘러가는 것을 바라보기만 한다. 만일 당신이 그냥 바라보고만 있지를 못하고 그 생각에 대해 생각하고 있다면, 다시 당신의 주의를 가져와서 그냥 바라보고만 있는 연습에 집중하도록 한다. 가능한 한 지나가는 당신의 생각들에 대해 어떤 평가나 판단도 하지 않는다. 그저 그 생각이 무엇인지만을 인식하면 된다.

이완

마음챙김의 유일한 목표는 현재의 순간을 알아차리고 받아들이는 것을 의도적으로 지속하는 것이라고 이전에 언급하였다. 주의가 다른 곳으로 방황하고 있으면, 이를 다시 현재로 되돌려 가져오면 된다. 이완이 마음챙김의 목표는 아니다. 그러나 마음챙김의 좋은 부작용으로 이완이 생기기는 한다.

　사람들은 종종 마음챙김 연습을 하면 차분하고 안정이 된다고 한다. 이것은 여러 가지 요소로 인한 것이다. 예를 들어 생각에 대해 마음챙김을 하면, 여동생과의 말다툼에 대해 불안한 생각을 하고 있다는 것을 인식할 수 있게 된다. 어떤 감정과 그 유발요인을 알게 되면, 당신은 이런 불안을 줄일 수 있는 방법을 실행할 수 있게 되고, 더 안정되고 차분해지고 이완이 될 것이나.

　조울병을 가진 사람들 중에 마음챙김을 정기적으로 연습한 뒤 집중력이 높아졌다고 이야기하는 사람들이 있다. 이것은 이완과 안정 효과 때문일 것이다. 생각이 덜 산만해지고, 복잡하거나 과도하지 않으면 전반적으로 안정된 느낌을 받을 수 있다. 마음챙김을 연습할 때, 특정한 것에 집중을 하는 것도 이완을 유도하는 방법 중 하나이다. 예를 들어 새가 지저귀는 소리나 해변 파도 소리에 집중을 하면 안정과 이완을 빨리 유도할 수도 있다.

　이완 훈련 방법에 대해서는 아주 많은 정보가 알려져 있다. 그리고 이완 훈련을 마음챙김 방식으로 한다면 이완 상태를 달성하는 데 많은 도움이 될 것이다. 아래에 이완을 하기 위한 고전적 마음챙김 연습을 소개하였다.

단계적 근육 이완법

편안한 자세로 앉거나 누워서 각 부위의 근육들에 하나씩 집중한다. 발가락부터 시작해서 각 근육들을 긴장했다가 이완했다가 하면서, 긴장감이 느껴지고 풀리는 감각에만 집중을 한다. 다리의 아랫부분, 윗부분으로 옮겨가고 차례로 엉덩이, 등, 배, 가슴, 팔, 어깨, 목 부위로 옮겨가면서 연습한다. 이후 얼굴 부위로 넘어가서 턱, 이마, 눈 주위의 근육들에 대해서도 연습한다. 이런 근육들이 긴장하고 이완하는 작동에 주의를 집중한다. 마음이 다른 곳으로 가버리면 이를 알아차리고 비난하지 말고, 그저 다시 근육의 느낌으로 주의를 가져온다.

이것은 이완을 배우고 익숙해지는 연습이다. 우리가 근육을 일부러 긴장시킨 다음에 이 긴장을 풀면, 근육을 긴장하기 전보다 더 이완이 잘된다.

~~~~~~

이완은 자극을 줄이고 안정을 늘려주므로, 당신이 경조증이나 조증 상태에 있을 때 특히 더 도움이 된다는 것을 기억하라. 어떤 환자들은 경조증 상태에 있을 때 이완 훈련이 생각의 속도를 줄여주어서 안정감을 높이는 데에 도움이 되었다고 이야기한다. 물론 조증이 심할 때에는 생각과 행동의 체계가 무너져 이런 생각조차 하지 못할 때가 많지만, 할 수 있다면 이완법을 시도해볼 수 있다. 정기적으로 꾸준히 이완법을 연습하고, 마음챙김 연습도 지속한다면 경조증이나 조증 삽화 재발을 예방하는 데에 도움이 될 수 있다. 그러므로 기분이 들뜨고 증상이 발생하였을 때 이를 낮추기보다는, 이렇게 재발하기 전에 미리 예방을 위해 이완과 마음챙김 연습을 하는 것이 훨씬 중요하다.

집중력과 기억력 향상시키기

당신은 우울증에 빠졌을 때 집중력이나 기억력에 문제가 생기는 경험을 했는가? 책을 읽기가 어렵고, 다른 사람과 대화를 하거나 텔레비전을 보는 것도 힘이 들었는가? 이런 집중력과 기억력 저하는 우울증 상태에서 흔한 증상이고 진단 기준의 항목에도 포함되어 있다. 어떤 연구에서는 우울증에 빠진 사람은 해마의 크기가 줄어들어 있고, 이것이 집중력과 기억력 저하와 같은 인지기능 장애의 원인과 관련이 있다고 하였다(O'Brien et al. 2004). 마음챙김을 연습하는 것은 우울증으로 약화된 이런 부위에 힘을 다시 회복하도록 뇌를 다시 훈련하는 방법 중 하나이다. 전에 언급한 대로 경조증에서 보이는 복잡하고 빠른 생각도 마음챙김으로 조금 늦출 수 있다. 나와 작업했던 한 환자는 집중력 문제로 인해 읽기에 문제가 있었고 책을 좋아하던 그녀는 이것 때문에 무척 힘들어하였다. 그러나 마음챙김 방식으로 책 읽기(책에서 주의력이 다른 곳으로 가더라도 이를 비난하지 않고 다시 읽던 부분으로 주의력을 돌아오게 하기)를 통해 그녀는 점차 집중력을 회복하였고 쉽게 책을 읽을 수 있게 되었다.

어떤 환자는 경조증으로 인해 과도한 에너지를 보였고, 많은 프로젝트를 계획하여 시작했지만, 결국 아무것도 마무리하지는 못하였다. 그녀는 쳇바퀴를 도는 듯한 느낌이 들어 혼란스러웠다. 그래서 그녀는 무슨 일을 하든 그 순간에 집중하는 마음챙김을 연습하기 시작하였고, 그것이 자신을 좀 진정시키고 한순간에 하나의 일만 집중할 수 있도록 하는 데 도움이 된다는 것을 알게 되었다.

집중력 저하로 인해 많은 조울병 환자들은 기억에 문제가 있다는 호소를 많이 한다. Gin Malhi와 동료들(2007)은 이런 집중력 저하가 우울증이나 경조증 삽화일 때에도 있고, 기분이 안정되어 있는 유지기에도 나타난다고 보고하였다.

익숙한 길을 운전한 일에 대해서는 의식적인 기억을 잘 못한다고 이전에 언급하였다. 이것은 우리의 몸이 정기적으로 항상 하는 일을 수행하고 있을 때, 우리의 마음은 다른 것을 생각하고 있기 때문이라고 말했었다. 이런 현상은 조증이나 경조증 상태에서는 특히 문제가 되는데, 과도한 에너지가 동시에 여러 일을 하게 만들기 때문에 우리의 마음은 이 모든 것에 집중하기가 불가능한 것이다. 하지만 이것이 우울증에서도 일어나는데, 우울증일 때에는 우리의 마음이 쓸데없는 것에 너무 많이 바빠서, 우리가 현재 하고 있는 일에 온전히 집중하지 못하기 때문이다. 마음챙김을 하지 않고 자동적으로 하는 다른 대표적인 활동에는 걷기, 이닦기, 설거지하기 등이 있고 이런 활동은 무한히 많을 것이다. 사람들은 이런 활동들을 마치 자동 조종 장치처럼 수행한다. 우리의 마음이 다른 곳을 방황하고 헤매는 동안 우리의 몸만 익숙한 동작을 취하는 것이다. 그러므로 우리가 이를 닦는 것이나 약을 먹는 것과 같이 우리의 마음이 별로 관여하지 않은 활동들에 대해 자주 까먹는 것은 당연한 일이다. 여기가 바로 마음챙김이 들어올 수 있는 지점이다.

당신이 현재 순간에 있다면, 무엇이든 지금 하는 일에 온전히 참여하고 있는 것이다. 당신이 항상 자신의 마음을 잘 챙기며 활동하고 있다면, 당신은 그 활동에 대해 아주 자세히 알고 얻고 있을 것이다. 당신이 생활 중에서 아주 세세한 부분까지 생생하게 기억해낼 수 있는 활동이나 경험을 생각해보라. 이것은 학교 졸업과 같이 큰일일 수도 있고, 아이와 함께 공원에 처음 간 일일 수도 있다. 어떤 사건이든 간에 당신이 그렇게나 그 사건을 자세히 기억할 수 있는 이유는 그것이 당신에게 매우 중요한 사건이었고, 그래서 당신의 마음과 몸이 모두 그 활동에 온전히 참여했기 때문인 것이다. 이것이 결국 경험을 마음챙김 방식으로 하는 것이다.

아래에 특별히 집중력과 기억력을 증진시킬 수 있는 연습법들을 소개하였다.

대상 관찰하기

집중할 대상을 하나 고른다. 펜이나 연필처럼 일상생활 도구여도 좋고 창고에 처박혀 있던 옛날 겨울 장갑처럼 평소에는 전혀 관심 없던 물건이어도 좋다. 그 물건은 항상 거기에 있었지만, 당신은 한 번도 그것을 눈여겨본 적이 없는 그런 물건 말이다. 그것을 자세히 이전에는 한 번도 본 적이 없는 것처럼 바라본다. 그것을 만져본다. 어떤 느낌인가? 재질과 촉감은 어떤가? 부드러운가? 거친가? 그것을 아무런 평가나 판단 없이 바라보라. 어떤 소리가 나는가? 냄새는 어떤가? 음식이라면 맛을 본다. 어쨌 든 가능한 한 그 물건의 모든 측면을 이전에 한 번도 해본 적이 없는 여러 가지 방법으로 체험한다. 그리고 당신의 주의가 그 물건으로부터 벗어나 방황하고 있다면, 다시 부드럽게 당신의 주의를 그 물건으로 되돌려온다. 우리는 자기 물건들의 역사에 어떤 식으로든 관여되어 있다. 자, 이제 새롭게 그 물건에 관여하기 시작하는 것이다. 주의할 점은 당신이 계속 그 물건에 대해 생각을 하고 있더라도, 그저 그것을 바라보는 것이 아니라 그것은 어디서 만들어졌고, 누가 만들었고 무엇에 쓰는 물건이고 나중에는 그 물건이 어떻게 될 것이고, 이런 것들을 생각하고 있을지 모른다. 이런 생각은 더 이상 마음 챙김이 아니다. 이런 생각을 하는 것은, 당신이 현재의 순간에 그 물건과 함께 있는 것이 아니라, 그물건의 과거에 대한 생각에 사로잡혀 있는 것이기 때문이다. 그러므로 이런 생각이 일어나면, 그저 이를 알아차리고 다시 당신의 주의를 물건의 관찰로 되돌려오면 된다.

소리 듣기

조용히 앉아서 당신의 주의를 지금 들리는 소리들에 집중해보라. 이는 당신의 숨소리, 옆방에서 사람들이 재잘대는 소리, 부엌의 냉장고가 돌아가는 소리, 창문 틈으로 바람이 들어오는 소리일 수도 있다. 소리로 다가가는 것이 아니라, 소리들이 당신에게 오는 것을 그냥 받아들이는 것이다. 당신의 귀가 적극적으로 소리를 찾는 것이 아니라, 단순히 소리의 수용체가 되는 것이다. 가능한 한 당신이 듣는 대상에 이름을 붙이지 말고, 그냥 듣는 것이다. 가령 어떤 소리를 들을 때, 저것은 '개 짖는 소리'라고 생각하는 것이 아니라 그저 그 소리 자체를 듣는 것이다. 소리에 어떤 이름도 붙이지 말고 그저 듣고 관찰한다. 그것이 어디서 온 소리인지, 무슨 소리인지 생각하는 것은 마음이 다른 곳으로 방황하는 것이다. 이런 방황을 알아차리면 이것을 탓하지 말고, 그저 그냥 다시 소리 자체로 집중하는 연습에 돌아오면 된다.

호흡 세기

이것은 공식적으로도 비공식적으로도 할 수 있는 연습이다. 호흡을 세는 연습을 위해 하루 중 특정 시간을 정해놓을 수도 있고, 약속 장소로 운전하고 갈 때나 회의실에 앉아 있을 때에도 그냥 연습할 수 있는 것이다. 시작은 조용히 앉아서 당신의 호흡을 바라본다. 호흡을 뭔가 바꾸려고 하지 말고 단순히 그저 바라보기 시작한다. 다음으로 숨을 들이마실 때 속으로 하나를 세고, 천천히 내실 때 둘을 센다. 이렇게 숫자 10까지 세면 다시 처음부터 센다. 만일 마음이 호흡을 떠나 다른 곳으로 방황하면, 비판이나 판단하지 않고 그냥 주의를 호흡 연습으로 되돌려온다.

당신은 숫자 23을 세고 있거나, 저녁에는 뭘 먹을 것인지, 내일에는 어떤 일을 계획할 것인지 생각하고 있는 자신을 갑자기 발견할 수도 있다. 그럴 때에도 그저 일어난 일을 알아차리고 어떤 판단도 하지 말고, 그저 호흡 훈련으로 주의를 되돌려와서 숫자 1을 세는 것으로 다시 시작한다. 너무 자주 산만해진다면, 숫자를 셀 때 그 수를 머릿속에 영상으로 떠올리며 훈련을 하면 조금 더 집중이 잘될 수도 있다. 이런 훈련은 밤에 잠이 잘 들지 않는 불면증이 있는 사람에게도 도움이 많이 되고, 어느 장소에서나 어느 때에나 쉽게 실행할 수 있는 연습이다.

긍정적인 감정 늘리기

하나의 일을 하면서 또 다른 것을 생각하고 있으면, 그 활동에 온전히 참여하지 않고 있는 것이라고 이미 언급하였다. 우리가 적극적으로 마음을 챙기면서 활동을 하면 또 다른 좋은 점이 생기는 데, 그것은 바로 우리가 그 일을 더 즐길 수 있게 된다는 점이다. 예를 들어 나는 내 강아지와 놀면서 동시에 해야 할 일에 대한 걱정에 마음이 산만했었다. 그런데 만일 내가 강아지와 노는 것을 마음챙김 방식으로 한다면, 현재 순간에 느낄 수 있는 것은 오직 강아지에 대한 사랑과 함께 노는 것에 대한 행복감일 것이다. 이 순간에는 내가 걱정할 것이 아무것도 없고, 행복감과 사랑을 느낄 것만 많은 것이다.

이런 관점에서 마음챙김을 바라보면, 좀 더 현재 순간에 살수록 고통은 적다는 것을 알 수 있다. 지금 이 순간 당신이 이 페이지를 마음챙김 방식으로 보고 있다면 어떤 고통스러운 감정이 떠오를까? 아마 거의 없거나 전혀 없을 것이다. 이 책을 읽으면서 당신의 마음이 과거나 미래로 갔다면 바로 그 순간에 고통스러운 감정이 발생하기 시작한다. 예를 들어 우울증에 대한 내용을 읽다가, 당신 자신이 우울했던 시절, 괴로움을 피하기 위해 술을 마시던 그때를 생각하기 시작하였다고 해보자. 아마 이 생각은 결국 당신이 애인과 헤어지고, "그때 얼마나 고통스러웠나, 왜 제대로 하지 못했나" 하는 괴로운 기억과 후회로 이어지게 될 것이다.

아니면 당신은 조증에 대한 부분을 읽다가 다음에 또 조증 삽화가 생기면 어떻게 하나란 걱정을 하기 시작할 수도 있다. 그럼 조증 때의 행동을 나중에 또 얼마나 후회할까란 생각도 들고, 입원을 하지는 않을까, 직장을 다시 잃지는 않을까 하는 생각에 점점 불안해질 것이다. 이런 종류의 생각들은 틀림없이 두려움과 분노 등의 여러 가지 불편한 감정들로 이어진다.

당신의 마음을 이런 방식으로 조절하는 것은 결국 고통스러운 감정을 발생시킨다. 현재의 순간에 더 머물러 인식하는 것이 당신의 고통을 줄이는 방법이다. 자신에게 지금 물어보라. 지금 순간 어떤 고통스러운 감정을 가지고 있는가? 책상에 앉아서 이 책을 읽고 있는 이 순간에 당신이 느끼는 감정은 슬픔인가, 분노인가, 아니면 분노, 상처, 부끄러움, 불안인가? 이 책을 읽는 것이 행복감을 주지 않는다면 괴로운 체험인 것인가? (부디 그렇지 않기를 바란다!) 제7장에서 감정들을 살펴볼 때, 어떻게 마음챙김이 긍정적 감정을 증가시키는지에 대해서 더 자세히 알아볼 것이다.

일단 지금은 아래와 같은 연습이 자신의 감정에 대한 인식을 늘리는 데 도움이 될 것이다.

마음의 문지기가 되어라

이것은 당신의 감정과 생각에 대해 마음챙김이 되도록 돕는 연습이다. 당신이 당신 마음의 문 앞에 서서 드나는 사람들을 지켜보는 문지기처럼 여러 감정과 생각들이 오고 가는 것을 바라본다고 상상해보라. 이런 감정과 생각들을 평가하거나 판단하지 마라. 단지 그것들이 마음속에 있는 것을 알아차릴 수 있도록 그것들을 바라보라. 마치 문지기가 누가 문으로 들어오는지를 보고 있어야 하는 것처럼. 감정이나 생각이 들어오는 것을 막으려 하지 말고, 있는 그대로 환영하라. 당신의 마음이 방황하거나, 어떤 생각이나 감정을 막으려고 한다면, 그저 이것을 알아차리고 다시 이 생각과 감정이 들어오는 것을 관찰하는 것으로 돌아가라. 만일 생각이나 감정이 너무 문을 빨리 들어와서 알아보기 힘들다면, 당신은 각 손님이 들어오기 전에 문을 두드리게 하여 속도를 낮추게 상상할 수 있다. 당신이 문을 열면 생각이나 감정을 알아보게 되고, 그런 다음 들어오게 할 수 있다.

행동 조절하기

모든 사람은 때때로 충동을 느낀다. 이것은 자신을 해치거나 죽고 싶은 충동일 수도 있고, 음주나 과식을 하고 싶은 충동, 화가 나거나 슬플 때 애인을 몰아세우는 충동일 수도 있다. 어떤 사람들은 이미 자신의 행동을 조절하는 법을 배워서 이런 충동으로 행동을 하지는 않는다. 그러나 어떤 사람들은 이런 충동이 습관이 되어 버리기도 한다. 당신의 특정 생각과 행동이 이런 해로운 행동과 연결이 되어 버려서, 당신은 자각 없이, 즉 마음챙김 없이 이런 습관적인 행동에 빠져 있을 수도 있다. 만일 자신이 어떤 생각을 하고 어떤 감정 상태인지를 인식하지 못하고 있다면, 당신은 이런 충동에 따라 행동을 할 가능성이 높고, 나중에 후회할 행동들에 자동적으로 빠지게 되는 것이다. 나중에 이것에 대해서 더 다루겠지만 지금은 일단 잠시 우리가 마음챙김 없이 행하는 충동들에 어떤 것들이 있는지 살펴보자.

_____ 불법 약물 사용   _____ 과다한 음주

_____ 과식   _____ 도박

_____ 소리 지르기   _____ 폭행

_____ 난폭 운전   _____ 과수면

_____ 과다한 소비   _____ 자해

_____ 물건 부수기   _____ 문제 회피하기

_____ 사람들에게 쏘아붙이기

기타 당신이 행한 다른 충동들 :

_____   _____

_____   _____

이제 이런 충동들과 연결되어 있는 감정이나 생각들이 무엇인지 생각해보자. 예를 들어 자해를 하려는 충동은 주로 우울감을 느낄 때, 이성관계가 깨졌을 때, 어떤 일에 실패했다고 느낄 때 주로 나타난다. 만일 마음에 슬픈 감정이나 수치심이 있다는 것을 빨리 알 수 있다면, 자해에 대한 생각이 떠올랐다는 것을 빨리 알아차린다면, 당신은 이런 충동에 대한 대비를 더 잘해서, 의식적으로 더 건강한

대처방식을 선택할 수 있다.

그럼 어떻게 이런 인식 능력을 키울 수 있을까? 물론 마음챙김을 통해서 가능하다. 어떤 행동이든 변화시키기 위한 첫 단계는 그 행동에 대한 인식 능력을 키우는 것이다. 마음챙김으로 자신이 하는 일에 대한 인식을 높일 수 있으므로 그 상황에서 어떻게 행동할지를 자동반응이 아니라 스스로 선택할 수 있게 된다. 자신의 생각과 감정에 대해 좀 더 마음챙김 방식으로 대한다는 것은 생각과 감정이 떠오를 때, 빨리 이를 알 수 있다는 것을 뜻한다. 그래서 우리는 문제 해결 행동을 선택할 시간 여유를 확보하게 되고 충동에 저항할 기회를 얻게 되는 것이다.

아래에 자신의 여러 측면에 대한 인식을 증진시키기 위한 마음챙김 연습을 소개하였다. 이 연습들은 충동이 발생한 순간에 자기를 조절하는 데에 도움이 될 것이다.

호흡 공간

호흡 공간 연습은 스트레스 상황, 자신의 감정에 휘둘릴 위험이 가장 많은 순간에 당신을 호흡과 연결시켜주는 연습법이다. 이 짧은 연습으로 당신은 자신의 현명한 마음에 접속해서 마음의 방향을 재배치할 수 있다.

당신의 신체적, 감정적 느낌에 대한 일반적인 인식을 증가시키는 것부터 시작하자. 어떤 감각이든 판단하지 말고 관찰하자. 단순히 당신의 몸과 마음에 어떤 일이 진행되고 있는지 주의를 기울이자.

다음으로는 당신의 호흡에 주의를 기울이자. 호흡을 바꾸려 하지 말고, 단순히 콧구멍으로 들어와 폐를 확장시키고 횡격막에 다다르는 공기의 흐름을 그저 느끼고 거기에 집중하자. 다시 공기가 폐에서 나와 콧구멍을 통해 나가는 흐름의 느낌을 알아차려 보자. 당신의 주의가 호흡 이외의 다른 곳으로 방황할 때, 이를 그저 알아차리고 부드럽게 주의를 호흡으로 다시 되돌려오자.

지금부터는 당신의 호흡에 대한 인식을 확장시켜 온몸에 대한 감각으로 넓혀보자. 몸에서 일어나는 어떤 감각이든 느껴보고, 지금 있는 어떤 감정이든 관찰해보고, 마음속에 떠오른 어떤 생각도 알아차리고 바라보자. 마음이 방황하여 이런 생각들에 사로잡히면 이것을 그냥 알아차리고 그냥 지금 순간으로 돌아와 연습에 다시 집중하자.

자기 자신을 더 잘 알게 되기

바라건대 이제 당신은 마음챙김이란 것이 현재의 순간을 살아가는 것임을 이해하였을 것이다. 지금 여기를 살아가는 것이 좋은 또 하나의 이유는 자기 자신에 대해 더 잘 인식하게 된다는 것이다. 자기 자신의 감정, 신체 감각, 경험하고 있는 생각들을 더 잘 인식하게 되면, 자기 자신에 대해 더 잘 알게 된다.

당신은 자신이 누군지에 대해 잘 모르겠다는 생각을 해본 적이 없는가? 많은 사람들이 자기 자신이 진정으로 무엇을 좋아하고 무엇을 싫어하는지에 대해 확신이 없고, 그래서 자신의 의견, 생각, 믿음에 대해 잘 모르고, 결국 자신만의 정체성이 없다는 느낌을 받는다. 우리 대부분은 이런 느낌을 약간씩은 가지고 있다. 어떤 사람은 이런 정체성이 없는 느낌을 계속 가지고 있어서 텅빈 느낌과 인생의 방향을 모르겠다는 문제를 지속적으로 가지고 있다. 조울병과 같은 질병을 가지고 있는 경우에는 자존감이 낮아서 이런 문제들이 쉽게 유발된다. 자신의 내적 경험에 대한 인식 능력을 증가시켜서, 자신의 생각과 감정, 신체 감각들을 관찰하면, 점차 자기 자신을 더 알게 된다.

아래에 자기 자신의 내적 경험 인식을 증가시켜 자기 자신을 더 아는 데 도움이 되는 마음챙김 연습을 소개한다.

당신의 몸을 느껴라

조용히 앉아서 당신의 몸에서 체험하고 있는 여러 느낌에 초점을 맞추어 보라. 의자에 닿아 있는 엉덩이의 느낌 혹은 팔걸이에 올려져 있는 팔의 느낌 같은 것들 말이다. 당신의 근육의 작은 긴장이라도 알아차려 보라. 당신이 시원함을 느끼고 있는지 조금 상기되어 있는지 알아보라. 지금 경험하고 있는 어떤 감정이라도 알아차려 보라. 가령 오늘 아침에 집을 나서기 전 일어난 상황에 화가 난다든지, 이 연습을 하는 것이 어려워서 좌절감이 든다든지. 당신의 마음이 이런 감각을 느끼는 것에서 벗어나 방황을 하고 있다면, 단순히 당신의 주의를 이 연습으로 가져오고 다른 생각은 그대로 놓아두라. 혹시 당신이 어떤 감각의 느낌을 피하려 한다는 것을 발견했다면, 그 감각의 느낌을 받아들이고, 판단 없이 그것을 바라보라. 그냥 이것이 지금 순간에 당신 안에 존재한다는 것을 그저 인정하라.

당신이 경험하고 있는 신체 감각을 때로는 인식하지 못하는 경우도 많다. 어떤 이유로든 당신은 이 감각을 자주 무시하고 자신으로부터 떼어내려고 했던 것이다. 예를 들면, 당신이 어떤 고통을 지니고 있다면, 이를 느끼는 것을 원치 않을 것이다. 하지만 당신의 몸을 더 느끼고 인식한다는 것은, 그것이 비록 고통일지라도 여러 측면에서 매우 중요하다. 이런 연습은 당신이 자신의 신체적 자기를 관찰하는 데 도움을 주어, 자신의 몸과 감정에 대한 인식을 증가시키게 해준다.

하나의 감각에 집중하기

당신의 몸에 집중하는 또 하나의 방법은 손톱으로 윗입술과 코 사이의 인중을 누르는 것이다. 그리고 조용히 앉아서 그 감각에 할 수 있는 한 오랫동안 집중해보라. 얼마나 오래 그 감각을 느낄 수 있는지 보라. 마음이 다른 곳으로 방황하면, 자신에게 괜찮다고 말하며 주의를 다시 그 감각으로 되돌려온다.

증상들에 대한 인식

마지막으로 마음챙김은 당신이 현재 순간에 경험하고 있는 증상들을 인식하는 능력을 키우는 데에도 도움이 된다. 이것은 실제로 재발의 가능성을 낮추는 일이다. 다시 한 번 신체 질환에 비유해보자. 당뇨병이 있는 사람이 머리가 어지럽고 힘이 없고 손이 떨리는 것을 느끼고 있다. 그녀가 자기 몸을 잘 관리하고 있었다면, 이런 증상들을 빨리 알아차릴 수 있을 것이고 즉시 사탕을 먹어서 혈당 수치를 올리려고 할 것이다. 만일 그녀가 자신의 몸에 관심을 가지고 있지 않다면, 이런 증상을 잘 알아채지 못했을 것이다. 이렇게 인식이 부족하면 저혈당 쇼크로 쓰러지거나 심한 합병증을 겪을 수도 있고, 심한 경우 사망할 수도 있는 것이다.

조울병도 마찬가지이다. 당신이 현재 순간을 잘 살아가고 있다면 증상이 나타나기 시작할 때 이것을 빨리 알아챌 수 있을 것이고, 도움을 더 빨리 요청할 수 있다. 실제로 이렇게 조기에 증상을 인식하는 것은 우울증이나 조증 삽화가 심하게 발생하는 것을 어느 정도 막아주는 효과가 있다. 정기적으로 마음챙김을 연습하고 있다면, 당신은 점차로 이런 인식 능력이 향상될 것이다. 아래에 내적 경험에 대한 인식을 증가시키는 마음챙김 연습을 또 하나 소개한다.

바디 스캔

단계적 근육 이완법과 마찬가지로 바디 스캔도 여러 근육군에 집중하고 여기서 발견되는 감각들을 그저 바라보는 것에 초점을 맞춘 연습이다.

앉거나 누워서 편안한 자세를 취한다. 깊은 숨을 들이마시는 것으로 시작하여 당신의 주의를 발가락으로 가져가라. 현재의 감각을 알아차려라. 뭔가 간지러운 감각이나 따끔거리는 느낌을 알아챌 수도, 아무 느낌도 못 느낄 수 있다. 오직 하나의 목적은 그 부위에 있는 것이 무엇이든 느끼고 바라보는 것이다. 발가락에서 시작하여 당신의 주의를 발의 나머지 부분으로 확장하고, 거기에 어떤 감각이 있는지 보라. 고통이나 욱신거림, 아니면 아무것도 안 느껴질 수도 있다. 그것이 무엇이든 판단하지 말고 그냥 그것을 바라본다.

당신만의 방식으로 발부터 다리로 확장한다. 각 근육군의 스캔이 끝나면 그 순간에는 무슨 느낌이 있는지 그저 알아차려 보라. 다시 강조하지만 당신이 관찰하는 것이 싫어하는 것이더라도, 당신의 경험을 판단하거나 비난하지 말자. 역시 생각이 방황하기 시작하면 부드럽게 다시 자신을 현재 작업 중인 근육군으로 집중하도록 돌아온다.

다음에는 당신의 주의를 엉덩이로 옮긴다. 이 부분은 보통 많은 사람들이 긴장을 느끼는 곳인데, 무엇이 현재 있는지 알아차려 보라. 근육이 긴장했다가 이완되기도 한다. 그냥 이를 바라보라. 이제는 등으로 올라가 아래, 중간, 윗부분의 등을 스캔한다. 각 근육군 연습이 끝나면 잠시 쉬면서 지금 느껴지는 감각을 관찰해보라. 어깨와 목 부위로 올라오면, 아마 당신은 자신의 어깨가 귀에 닿을 듯이 긴장하고 있음을 알 것이다. 여기가 또한 우리가 긴장을 그대로 유지하려는 부위이다. 무엇이 그 순간에 있든 단순히 알아차리기만 하면 된다.

자, 이제 팔에 집중을 해보자. 위쪽 팔에서부터 이두박근, 손목, 손에 이르기까지. 당신은 손을 주먹으로 꽉 쥐고 있는가? 이 부위에 통증이나 긴장이 있는가? 그러면 단순히 그런 경험을 환영하고, 판단하지 말고 그저 받아들여라.

복부 근육도 우리가 종종 긴장을 하고 있는 부위이다. 이제 복근에 집중하여, 지금 순간에 무엇이 있는지 그냥 느껴라. 상복부에 긴장이 있는지 아니면 이완되어 있는지? 그냥 바라보라. 위쪽으로 진행하여 당신의 가슴에는 어떤 느낌이 있는지 알아차려라. 얕은 호흡을 하고 있는 자신을 발견할지도 모른다. 그 경험이 무엇이든 그것은 이미 거기에 있는 것이다. 그냥 그것을 당신의 인식에 들어가도록 내버려두면 된다.

이제 목과 턱, 그리고 얼굴에 이르기까지 점차로 집중을 해보라. 턱을 꽉 다물고 있는가, 아니면 이완되어 있는가? 눈을 가늘게 뜨고 있나, 찌푸렸는가, 눈썹을 찡그렸는가? 무엇이 있든 그저 관찰하라.

마지막으로 당신의 머리에 어떤 감각이 있든 관찰하라. 통증이나 불편감이 있는가, 아니면 아무것도 느껴지지 않는가? 거기에 무엇이 있든 그저 바라보고 느껴라. 주의를 다시 호흡으로 돌아오게 하고 연습을 마칠 준비를 한다. 이 인식을 유지하려고 노력하고, 무엇을 하든, 어디를 가든 이런 인식과 함께하라.

이 연습은 당신이 경험하고 있는 신체 감각의 인식을 높여줄 뿐 아니라 지금 있는 감정을 인식하는 능력도 높여줄 수 있다. 예를 들어, 당신이 화가 나 있다면 당신은 심장 박동이 빠르고 주먹과 턱이 긴장되어 있는 자신을 느낄 수 있을 것이다. 당신이 불안감을 느낄 때에는 상복부가 불편하고 몸의 특정 부위가 긴장되는 것을 경험할 것이다. 그러므로 이 연습은 자신의 신체 감각을 더 잘 알게 되는 것뿐 아니라, 감정들에 몸이 어떻게 반응하는지에 대한 자각을 증가시켜주기도 한다.

위에서 많이 다룬 마음챙김 연습들, 즉 자신의 생각, 감정, 신체 감각을 관찰하는 연습들을 통해서 당신의 조울병 증상에 대한 인식도 증가시킬 수 있다.

캐슬린의 이야기

캐슬린은 59세 기혼 여성으로 20여 년 전부터 조울병 진단을 받았다. 그녀는 조울병에 대해 더 잘 알고 싶어서 필자의 조울병 모임을 찾아왔다. 그녀는 오랜 시간 조울병과 함께 살아왔지만, 여전히 이 병에 대해서 그리고 이 병에 어떻게 대처해야 하는지를 완전히 이해하지는 못하고 있었다.

캐슬린과 남편은 관계가 좋았다. 남편은 그녀에게 지지적이었고, 둘이 함께 우울증과 조증의 증상들을 이해하려 애써왔다. 하지만 증상 이해만으로는 조울병의 재발을 막지 못했고, 캐슬린은 2~3년에 한 번씩 심한 조증 삽화가 발생하여 입원치료를 받고는 했다.

우리의 조울병 모임에 참여하면서 캐슬린은 매일 마음챙김 연습을 하기 시작하였다. 그녀는 일상생활을 좀 더 마음챙김 방식으로 하기 위해 비공식적 연습을 하는가 하면, 5~25분 정도의 공식적 연습도 일주일에 4~5번씩 하였다. 그 결과 캐슬린은 자신의 감정에 대한 새로운 인식을 할 수 있었고, 자신이 종종 화를 내고 남편이나 아이들을 몰아세운다는 것을 알게 되었다. 캐슬린은 이런 화를 줄이기 위해서 치료자와 함께 이 화의 근원을 찾는 작업을 시작하였다. 하지만 캐슬린은 어느 순간 자신이 연습한 마음챙김 인식의 도움으로 감정을 가족들에게 분출시키는 것을 멈출 수 있었고, 그 결과 가족 관계는 훨씬 더 좋아졌다.

캐슬린은 또한 뚜렷하지 않아서 이전에는 몰랐었던 자신의 조울병 증상을 새롭게 인식하게 되었다. 이런 증상들에는 평소보다 더 조마조마한 느낌, 더 초조한 느낌, 빠르게 질주하는 생각 등이 있었다. 캐슬린이 더 심한 증상으로 발달하기 전에 이런 작은 증상을 더 잘 인식하게 되면서, 그녀는 이런 작은 증상을 바로 정신과 주치의에게 이야기하였고, 약물 조절을 통해 악화를 막아서 입원하지 않을 수 있었다.

이 장의 총정리

이 장에서는 마음챙김이 어떻게 조울병의 증상들에 도움이 될 수 있는지, 그리고 마음챙김을 연습하는 여러 방법에 대해 배울 수 있었다. 여기 제시한 마음챙김 연습은 단지 당신의 연습을 위한 시작에 불과하다. 당신이 이 연습들을 수행할 때, 당신에게 가장 편안한 것부터 시작하는 것이 주의 집중을 더 잘할 수 있다는 측면에서 좋을 것이다. 그리고 점차 당신에게 좀 어려운 연습들도 실행하면서 당신은 자신의 연습을 확장시킬 수 있고, 다양한 상황에서 다양한 방법으로 마음챙김을 실행할 수 있을 것이다. 처음 연습을 시작할 때에는 어렵지만 시간이 지남에 따라 마음챙김의 장점은 당신의 노력을 충분히 보상해줄 것이다.

나는 당신이 다음 한 주간은 이 워크북의 다음 부분으로 진도를 나가지 말고 마음챙김 연습을 시작해서 매일 적어도 5분 이상 수행할 것을 강력히 권장한다. 5분을 나누어 1분씩 다섯 번을 해도 좋고, 5분짜리 연습을 한 번 해도 좋다. 비공식 연습이나 공식 연습이나 상관이 없다. 어떤 형태로든 수행하는 것 그 자체가 중요하다. 다음의 기록지를 이용해서 마음챙김 연습의 일지를 적어보라. 예시도 제시하였다.

다음 장에는 마음챙김 연습을 더 심화시키는 기술을 소개하려고 한다. 장기적 목표는 당신이 자신의 인생을 더 마음챙김 방식으로 살도록 돕는 것이다.

나의 마음챙김 연습 : 예시

날짜	어떤 연습을 하였나	연습한 시간	내 마음에서 알게 된 것
8월 21일	호흡 수 세기 연습	5분	마음이 많이 방황하였고, 직장일 때문에 스트레스를 받았다. 결국 이 연습으로 마음을 진정시킬 수 있었다.
8월 22일	단계적 근육 이완법	20분	잠이 들었다.
8월 22일	이 닦기	1.5분	집중이 안 되고, 많이 산만해졌다. 이전에는 이 닦을 때 나의 치아에 대해 생각해본 적이 전혀 없다.
8월 23일	바디 스캔	15분	충분히 이완되었다. 역시 내가 자각하지 못했던 감정을 알아차리는 데 도움이 되었다.

날짜	어떤 연습을 하였나	연습한 시간	내 마음에서 알게 된 것

03

계속해서 인식을 증가시키기

D BT의 다음 기술은 당신 자신과 주변 환경에 대한 당신의 인식을 지속적으로 증가시킬 수 있게 돕는 기술이다. 다른 말로 하자면, 이 기술들을 통해 당신은 좀 더 편안하게 마음챙김 연습을 할 수 있고, 감정에 따라 행동하는 것도 줄여서, 당신을 위한 좀 더 현명한 선택을 할 수 있게 된다. 첫 번째 기술은 현재 경험에 대한 마음챙김인데, 이를 통해 일상생활 중의 마음챙김 연습으로 우리가 얻을 수 있는 이점을 최대화할 수 있다. 예를 들어, 현재 경험에 대한 마음챙김을 통해 당신은 집중력과 기억력이 향상됨을 느낄 수 있고, 현재 순간에 더 많은 시간을 쏟을 수 있기 때문에 자기 자신을 더 잘 알고 이해하게 된다. 두 번째 기술은 마음 노트인데, 이것은 마음챙김을 작은 부분들로 나눔으로써 당신의 연습을 더 증진시키는 효과가 있다. 세 번째 기술은 삶을 마음챙김으로 살기인데, 이것은 마음챙김의 궁극적 목표라 할 수 있다. 이 기술은 마음챙김을 더 자주 삶에 적용시키는 방법을 찾아서 당신이 더 적극적이고 온전하게 삶에 참여할 수 있게 도와준다.

이제 마음챙김 연습을 통해 당신의 인식을 증가시키도록 도와주는 몇몇 기술들을 자세히 설명할 것이다. 당신이 조울병을 겪고 있다면, 당신은 자신의 내적 경험(생각, 감정, 신체 감각)에 대한 인식을 증가시키는 것이 무척 중요하다는 것을 명심해야 한다. 그래야 조기 증상을 빨리 파악하고 미래의 우울증이나 조증, 경조증 삽화를 예방할 수 있게 된다.

현재 경험에 대한 마음챙김

마음챙김은 결국 현재의 순간을 더 잘 살아가는 것, 그리고 현재 순간에 당신이 알아차린 것을 무엇이든 받아들이는 것이 전부라 할 수 있다. 이를 연습하는 한 방법은 당신의 모든 주의력을 당신이 행하고 느끼고 생각하는 것에 집중하는 것, 즉 당신이 현재 경험하고 있는 것에 마음챙김으로 있는 것이다.

특히 조울병을 가지고 있고, 조증이나 경조증 상태라면, 한 번에 많은 일을 하려는 경향이 있다. 조증 상태의 사람은 생각이 너무 빠르게 진행되기 때문에 주의 집중을 한 가지 일에 일정 시간 유지하기가 어렵고, 이에 따라 여러 가지 계획을 시작해 놓고, 정작 완성하는 것은 아무것도 없는 일이 다반사이다. 현재 경험에 대한 마음챙김이라는 개념은 일반적인 마음챙김과 마찬가지로 한 번에 한 가지 일을 온전한 주의를 기울여 하는 것을 말한다. 예를 들어 당신이 친구와 전화통화를 하고 있다면, 이것이 당신이 하는 유일한 일이어야 하고, 당신은 그 대화에 완전히 주의를 집중하는 것이 마음챙김이다. 당신이 음식을 먹을 때, 당신은 단지 음식을 먹기만 하고 거기에 모든 주의력을 쏟는 것이다. 주의 집중이란 아무리 노력해도 하고 있는 일을 벗어나 항상 여기저기를 방황하기 마련이란 것을 기억하라. 마음챙김의 개념은 마음이 방황하지 못하게 금지하는 것이 아니다. 그보다는 자신을 비난하거나 평가하지 말고, 부드럽게 주의를 다시 원래 있던 곳으로 되돌리는 것을 말한다.

조울병 내담자 중 한 명이 내게 말하길, 배운 것들 중에 마음챙김 연습이 가장 좋았는데, 왜냐하면 경조증일 때 마음챙김으로 자신의 속도를 좀 늦출 수 있어서라고 하였다. 한 번에 많은 일을 동시에 해서 과도한 부담에 짓눌리기보다는, 한 번에 하나의 일을 온전한 주의를 기울여 충실히 하는 것이 불안과 짓눌림 없이 일을 잘 해낼 수 있다.

한편, 어떤 사람들은 경조증일 때 많은 일을 한꺼번에 하는 것이 좋은데, 이런 마음챙김 연습이 자신들을 느리게 만들고 덜 효율적으로 만들기 때문에 싫다고 말한다. Marsha Linehan이 시행한 연구에서 한 집단은 한꺼번에 여러 일을 수행하도록 하고, 또 다른 집단은 같은 일을 하나를 마친 후에 하나씩 온전한 주의를 기울여 순차적으로 하게 한 결과, 후자가 훨씬 효율적이었다고 보고하였다. 이 연구 결과가 우리가 둘 이상의 일을 한꺼번에 수행할 수 없다는 것을 뜻하지는 않는다. 다만 주의를 나누기보다는 하나에 집중하는 것이 더 효율적이라는 것이다. 그러므로 우리가 이메일을 쓰고 있을 때 전화기가 울리면 전화를 받을 수는 있다. 하지만 마음챙김 방식은 전화를 하는 동안은 이메일 작성을 멈추고 전화 대화에 당신의 모든 주의를 기울이는 것이다.

물론 당신이 경조증 상태일 때 한꺼번에 많은 일을 할 수 있는 능력을 갖게 되는 경우가 있을 수 있고, 그건 좋다고 할 수 있다. 하지만 이렇게 일하는 방식은 당신을 점점 몰아치게 되고, 경조증을 더 심화시킬 수도 있다. 이런 상태는 양날의 칼과 같아서 기분은 아주 멋진 상태일지 모르지만, 조증으로 악화되거나 우울증의 나락으로 떨어져서 입원이나 좋지 않은 결과로 귀결되기도 하는 것이다. 현재의 경험에 대한 마음챙김은 또한 당신을 현재 순간에 머물 수 있게 해준다. 전 장에서 우리는 현재를 사는 것이 과거나 미래를 사는 것보다 얼마나 좋은 것인지를 이야기하였다. 우리가 마음챙김 방식으로 어떤 활동을 할 때, 주의가 과거나 미래로 방황할 수 있다. 하지만 우리는 바로 우리의 주의를 현재로 돌아오게 하여, 불필요한 고통 감정들을 줄이고, 과거나 미래에 사로잡혀 있지 않을 수 있다.

피터는 사람이 많은 장소나 쉽게 도망칠 수 없다고 느끼는 장소에서 불안해지는 광장공포증이 있다. 이 불안은 지난 2년에 걸쳐 점차 심해졌는데, 지금은 교회나 극장처럼 쉽게 자리를 뜨기 어려운 장소에는 아예 가지를 않고 회피하는 지경에 이르렀다. 또한 그는 매일 타고 출퇴근하던 기차도 불안 때문에 타지 못하게 되었다.

첫 면담에서 피터는 자신이 얼마나 많은 시간을 미래에 살고 있는지 알게 되었고, 이것이 "~하면 어떻게 될까?"라는 질문이 되어 수많은 불안을 만들어냈다는 것도 알게 되었다. "빨리 이곳을 벗어나야 하는데 나가지를 못하면 어떻게 될까?", "교회의 중간 자리에 앉아 있는데, 갑자기 아파서 나가야 하면 어떻게 될까?", "공황발작이 일어나는데 그 자리를 피하지 못하면 어떻게 될까?" 피터와 나는 그가 경험하는 것이 무엇이든 마음챙김으로 있을 수 있도록 연습하였고, 바로 다음 시간에 피터는 불안이 줄어들었다고 보고하였다. 그는 딸의 축구 경기를 구경하러 가서, 미래의 상상을 만들지 않고 마음챙김을 하며 경기를 관람하였다. 그는 돌아오는 기차 안에서는 마음챙김을 하며 신문을 보았고, 도망갈 수 없다는 불안을 마음에서 멀리 둘 수 있었다. 기차 안에서 불안이 조금 심해진 적이 있었으나, 그는 복식 호흡을 해서 다시 안정되었다. 우리는 그의 불안에 대해 작업을 더 하였고, 그는 현재의 순간에 집중하는 연습을 통해 미래에서 보내는 시간을 줄일 수 있었다. 이로써 피터의 불안은 상당히 감소되었고, 더 안정된 생활을 할 수 있었다.

이렇게 현재의 순간에 대한 마음챙김은 여러 측면에서 매우 효과적이다. 이제 현재의 경험에 마음챙김을 잘할 수 있도록 도와주는 기술 하나를 더 소개하려 한다. 이 마음챙김 기술은 **마음 노트**라고 하는 것인데, 마음챙김 연습을 더 연마해서 우리가 삶을 마음챙김으로 살 수 있는 경지에 오르는 데 도움을 준다.

마음 노트(마음에 기록하기)

이 마음챙김 기술은 당신의 감각을 이용해서 마음에 떠오른 대상을 알아차리고, 그것이 무엇이든 간에 마음에 기록해보는 단순한 기술이다. 예를 들어 지금 바로 책 읽기를 멈추고 당신의 왼손에 일어나는 감각에만 집중해보라. 단순히 당신의 왼손의 감각을 느끼고, 어떤 감각이든 당신의 마음에 떠오른 그것을 마음에 적고 기록한다. 여기서 중요한 것은 어떤 방식으로든 그 경험을 평가하거나 판단하기보다는, 당신의 경험을 그저 알아차리고 받아들이고 묘사하는 것이 좋다. 예를 들어 당신 왼손의 경험을 '마음 노트'하는 것은 그 경험을 '차다' 혹은 '뜨겁다' 등으로 묘사하는 것이다. 이것은 평가나 해석이 들어가지 않은 단순한 묘사적 단어인 것이다. 당신은 그저 당신이 알아차린 것을 묘사하면 된다.

"이건 바보짓이야. 지금 내 왼손에서는 아무것도 느껴지지 않아."와 같은 말은 당신의 경험을 평가하거나 판단하는 것이다. 실제로 이런 생각이 들었다면 이런 평가도 자연스러운 것이다. 우리가 우리의 경험을 평가하는 것은 자동적 행동이다. (여기서 발생하는 문제들에 대해서는 다음 장에서 다룰 것이다.) 일단 지금 알아야 할 것은 단지, 마음 노트라는 연습은 이 순간에 당신이 경험하는 것이 무엇이든 그것을 단순히 느끼고, 그것이 무엇이든 그것을 받아들이고, 이것을 판단 없이 사실적으로 묘사하는 것이라는 점이다. 우리 모두에게 이것은 많은 연습이 필요한 일이다.

또 하나 기억할 점은 당신이 마음 노트를 연습하려 할 때, 우리는 모두 한 번에 여러 가지 일을 경험하는 경향이 있다는 점이다. 예를 들어 당신은 방을 한 번 둘러보고, 방 안에 있는 여러 물건들을 모두 인식한다. 이것은 관찰이기는 하지만 마음 노트는 아니다. 마음 노트의 마음챙김 기술이란 모든 주의를 기울여서 한 번에 하나의 물건을 인식하고 이름을 붙이는 것을 의미한다. 그러므로 당신은 방 안의 물건 중에서 하나를 고르고 그것에 온 주의를 기울여 그 하나만 마음에 기록하는 마음 노트를 하는 것이다. 이것은 당신이 조증이나 경조증 상태에 있을 때 여러 자극을 줄일 수 있는 아주 좋은 기술이다. 한 번에 한 가지 물건에만 당신의 모든 주의를 집중함으로써, 자신을 안정시키고 속도를 늦출 수 있다.

마음 노트는 당신 자신과 당신의 감정 사이에 어느 정도 거리를 두어, 감정이 당신의 행동을 조종하는 것을 막는 것에도 도움이 된다. 다음의 예를 한 번 살펴보자.

- 당신의 생각이 질주하듯 빠르거나, 나가서 많은 돈을 쓰고 싶은 충동이 생기거나, 큰 프로젝트를 시작하거나, 갑자기 30명의 친구를 불러 저녁 파티를 하고 싶은 충동을 알아차리고, 당신이 당신

의 경험, 충동, 감정, 생각, 신체 감각 들을 하나하나 마음에 기록하는 마음 노트를 해본다면, 당신은 자신이 경조증 상태라는 것을 실감하고 뭔가 조치를 취할 수도 있다.

- 어떤 모임에서 좀 불안해졌다면, 당신은 이 경험을 마음 노트로 연습해볼 수 있다. "난 지금 속이 좋지 않다. 손바닥엔 땀이 난다. 내 다리는 떨리고 있다. 여기에는 대부분 모르는 사람들이라서 나는 내가 바보처럼 보인다는 생각을 하고 있다." 감정에 사로잡히지 않고 경험을 그냥 마음에 기록하는 것, 이것은 그 경험으로부터 자신을 어느 정도 거리를 둘 수 있게 해서, 밀려오는 감정에 사로잡히는 것을 막을 수 있다.

- 당신이 싫어하는 일, 가령 요리를 하는 당신을 상상해보라. 그리고 이 활동을 할 때 당신의 행동을 마음에 기록하는 것에 집중하라. 그러면 당신이 이것을 하는 것이 얼마나 싫은가를 생각하면서 일을 하는 것이 아니라, 이 행동에 참여하고 있고 받아들이고 있기 때문에, 이 활동과 연관된 부정적 감정들, 즉 싫은 감정이나 지루한 감정, 기타 감정들도 적게 나타날 것이다.

당신은 이미 자신이 하는 일을 알고 있고, 항상 잘 해내고 있다고 생각할지도 모른다. 어떻게 더 잘 행동하라는 말인가? 하지만 실제로 우리는 대부분 우리의 행위를 잘 인식하는 것에 무심하다. 예를 들어 우리의 생각, 신체 감각, 감정들은 우리의 마음 안에서 이리저리 항해를 하는데, 우리는 그것들을 그대로 사실적으로 파악하기보다는, 종종 그것에 대한 우리의 해석을 만들어낸다. 당연히 이런 경향의 문제점은 우리의 해석은 자주 틀리기 마련인데, 우리는 우리의 해석을 하나의 가설이 아닌 마치 사실인 것처럼 생각하고 행동한다는 점이다.

예를 하나 더 들어보자. 당신이 화창한 날에 거리를 걷고 있다고 해보자. 멀리서 이웃사람이 당신을 향해 다가오고 있다. 당신은 그녀가 입고 있는 밝은 빨간색 재킷으로 그녀인지를 알아보았다. 그런데 그녀는 다가오다가 갑자기 맞은편 길로 건너가 버렸는데, 당신을 알아보지 못한 것 같았다. 이 행동을 보고 난 뒤 당신은 그녀가 무례하고 건방지다고 생각하여 화가 나고 상처를 받았을 수 있다. 하지만 더 자세히 살펴보니, 이것은 이웃의 행동에 대한 묘사라기보다는 당신의 해석에 의한 것이어서 그렇다. 당신이 본 사실만을 정확히 묘사한다면 당신이 말할 수 있는 것은 아래의 네 가지가 전부이다.

- 옆집 이웃사람이 빨리 내 쪽으로 걸어오고 있었다.
- 그녀는 고개를 숙이고 있었다.

- 그녀는 손을 주머니에 넣고 있었다.
- 나로부터 약 20미터 앞에서 그녀는 길을 건넜다.

당신이 본 사실에 기초해서 당신은 수많은 해석을 만들 수 있다. 그녀는 나를 좋아하지 않아, 그녀는 나를 피하는 거야, 그녀는 내가 이상한 사람이라고 생각하는 거야, 기타 등등. 하지만 당신의 목표가 마음챙김 연습을 하는 것이라면 당신은 본 사실만, 당신의 오감이 감지한 것만을 기술하면 되는 것이다. 그러면 당신은 해석을 하지 않았기 때문에 상처를 받지도 화가 나지도 않을 것이다. 물론 이것은 쉽지 않은 일이다. 우리는 대부분 우리가 해석을 하고 있다는 점을 깨닫지도 못한 채 항상 해석과 가정을 만들며 살고 있다. 실제로 이런 해석과 가정에는 사실과는 다른 착각과 오해가 무척이나 많다. 사실과 해석을 구분하기란 쉽지 않고 연습이 필요하다. 하지만 연습을 통해 차차 생각(판단, 해석, 가정)과 사실을 구별할 수 있을 것이다.

위에서는 마음 노트를 외부 대상을 가지고 하는 예를 제시하였는데, 내부 경험을 마음에 기록하는 마음 노트도 역시 중요하다. 이미 언급했듯이 우리는 우리의 행위를 잘 인식하는 데 무심하다. 잘 인식하지 않고 지나친다. 어떤 사람들은 밖에서 일어나는 일들에는 집중을 잘하면서도 자신의 내부 경험은 무시하는 경향이 있기도 하고, 어떤 사람들은 반대이기도 하다. 당신은 어떤가? DBT에서 대부분 그런 것처럼 비결은 균형을 찾는 것이다. 당신은 당신 내부의 일, 외부의 일 모두를 잘 인식할 필요가 있다. 아래에 도움이 되는 연습을 소개한다.

외부 경험에 대한 마음 노트

- 당신이 앉아 있는 방을 둘러보라. 대상을 하나 고르고 당신이 보고 있는 것을 정확히 묘사하면서 마음 노트를 연습하라. (예 : 나는 거실 바닥에 놓여 있는 녹색 화분을 보고 있다. 그것은 1미터 정도 크기의 줄기에서 돋아나온 녹색 잎들이 무성하고, 하얀 꽃들도 많이 피어 있고, 등등)
- 벽에 걸린 그림을 보고 그 안의 색깔들을 인식해보라. 색깔들을 판단하거나 평가하지 말고 그것을 다른 것들과 비교하지도 말고, 당신이 보고 있는 것들을 그저 묘사하라.
- 산책을 나가서 당신 주위 환경을 오감을 이용해서 마음에 기록하라. (예 : 나는 개가 짖는 소리를 듣는다, 나는 다람쥐가 뛰는 것을 본다, 나는 내 얼굴을 스치는 바람을 느낀다, 나는 신선한 잔디 내음을 느낀다, 등등)

내부 경험에 대한 마음 노트

- 지금 당신이 경험하고 있는 신체 감각이 무엇이든 그것을 알아차리고, 평가나 해석을 하지 않으면서, 그것이 무엇을 의미하는지 생각하지 않으면서, 단지 마음에 그것들을 기록하라. (예 : 나는 지금 속이 더부룩하다, 나는 호흡이 답답하다, 나는 이를 앙다물고 있다.)
- 제2장에서 소개했던 생각 관찰 연습 중에서 당신의 생각과 감정을 마음 노트하는 것에 도움이 되는 것이 있는지 살펴보고 연습해보라.
- 생각들에 주의 집중을 하면서 자신이 묘사가 아니라 해석을 하고 있는지 깨달을 수 있는 연습을 하라. 이것은 자신의 생각을 바라보면서 자신에게 '이건 해석', '이것은 묘사'라고 하나하나 말해주면서 연습할 수 있다. (이런 연습은 자신이 해석이나 가정을 만들고 있다는 것을 더 인식할 수 있게 도와주고, 인식이 늘어나면 이런 습관을 좀 더 줄일 수 있다.)

~~~~~~

조울병 환자들에게 내부 경험에 대한 마음 노트는 우울증, 조증, 경조증 증상들을 알아차리는 데에 큰 도움이 될 수 있다. 자신의 내부 경험에 주의를 더 많이 기울일수록, 발생하는 증상들을 더 빨리 인식할 수 있게 된다. 예를 들어 당신의 생각이 너무 빠르다는 것을 스스로에게 마음 노트할 수 있으면, 지난 며칠 동안 너무 에너지가 넘치는 느낌이었고 자신감이 지나치게 많았다는 것을 마음 노트할 수 있으면, 이것은 조증으로 향하고 있다는 신호일 가능성이 많다. 물론 항상 그렇지는 않겠지만 당신은 이런 상황을 마음 노트 기술을 이용해서 스스로 점검해볼 수 있는 것이다. 이것은 단순히 당신이 조증이 되고 있다는 성급한 결론을 내리는 것이 아니라 자신의 경험을 알아차리고 설명할 수 있게 해주는 것이다. 당신이 자신의 증상을 마음에 기록해볼 수 있다는 것(이를 알아차리고 수용하는 것)은 또한 당신이 증상들에 대해 평가하고 걱정함으로써 생기는 여러 부정적인 감정들을 덜 만든다는 것을 의미한다. 당신은 자신 안에 그 순간에 무엇이 있는지를 그저 느끼고 이것을 무비판적으로 서술할 뿐이다.

숀의 이야기

숀은 우리 모임에서 마음 노트를 자신의 환청에 대처하는 데 어떻게 사용했는지 설명해주었다. 환청은 그에게 분명히 무서운 경험이었고, 환청이 있을 때 그는 이것이 조증이 된다는 신호는 아닌지 걱정하며 공황 상태에 빠지기도 하였다. 이런 공황으로 인해 그는 병원을 자주 찾았고 그래서 조증이 심하기 발병하기 전에 적절한 도움을 받을 수 있는 측면도 있었다. 하지만 마음 노트 기술을 배운 뒤 숀은 수용적인 마음으로 그의 경험을 단순히 마음에 기록할 수 있었다. 그래서 숀은 이제까지 자신을 항상 괴롭혀 왔던 추가적인 감정의 악화를 유발하지 않을 수 있었다. 그 결과 그는 자신의 정신과 의사를 방문해서 자신의 현재 경과를 잘 설명할 수 있었고, 작은 약물 조절을 통해 심한 조증으로 악화되는 것을 조기에 차단하였다.

마음 노트는 당신이 현재 순간의 어떤 것을 그저 그대로 경험하게, 당신의 감정이나 생각(가정, 해석, 판단)이 방해하지 않도록 하고, 그대로 경험하게 하는 것이다. 당신의 생각이나 감정은 당신의 마음을 닫으려고 하겠지만, 이런 연습을 통해 당신은 자신의 각 경험에 온전히 자기 사신을 열 수 있다. 당신이 어떤 것에 대해 가정, 해석, 판단을 할 때, 당신은 그것이 무엇인지를 자신이 안다고 믿어버리게 된다. 하지만 실제로 당신은 그것이 무엇인지 모른다. 당신은 단순히 진실을 이름표로 가려버린 것이다. 그리고 그런 이름표는 당신을 옭아매게 된다.

삶을 마음챙김으로 살기

마음챙김의 궁극적인 목표는 당신의 삶을 더 깨어 있는 인식을 가지고 살아가는 것이다. 당신이 현재의 경험에 대한 마음챙김 기술을 연습하고 마음 노트도 꾸준히 연습하다 보면, 이런 연습이 자연스럽게 당신의 일부가 되어 흐르게 된다. 이 결과 당신은 삶을 더 마음챙김의 태도로 살 수 있게 된다. 이 경지에 이르면, 당신은 무엇을 하든 그 활동에 전보다 더 온전히 참여하게 되고, 불안이나 슬픔 같은 감정은 당신을 점점 덜 괴롭히게 된다.

당신은 지금 이 기술들이 매우 어렵고, 이를 이용하려면 매우 열심히 수련해야 하고, 연습을 하는 데 아주 많은 에너지가 필요할 것이라고 생각하고 있을 것이다. 하지만 당신이 연습을 지속한다면, 어느 순간 이 기술들은 당신에게 자연스럽게 저절로 작동하기 시작할 것이다. 어렸을 때 자전거 타기 같은 기술들을 어떻게 배웠는지 한 번 생각해보라. 처음에는 배우는 일에 정말로 주의를 집중하고 하나하나 연습했어야 했다. 하지만 점차 시간이 지남에 따라 당신은 자전거를 잘 탈 수 있게 되고 넘어질 걱정 없이 편안히 즐길 수 있었을 것이다.

아마도 당신은 지금까지의 삶 중에서 당신이 이미 온전히 참여하고 있고 그 활동을 하는 동안에는 자동적으로 마음챙김 상태로 빠져드는 어떤 활동을 하나는 가지고 있을 것이다. 이런 활동을 할 때 당신은 시간이 가는 줄도 모르고 열중해 있다가 정신을 차려 보니 1시간이 벌써 지나버린 그런 활동 말이다. 이것이 어떤 사람에게는 스포츠 경기를 할 때일 수도, 어떤 사람과 함께 시간을 보낼 때일 수도, 업무 중 어떤 부분을 할 때일 수도 있다. 당신의 인생에서 이렇게 쉽게 마음챙김에 빠져들 수 있는 그런 활동은 무엇인가?

_____   _____
_____   _____
_____   _____

조울병 환자에게는 이 수준의 마음챙김을 달성하는 것(활동에 온전히 참여하고 자신의 경험에 자기를 완전히 던지는 것)이 좀 두려울 수도 있다. 왜냐하면 조울병에서는 기분과 행동을 주기적으로 점검해서 잘 조절하고 조증이나 경조증이 되지 않도록 해야 한다고 꾸준히 교육을 받았기 때문이다. 아마 당신은 자신의 감정을 인정받지 못하는 많은 경험을 했을 것이다. 예컨대 당신이 어떤 것에 대해 흥분하면, 주변 사람들은 조증이 되는 것 아니냐며 진정하라고 했을 것이다. 그래서 당신은 자신의 경험을 항상 점검하면서 동시에 어떻게 그 경험에 온전히 참여하는 것인지 의아할 것이다.

이 질문에 대한 답은 마음챙김과 연습을 통해서이다. 당신이 이미 마음챙김이 되는 좋아하는 활동에 대해 생각해보자. 그 활동은 뭔가 파국으로 끝나는가? 당연히 아니다! 삶을 마음챙김으로 산다는 것은 조절력을 잃는다는 뜻이 아니다. 실제로 마음챙김은 반대로 조절력을 더 높여주는데, 이는 감정이 온전한 경험을 방해하지 못하게 마음챙김이 도와주기 때문이다. 이 다음 장에서는 어떻게 우리의 생각 방식이 우리 인생의 건강한 선택을 방해하는지에 대해서도 이야기를 할 것이다.

이제 이 책의 모든 기술을 많이 연습하면 할수록, 이 기술들이 자연스럽게 당신의 것이 된다는 것을 잘 기억하라. 지금은 당신의 조울병 증상과 당신의 성격 특성을 구분하기가 매우 어려울 것이다. 하지만 당신이 이 기술들을 연습함으로써 자신에 대해 더 알게 되면, 이런 구분을 더 명확하게 할 수 있다. 그리고 당신의 성격이 아닌 감정이나 신체 감각, 행동 등을 경험하면, 이것을 빨리 알아차릴 수 있을 것이고, 당신의 병을 효과적으로 조절하는 데 큰 도움이 될 것이다.

이 장의 총정리

바라건대 이 DBT 기술들이 당신의 마음챙김에 대한 이해를 넓혀서, 당신이 주기적인 연습을 통해 자신과 주변에 대해 점점 더 잘 알게 되었으면 한다. 다음 장으로 넘어가기 전에 내적 경험과 외적 경험에 대한 마음 노트 연습을 하면 좋겠다. 만일 당신이 이미 한두 가지 것에 집중할 수 있다면, 좀 더 어려운 것을 연습하라. 만일 당신이 내적 경험을 자꾸 회피하고 있다면 감정과 생각과 감각을 알아차리는 연습을 많이 하라. 만일 당신이 내적 경험에는 집중이 잘 되는 편이라면, 외적 경험에 주의를 기울이는 마음챙김 연습을 하라.

또한 당신의 현재 경험에 대한 마음챙김과 삶을 마음챙김으로 살기에 대해서도 기억하라. 당신이 이미 마음챙김이 되는 일상 활동이 무엇인지 찾아보고, 그것을 할 수 있다는 느낌이 어떤 것인지를 알아차려라. 이 장의 기술들은 당신의 마음챙김에 대한 이해를 증진하고 당신만의 연습을 발달시키는 것에 도움이 될 것이다.

다음 장에서는 어떤 것에 대해 우리가 생각하는 세 가지 서로 다른 생각 방식들과 그런 각 생각 방식들이 우리에게 어떤 영향을 주는지에 대해 살펴볼 것이다. 어떤 상황에서 감정으로 그저 반응하기보다는 자신의 행동을 잘 선택할 수 있께 도와주는 생각 방식들에 대해 이야기할 것이다. 지금까지 배운 마음챙김 기술들은 앞으로 배울 여러 기술들의 구성 요소이기도 하다. 그러므로 다음 장으로 진도가 계속 넘어가도 항상 마음챙김 기술들을 연습하는 것이 필요하고 매우 중요하다는 점을 강조한다.

04

자신의 행동을 선택할 것인가, 아니면 자동적으로 반응만 할 것인가

 신은 감정에 심하게 사로잡혀서 제대로 생각할 수가 없는 그런 경험을 한 적이 있는가? 조울 병을 가지고 있다면 이렇게 자신의 감정에 휘둘리는 느낌을 가지는 것은 종종 있는 일이다. 난 폭운전을 하고 있는 자동차에 승객으로 앉아 속수무책인 그런 느낌 말이다. 하지만 반드시 감정에 굴 복해야만 하는 것은 아니다. 이 장에서 우리는 DBT의 기본 기술 중 하나인 세 가지의 다른 생각 방식 구분하기에 대해 배울 것인데, 이것은 대부분의 사람들이 배우는 즉시 이용할 수 있는 기술이다. 이 기술의 목표는 우리의 감정과 행동에 대한 조절력을 더 갖게 되는 것이다.

세 가지의 생각 방식 이해하기

우리는 모두 자신의 행동을 조절하는 세 가지의 생각 방식을 가지고 있는데, 감정적 마음(emotional mind), 합리적 마음(reasoning mind), 그리고 지혜로운 마음(wise mind)이 그것이다(Linehan 1993b). 이 책에서 배울 여러 기술을 통해 당신은 자신의 생각과 감정에 기반하여 건강한 선택을 하는 방법을 배 울 것인데, 이것이 바로 지혜로운 마음이다. 지혜로운 마음은 별것 아닌 것처럼 들리지만, 사실 이를 실현하는 것은 매우 어려운 일이다. 생각 방식이 우리가 좋아하는 일을 선택하고 결정하는 데에 어떻 게 영향을 미치는지 아래에 예를 하나 들어보았다.

루이즈의 이야기

루이즈는 최근에 한 여자와 관계를 시작하였다. 이는 그녀의 첫 번째 레즈비언 관계였고, 그녀는 자신의 친구나 가족들이 어떤 반응을 보일지 불안하였다. 그녀의 새 파트너인 다이앤은 자신의 성적 취향을 가족이나 친구에게 숨기지 않고 지내왔기 때문에 루이즈의 두려움을 이해하기 힘들었다. 그러나 다이앤은 루이즈가 준비가 될 때까지 지지하고 기다려 주기로 하였다. 하지만 3개월 후, 다이앤은 참기 힘들어졌고, 루이즈와 이 문제를 해결하기 위해 대화를 하고 싶어 했다. 하지만 루이즈의 불안은 매우 컸다. 그녀는 이 문제를 알면 친구들이 자신을 피하고 멀리할까 봐 걱정했다. 다이앤과 함께 있으면 이전에 어떤 남자를 사귈 때보다도 행복했지만, 결국 그녀는 다이앤과의 관계를 깨고 자신의 진짜 성적 취향을 계속 숨기고 살았다.

여기서 우리는 루이즈의 감정이 어떻게 그녀의 선택에 영향을 주는지 알 수 있다. 루이즈는 시간을 가지고 자신의 감정과 생각, 둘 다를 고려해서 자신을 위한 더 현명한 선택을 하지 못하였고, 자신의 감정에만 반응했던 것이다. 아래 예를 하나 더 들어보자.

롭의 이야기

롭은 현재 직장에서 2년째 근무하고 있고 매우 만족하고 있다. 그러나 롭은 자신의 조울병 때문에 직장 생활에서 문제가 생길까 봐 걱정이다. 그는 이전에 우울증이 발병했을 때 집중력 저하와 기억력 저하로 인해 업무 능력에 문제가 생겼었고, 그로 인해 이전 직장에서 해고된 경험이 있기 때문이다.

롭은 이번에 정기적 업무 수행 평가를 받았고, 그의 상사는 가끔 그가 집중을 못하는 경우가 있으니 승진하기 위해서는 좀 더 집중해야 한다는 조언을 해주었다. 이는 상사가 롭의 승진을 위해 도와주려는 메시지였으나 롭은 자신을 결국 해고시키려는 신호라고 받아들였다. 화도 나고 불안하기도 하여 롭은 새로운 직장을 알아보기 시작했고, 결국 자신이 만족하던 이 직장을 그만두게 되었다.

이 두 가지 예에서 우리는 루이즈와 롭이 DBT에서 말하는 **감정적 마음**에 어떻게 압도당했는지를 볼 수 있다(Linehan 1993b). 감정적 마음은 당신이 감정에 의해 반응하도록 만드는 생각 방식이다. 즉, 당신의 감정이 당신을 조종하는 것이다.

감정적 마음은 당신을 함정에 빠트리는 생각 방식이다. 감정적 마음 상태에 빠져 있을 때 당신의 행동은 당신의 느낌에 따라 좌우된다. 다른 말로 하면, 당신의 생각 방식이 당신의 감정에 의해 지배되고, 이것이 당신의 행동을 조종하게 된다는 것이다. 예를 들어, 당신이 화가 나면 당신은 주변 사람을 몰아세우고, 당신이 불안하면 당신은 그 상황을 회피하고, 당신이 우울하면 당신은 위축되어 혼자서만 있으려고 하는 것이다.

그러나 감정적 마음이 나쁘기만 한 것은 아니다. 사랑, 기쁨, 신남과 같은 긍정적 감정도 감정적 마음이다. 그러므로 우리의 목표는 감정적 마음을 제거하는 것이 아니다. 우리는 긍정적 감정을 느껴야 하고, 애도나 분노와 같은 고통스러운 감정도 피하지 말고 그대로 느낄 필요가 있다. 제6장에서 더 살펴보겠지만, 감정이란 우리에게 어떤 행동을 할 동기를 제공하고, 감정을 느낀다는 것은 우리를 인간으로 만들어주는 아주 중요한 요소인 것이다. 우리가 이런 감정들을 스스로 느끼지 못한다면 우리는 다른 사람들을 전혀 공감하지 못할 것이다.

아래에 감정적 마음의 몇몇 예를 살펴보고, 당신도 이들처럼 오로지 감정에 따라서만 행동한 적이 있는지 생각해보자.

- 괴로운 감정을 피하기 위해서 술을 마심
- 에너지가 넘치는 느낌이고 내가 최고인 기분이 들어서, 한밤중에 친구에게 전화해서 내가 얼마나 너를 챙겨주고 있는지를 말함
- 상사의 조언에 화가 나서 상사에게 소리를 지름

과거에 당신이 감정적 마음에 따라 행동했던 일에 대해 기억해보고, 그중 2개만 아래에 적어보자.

_____

_____

_____

이런 감정적 마음에 반대 작용으로 균형을 잡아주는 것이 **합리적 마음**(Linehan 2003a), 혹은 이성적 마음이다. 합리적 마음은 논리적으로 일을 처리하고 생각하는 우리 마음의 부분으로 감정이 거의 작

동하지 않는 부분이다. 사실적인 일을 처리하고 합리적 생각을 할 때 이용하는 나 자신의 냉철하고 논리적인 부분이 합리적 마음인 것이다. 예를 들자면 우리가 장을 보기 위해 구입할 물품의 목록을 작성한다든지, 전에 한 번도 가보지 않은 곳을 가기 위해 길을 찾는다든지, 수입과 지출을 따져 본다든지 하는 작업에 합리적 마음이 필요하다. 컴퓨터 프로그래머나 수학자, 건축가와 같은 사람들은 자기 일을 할 때 주로 이런 합리적 마음을 많이 이용할 것이다.

합리적 마음은 이런 종류의 일들을 하는 데에 반드시 필요한 생각 방식이므로 당연히 매우 중요하다. 그러나 어떤 사람들은 이런 합리적 마음에 시간을 너무 많이 쓰고, 감정과 접촉하는 시간이 거의 없어서 균형이 깨지게 된다. 이는 감정의 회피로 이어져서 정서 반응이 일어날 때에도 감정을 표현하거나 처리할 능력을 잃어버리기도 한다. 아래에 합리적 마음의 예를 더 들어보았다. 한 번 살펴보고, 당신이 이런 방식으로 생각하는 경우를 떠올려보라.

- 감정들을 느끼고 체험하기보다는 감정을 밀어내고 피한다. 예를 들어, 자신에게 이런 감정은 논리적이지가 못하다고 말하는 경우
- 어떤 결정을 할 때, 가능한 결과에 대해 어떻게 느낄 것인지 고려해보지 않고, 오직 합리적인 것만 고려해서 결정을 내리는 경우

그 외에 합리적 마음으로 행동한 경우

_____

_____

_____

한편, **지혜로운 마음**은 감정적 마음과 합리적 마음이 함께 생각할 때 나오는 마음이다(Linehan 1993b). 이것은 당신의 감성과 이성이 균형 있게 작용해서 어떤 행동이 당신의 윤리나 가치에도 적절하고 당신의 흥미나 즐거움에도 알맞은 건강한 행동 방식을 유도하는 마음이다. 우리가 지혜로운 마음 상태에 있을 때에는, 감정을 잘 느낄 수 있으면서도 생각도 명쾌하게 할 수 있다. 이 두 가지 요소가 함께할 때 우리는 그 상황에 가장 적절한 것이 무엇인지를 알게 된다. 나머지 두 마음 상태에서 우리는 불균형 혹은 불확실한 상태이지만, 지혜로운 마음 상태에 있을 때에는 안정적이고 망설임이 없다. 이 각각의 생각 방식이 우리에게 어떤 영향을 끼치는지 다음 예를 보고 이해해보자.

당신이 오전 9시에 병원에 예약을 잡아놓았다고 가정해보자. 당신은 아침에 일어났는데 기분이 안 좋고 몸은 피곤하고 우울하며, 병원에 간다는 것에 불안감도 느꼈다. 이때 감정적 마음은 이렇게 이야기할 것이다. "잊어버려, 안 가도 돼, 힘들잖아." 당신은 다시 이불을 뒤집어쓰고 다시 잠을 청한다. 여기에서는 감정적 마음이 당신의 행동을 조종하고 있는 것이다.

합리적인 마음은 이때의 상황에 대해 장점과 단점을 고려하도록 작용할 것이다. 예를 들어, "내가 이 병원 예약에 가지 않는다면 예약비를 날리게 되고, 의사 선생님이 바쁘니 당분간 예약을 잡을 수 없을지도 몰라."

지혜로운 마음에서 당신은 이 두 생각을 합칠 수 있다. "나는 지금 정말 몸이 안 좋고 가고 싶지가 않아. 하지만 지금 안 가면 예약비를 날리고 다음 예약을 오래 기다려야 해." 지혜로운 마음은 당신이 그저 두 마음 중 하나에 따라가는 것이 아니라 이 상황을 잘 고려해서 결정을 내리도록 하는 것이다. 이런 방법으로 당신은 자신에게 가장 좋은 방식으로 행동할 수 있게 되고, 더 건강하고 현명한 결정을 내릴 수 있게 된다. "예약비도 아깝고, 나는 빨리 진료를 받을 필요가 있어. 그러니까 지금 가는 것이 나를 위해 가장 좋은 선택이야. 지금 몸 상태나 기분이 별로 좋지는 않지만." 지혜로운 마음은 어떤 것이 당신에게 가장 좋은 것인지를 결정하는 데 도움이 된다.

때로 감정적 마음에 너무 많이 빠져 있을 때에는 지혜로운 마음에 접근하기가 어려운 경우가 있다. 심지어 어떤 사람은 자기에게는 지혜로운 마음이 없고 한 번도 사용하지 않았다고 생각한다. 하지만 우리 모두 지혜로운 마음을 지니고 있고 이 마음을 쓰고 있다. 단지 지혜로운 마음이 우리 생활에 큰 영향을 주고 있지 못하는 경우에 우리가 이 마음을 알아차리지 못하고 있는 것이다. 잠시 멈추고 지혜로운 마음에 대한 아래 예를 보자. 자신의 행동 중에 지혜로운 마음에서 나온 것은 어떤 것이었는지 생각해보고 빈칸에 적어보자.

- 아침에 많이 피곤했지만, 일어나서 일을 시작함
- 불안했지만 학교에 감
- 피곤한 상태였지만, 패스트푸드를 사지 않고 영양가 있는 음식을 직접 해 먹기로 함
- 외로운 기분 상태였지만, TV를 더 보지 않고 밖에 나와 산책을 함

이 외에 지혜로운 마음으로 행동한 경우

_____

_____

_____

감정적 마음과 지혜로운 마음 구분하기

때로는 감정적 마음과 지혜로운 마음을 구분하기가 어려운데, 이는 두 마음에 모두 감정이 포함되어 있기 때문이다. 여기에 두 가지 마음을 구분하는 데 도움이 되는 몇 가지 힌트를 제시하였다.

- 감정의 강도를 살펴보라. 감정이 매우 강하거나 압도적이라면 이는 감정적 마음일 가능성이 높다. 반대로 감정이 있지만 아주 강하지 않다면, 이는 지혜로운 마음일 것이다.
- 지혜로운 마음으로 결정을 하려면, 일단 행동하기 전에 잠시 시간을 두고 그 결정을 바라보라. 만일 그 결정이 그대로 단단히 있고, 당신의 마음도 평안하다면, 당신은 현재 지혜로운 마음 상태에 있다. 그러나 서로 다른 결정들 사이에서 마음이 왔다갔다한다면 당신은 아직 감정적 마음에 있는 것이다. 이런 경우에는 지혜로운 결정을 위해 좀 더 시간을 갖는 것이 필요하다.

당신의 습관적인 생각 방식은 무엇인가

자, 이제 세 가지 다른 생각 방식에 대해 이해했다면, 이 깨달음을 더 연습해야 할 시간이다. 전반적인 당신의 생활을 돌아볼 때 합리적 마음, 감정적 마음, 지혜로운 마음 중에서 당신이 가장 많은 시간 머무르는 마음은 무엇인가? 당신은 주로 논리적으로 생각하고 감정은 피하는 합리적 마음 위주의 사람인가? 감정적 마음에 자주 빠져서 주로 감정에 의해 행동을 하게 되는 사람인가? 아니면 주로 이 둘 사이의 균형을 잘 유지해서, 지혜로운 마음을 통해 자신에게 가장 도움이 되는 활동을 하는 사람인가? 아마도 주변 상황에 따라 이 세 가지 상태를 왔다갔다하는 사람이 대부분일 것이다. 지금 당장은 당신이 어떤 쪽인가가 그렇게 중요하지는 않다. 중요한 것은 자신의 습관적 생각 방식이 어떤 것인지를 알아차리고, 이에 대한 인식을 발달시키는 것이다. 그리고 이 책에서 배우는 여러 기술을 적용하면 지혜로운 마음을 더 자주 이용할 수 있게 된다. 조울병이나 기타 정신건강문제가 있는 사람들 대부분은 감정적 마음이 고통을 유발하게 된다. 그래서 앞으로 많은 부분에서 감정적 마음에 사로잡혀 있을 경우의 좋지 않은 결과에 대해 많이 다루게 될 것이다.

제3장에서 이미 본 것처럼 행동을 바꾸는 첫 번째 단계는 행동이 일어나는 순간을 알아차리는 것, 인식하는 것이다. 사람들 대부분은 보통 자신의 생각을 잘 인식하고 있지 않다. 그냥 행동할 뿐이다. 합리적 마음이나 감정적 마음에 너무 많은 시간을 쓰는 것은 문제를 불러일으킨다. 기억하라! 가장 중요한 것은 균형이다. 하지만 균형을 얻으려면 먼저 자기인식이 필요하다. 그러므로 지금부터 당신은 자신이 지금 어떤 생각 방식에 있는지를 인식하는 능력을 길러야 한다. 이를 위해 당신은 자신에게 "내가 지금 어떤 생각 방식을 하고 있지?"라는 질문을 실제로 많이 해야 한다. 매일 몇 번씩 주기적으로 이 질문을 자신에게 하라.

대부분 진짜 잘 안 되는 문제는, 무엇이 내 생각에 영향을 주는지를 찾아내는 작업이 아니라, 단순히 자신에게 질문하기를 계속 기억하고 실행하는 것이다. 이런 질문이 일상생활에 완전히 스며들기 위해서는 매일 자주 하는 어떤 활동에 이 질문을 짝으로 연결시키는 것이 좋다. 예를 들어 식사 때, 물 마실 때, 화장실 갈 때 같은 활동을 할 때마다 이 질문을 해보는 것이다. 그러면 적어도 하루에 세 번 이상 "내가 지금 어떤 생각 방식을 하고 있지?"라는 질문을 하게 되고 이것이 일상생활의 일부분이 되어 생각 방식을 알아차리는 것이 훨씬 자연스러워진다. 기억하라! 자신에게 이 질문을 더 자주 할수록, 더 빨리 자기인식을 발달시킬 수 있다. 일단 자신의 생각에 영향을 미치는 것에 대한 인식이 늘어나면, 자신의 행동에 대한 조절력이 높아졌다는 것을 알게 될 것이다. 당신은 이제 더 이상 자동조종 비행기의 조종사가 아니다. 이제는 감정적 마음으로 인해 그냥 반응하기보다는, 지혜로운 마음을 통해 의식적으로 자신의 행동을 선택할 수 있다.

지혜로운 마음은 어떻게 당신의 인생을 더 좋게 만들어주는가

많은 사람들은 보통 자신의 감정과 생각을 잘 인식하지 않고, 여러 상황에서 다양할 수 있는 자신의 목표에 대해서도 잘 인식하지 못한다. 이 때문에 타인과의 관계를 더 성공적으로(자신의 목표도 충족시키고 자신감도 높이도록) 만들지 못하게 되는 것이다. 인식을 높이기 위해 마음챙김을 사용하는 것이 여러 측면에서 당신을 더 효과적이고 건강하게 만들어줄 수 있다.

당신은 어떤 특정한 행동이 자신에게 득보다는 해가 되는 것을 알지만, 어쨌건 그 행동을 계속하게 되는가? 예를 들어 당신이 직장에서 제대로 대우받지 못하여 화가 나서 그 직장을 그만두면서 미리 그만둔다는 이야기도 하지 않고 사장에게 공격적인 말을 퍼붓고 나왔다면 당장에는 속이 시원할 것이다. 하지만 이런 행동 때문에 당신은 사장에게 다른 직장을 위한 추천서 같은 것을 받지 못하게 된다.

결국 이 행동은 당신에게 해가 된 것이다.

다른 예를 하나 더 들어보자. 당신은 기분을 안정시키기 위한 새로운 약물 복용을 시작했는데, 살이 좀 찌고 기타 부작용들이 조금 있었다. 그래서 담당 정신건강의학과 의사에게 알리지도 않은 채 약을 끊어버렸다. 역시 이 행동은 당장은 기분을 좋게 해주었다. 체중 증가나 다른 부작용이 없어졌으니까. 하지만 이주일 후 당신은 조증 삽화가 발생하여 병원에 입원하게 되었다. 이런 예도 도움이 안 되는 행동의 전형적인 예이다.

위와 같이 단기적으로는 좋았지만, 장기적으로는 당신에게 해를 주었거나 최소한 도움이 되지는 않았던 그런 행동들이 있었다면 아래에 한 번 적어보자.

_____

_____

_____

사실 DBT에서의 성공이란 당신이 필요로 하는 것을 얻기 위해 적절한 상황에서 적절한 행동을 하는 것이다(Linehan 1993b). 때로는 상황에 대한 당신의 생각이 당신의 적절한 행동을 방해하는 요소일 때가 있다. 예를 들어, 당신이 직장에서 대우를 못 받고 있다고 생각하더라도, 그만두기 이주 전쯤 회사에 이를 알리고, 사장과도 좋게 헤어질 수 있지 않을까? 다른 사람은 약을 먹지 않는데 나만 매일 약을 먹어야 하는 것이 불공평하다고 생각하더라도, 부작용을 조금만 더 참고 지내볼 수 없었을까? 다시 말해서 당신은 때로는 실제 상황 그 자체에 대응하는 것이 아니라, 당신이 바라는 상황에 맞추어 대응하고 있는 것이다(Linehan 1993b).

건강한 방식으로 행동하는 것을 방해하는 또 하나의 요소는 당신 자신이 무엇을 원하는지 실제로는 잘 모르는 것이다. 당신이 자신의 목표를 확실히 알고 있을 때라도 그 목표를 달성하기에 적절한 일을 잘하기란 쉬운 일이 아니다. 여유를 가지고 행동하기 전에 잘 살펴보아야, 다시 말해 마음챙김 상태에 있어야 하는 것이다. 많은 상황에서 우리는 하나가 아닌 여러 개의 목표를 추구한다. 위의 직장을 그만두는 예에서 보면, 당신의 목표는 분노를 발산하고 사장에게 퍼붓고 싶은 말을 해서 일종의 '정의'를 찾는 것이었던 것 같다. 그러나 당신은 다음 직장을 구하기 위해 추천장을 받아야 하는 목표도 있었는데 이것을 잘 몰랐던 것이다. 이런 경우 당신이 지혜로운 마음을 이용했다면 이들 중 어떤 것이 더 중요한 목표였는지를 판단하는 데 도움이 되었을 것이다.

세 번째 방해물은 두 번째와도 비슷한데, 너무 단기적인 목표와 욕구에만 집중하기 때문에 장기적으로 더 도움이 되는 것들을 놓치는 것이다(Linehan 1993b). 사장에게 소리를 지름으로써 만족감을 얻었지만 장기적으로 당신은 다음 일을 위해서라도 전 직장에서의 평판이 좋아야 한다는 점을 기억했어야 한다.

그러므로 어떤 상황에서 적절히 행동하려면, 당신은 지혜로운 마음에 기반해야 한다. 당신이 새로운 약의 부작용 때문에 실망했더라도 그 실망감 때문에 약을 중단하는 것이 아니라 다른 생각 방식을 찾았어야 한다. 예를 들어 합리적인 마음이라면 정신건강의학과 의사에게 알리지 않고 약을 중단하는 것이 어떤 위험이 있을지, 조증이나 우울증 재발을 얼마나 증가시킬지에 대해 생각하도록 하였을 것이다. 그런 다음 감정적 마음과 합리적 마음의 균형으로 지혜로운 마음을 작동시켜서 약 복용과 관련된 당신의 현재 목표가 무엇인지, 자신을 위해 어떻게 행동하는 것이 최선인지를 정할 수 있을 것이다. 예를 들어, "나는 새로 받은 약의 부작용 때문에 기분이 좋지 않고, 살이 쪘다는 것이 정말 싫어. 병원에 다시 전화를 해서 의사 선생님을 만날 약속을 다시 잡고, 다른 약을 처방해달라고 해야겠어."

여기서 하나 더 언급하자면, 지금 당신의 장기적인 목표를 달성하는 것에 초점을 두고는 있지만, 이것이 타인의 권리를 해치면서까지는 곤란하다는 것도 알아야 한다. 당신은 자신의 윤리나 가치 체계 내에서 행동해야 한다. 만일 동료와 승진 경쟁을 하고 있다면, 동료가 상사의 아이디어를 훔쳤다는 소문을 당신이 말하고 다니는 것은 좋지 않은 일이다. 이런 행동은 당연히 지혜로운 마음에서 나온 것이 아니고, 결국 당신에게 도움이 되지를 않는다. 이는 당신의 윤리 원칙에 맞는 행동이 아니기 때문에 이런 행동을 했다면 자신에 대한 자부심이 떨어져 결국 자신에게 해가 되는 것이다.

이제 하나의 상황을 설정하고, 이 상황에서 자신에게 도움이 되는 건강한 활동을 연습해보자. 이 상황에서 어떤 행동이 가장 도움이 될지를 결정하기 위해서는 아래 질문을 통해 마음챙김을 해보는 것이 도움이 된다.

1. 상황을 묘사해보자.

_____

_____

2. 이 상황에서 당신이 느끼고 있는 감정은 무엇인가?

_____

_____

3. 이 상황에서 당신의 욕구는 무엇인가? (감정적 마음이 나에게 뭐라고 말하고 있나?)

_____

_____

4. 이 상황에서 당신의 장기적 목표는 무엇인가?

_____

_____

5. 이 상황에서 당신이 취할 가장 좋은 행동은 무엇일까? (당신의 장기적 목표를 달성하는 데 가장 효과적일 행동은 무엇일까?)

_____

_____

다른 기법들도 그렇지만 건강하고 도움이 되는 방식으로 행동한다는 것만으로 당신의 목표가 꼭 달성된다고 보장할 수는 없다. 하지만 목표가 달성될 가능성이 높아지는 것은 분명하다.

건강한 생활방식을 선택하여 자동반응 줄이기

우리 주변에는 우리가 감정에 따라 자동반응하도록 조장하는 것들이 무척 많다. 새로운 인식을 발달시키는 것은 이렇게 자신의 감정에 의해 자기가 조종당하는 것을 막는 해결책 중 하나이다. 이 책에서 소개할 많은 기법을 통해 당신은 지혜로운 마음을 이용하는 방법들을 배울 것이다. 첫 번째로 살펴볼 것은 당신의 생활방식, 즉 감정적 마음으로 행동하도록 조장하는 지금 당신의 행동들이다.

아래에서는 당장 적용해볼 수 있는 생활방식 변화들을 소개할 것인데, 이는 감정적 마음의 힘을 줄이고 생각 방식의 균형을 찾는 데 도움이 될 것이다.

건강한 수면 습관 만들기

잠을 충분히 못 자거나 너무 많이 잠을 자는 것은 기분에 많은 영향을 준다. 잠이 부족하면 예민하고 짜증이 많아지며, 기력과 의욕이 떨어지는데, 반대로 잠을 너무 많이 자도 마찬가지 현상이 나타난다. 특히 당신이 조울병을 겪고 있다면 잠을 적절히 자는 것은 기분 조절에 매우 중요한 요소이며, 감정적 마음으로 인한 자동반응을 줄이는 데에도 도움이 된다.

잠은 일반적으로 건강을 유지하는 데 중요하지만, 조울병에서는 잠의 균형이 깨지는 것이 조증이나 경조증을 실제로 유발할 수 있기 때문에 특히 더 중요하다. 예를 들어 마르그리트는 장기간의 여행 후에 항상 조증 삽화를 경험하고 입원하게 되었는데, 이는 수면 주기가 깨져서 그런 것이었다. 이는 수면 습관에 대한 관리가 얼마나 중요한지를 보여주는 예이다.

보통, 사람들은 7~8시간 정도는 자야 한다고 말하지만, 각자에게 적절한 매직 넘버는 모두 다르다. 예를 들어 어떤 사람은 6시간만으로 충분한 사람도 있고, 9시간은 자야 생활이 편안한 사람도 있다. 하지만 자신에게 맞는 시간을 찾는다는 것이 간단치만은 않다. 당신이 아직 자신의 매직 넘버를 모른다면 아래의 지침이 도움이 될 것이다.

1. 제1장에서 소개한 기분 기록지를 채우면, 당신이 잠을 잔 시간을 추적할 수 있다.
2. 당신의 기분이 안정되었을 때(당신이 주로 경험하는 기분 상태, 평균적인 기분 상태)의 수면 시간을 찾아보라. 지금이 안정된 기분 상태가 아니라면 지금의 수면 시간은 적절한 시간이 아니다.
3. 7시간 30분 정도를 자보도록 하라. 깨기 위해 자명종을 이용한다. 며칠 지속하고 당신의 기분을 점검해보고, 어떤 느낌인지 살펴보라. 자주 피곤하고 졸리다면 수면 시간을 15분 늘리고 며칠 지속해보라. 이런 방식으로 충분히 휴식을 취한 느낌이 드는 시간을 찾아보고, 기분에도 호전이 있는지 살펴보라.
4. 당신이 현재 과하게 많은 시간 잠을 자고 있고(10시간 이상), 수면 시간을 줄이길 원한다면, 15분씩 수면 시간을 줄이면서 위의 지침대로 시행하여 자신의 매직 넘버를 찾아라.

보통 10시간 이상 자는 것은 너무 지나치고, 6시간보다 적게 자는 것은 부족한 수면이다. 매직 넘버를 찾았다면, 이 정도 수면 시간을 계속 유지해야 한다. 우울 삽화일 때에는 하루 종일 잠만 자고 싶고, 조증 삽화일 때에는 전혀 자고 싶지 않을 수도 있지만, 이 수면 시간을 유지하는 것이 기분 조절에 아주 중요하다. 조증 삽화일 때 잠이 들지 않더라도 이 정도 시간은 쉬어야 하는 것이다.

또한 매일 일정한 시간에 (30분 정도의 오차 내에서) 잠자리에 들고 일정한 시간에 일어나는 것이 중요하다. 낮에 낮잠을 자야 몸이 편안해지는 습관이 있다면 이것도 괜찮지만 너무 오래 낮잠을 자서 수면 주기를 해치지는 않도록 최소한으로 해야 한다. 불규칙한 수면 패턴은 매우 좋지 않다.

다음은 잠들기가 힘든 사람을 위한 몇 가지 지침이다. 조울병이 있는 사람에게는 잠이 부족한 것이 얼마나 위험한 것인지 반드시 명심해서 건강한 수면 습관을 만드는 데 많은 노력을 기울여야 한다.

- 카페인이나 니코틴은 모두 뇌신경 자극제이기 때문에 잠을 방해한다. 커피나 차 섭취를 줄여야 하고 꼭 마셔야 한다면 오전에만 마시거나 디카페인 제품으로 섭취하는 것이 좋다. 허브차 중에서도 카페인이 함유된 것이 많으므로 성분표를 확인해야 한다. 또한 초콜릿이나 탄산음료에도 카페인이 들어 있다. 그리고 잠들기 전에는 너무 과식하는 것도, 속이 너무 비어 있는 것도 좋지 않으니 주의해야 한다.

- 잠자리에 들 무렵에는 자신을 안정시키는 데 도움이 되는 활동들을 생활 습관으로 만드는 것이 좋다. 예를 들어 온수 목욕, 독서, 이완이나 마음챙김 연습, 기도 등은 몸과 마음을 안정시키는 데 큰 도움이 된다.

- 침대는 잘 때에만 사용한다. 침대에서 잠 이외의 다른 활동, 가령 독서, TV, 전화 통화 등을 하는 것은 피해야 한다.

- 침대와 방의 환경을 가능한 한 가장 안락하게 만드는 것이 좋다. 소음을 줄이고, 필요하면 귀마개를 사용하는 것도 좋다. 배우자가 코골이가 심하거나 뒤척임이 심해서 잠을 방해한다면, 각자 개인 침대를 쓰는 것을 상의해볼 수 있다.

- 마음챙김 연습을 통해 빠르게 질주하는 생각을 멈추거나 속도를 늦추어 보라. 또는 이완 기법을 통해 몸과 마음을 이완시켜 보라.

- 어느 정도의 시간 동안(약 30분 정도) 잠을 청했는데도 잠이 오지 않으면, 침대에서 일어나서 따뜻한 우유나 무카페인 차를 마시며 편안한 책을 보는 등의 조용한 활동을 하는 것이 좋다. 너무 음료를 많이 마시면 화장실을 가게 되니 주의하고, 자극적인 활동은 피해야 한다. 다시 피곤해지고 졸릴 때 침대로 가서 눕자.

- 밤에 한숨도 잠을 못자고 계속 깨어 있었다면, 일단 방에 있는 시계를 치워서 시간을 확인하지 못하도록 하는 것이 좋다. 일어나야 할 시간이 두 시간 남짓밖에 남지 않은 것을 본다면, 우리는 아주 불안해지기 시작하고 그러면 더 잠들기가 어려워진다. 스스로에게 잠을 반드시 자야 한다는 압박감을 주지 않도록 하고, 자신이 지금 깨어 있다는 것을 그저 받아들이고 마음챙김 연습에 집중하여 생각의 속도를 늦추도록 하라.

- 우울 삽화나 조증 삽화도 불안과 마찬가지로 불면증을 유발한다. 마음챙김 연습과 이완 기법을 잘 활용하라. 수면을 위해 처방받은 약이 있다면 처방대로 복용하고, 의사에게 잠에 대해 느끼는

자신의 생각과 감정을 잘 표현하고 상의하라. 잠 때문에 스트레스를 많이 받고 있다면 의사와 상의해서 이에 대한 약물치료나 심리치료를 받는 것이 좋다.

자신의 잠 평가하기

수면 습관을 좋게 만들기 위해 노력할 용의가 있다면 다음 질문들에 대해 생각해보자.

당신은 현재 충분한 잠을 자고 있다고 확신하는가, 아니면 너무 많이 자는 것인가?

_____

_____

잠을 잘 자기 위해 당신이 할 수 있는 것은 무엇인가? (예 : 카페인 줄이기 등등)

_____

_____

잠을 잘 자기 위한 작업에 있어 작은 목표를 정한다면 무엇일까?

_____

_____

술이나 마약류 사용 피하기

술이나 마약류를 피하는 것은 감정적 마음으로 반응하기를 줄이는 데 매우 중요하고, 조울병에서 특히 더 중요하다. 이런 물질들은 사람이 감정적 마음으로 행동하기에 더욱 취약하게 만든다. 알코올은 중추신경억제제로 작용하기 때문에 우울할 때 술을 마시면 더 우울하고 억제된 기분이 된다. 알코올은 마실 때뿐만 아니라 마시고 나서 알코올이 우리 몸에서 빠져나갈 때에도 좋지 않은 영향을 준다. 예를 들어 숙취는 몸과 마음을 예민하게 만드는데, 구토와 피곤과 같은 신체적 불편과 짜증, 우울, 불안과 같은 감정적 불편을 유발한다(Salloum and Thase 2000). 게다가 알코올은 잠에도 리바운드 효과를 가져오는데, 섭취 직후에는 잠이 잘 드는 것 같다가 이후에는 오히려 잠을 방해하는 효과를 나타낸다(Roehrs and Roth 2001). 많은 사람들이 이것을 모르고 술을 마시고 잠을 청하는데, 술을 마시고 4~5시간 후에는 리바운드 효과가 생겨서 잠을 설치게 된다.

많은 연구들이 조울병과 알코올 의존증이 함께 있는 경우에는 조울병의 각 삽화가 더 자주 생기고 정상적인 기분으로 지내는 기간이 더 짧다고 보고하였다(Salloum and Thase 2000). 즉, 당신이 조울병이 있는데 술에도 의존한다면, 더 자주 우울증이나 조증을 겪게 되고 안정된 생활 기간이 더 짧아진다는 뜻이다.

마약류도 당연히 위험하다. 코카인과 같은 흥분성 마약류는 조울병이 없는 사람에서도 '물질로 유발되는 정신병적 장애'를 유발할 수 있다(APA 2000). 조울병이 있는 사람에게는 당연히 기분 변동을 매우 크게 일으킨다. 아직은 불법이지만 세계의 몇몇 곳에서 허용되기도 하는 마리화나조차도 부작용을 일으킬 수 있다. 마리화나도 정신병적 증상을 유발할 수 있으며, 우울증이나 불안증의 위험성을 증가시킨다(Van Laar et al. 2007). 조울병에서는 조증 증상이 악화될 위험이 높다(Henquet et al. 2006).

하지만 불행하게도 조울병이 있는 사람들은 이런 물질을 남용하는 경우가 많다. 조울병으로 입원한 사람의 적어도 3분의 1은 물질 남용 문제가 있다고 보고되었다(Goldberg et al. 1999). 조울병이 있는 사람이 술이나 마약류를 사용하면 치료 약물에 대한 반응이 좋지 않고, 조울병 증상 호전이 잘 안되며, 증상 호전 후에도 기능 회복이 더디다(Strakowski et al. 2000). 정리하자면 조울병이 있는 사람이 물질 남용도 할 경우에는 그렇지 않은 사람보다 이전 모습으로 회복되기가 훨씬 힘들다는 말이다.

그리고 조울병 환자 중에서 물질 남용을 이전에 한 적이 있는 경우는 자살 생각이 많고, 입원 중에 빨리 회복될 가능성이 낮으며, 일반 조증 삽화보다 혼재성 삽화를 겪을 확률이 높다고 한다(Goldberg et al. 1999). 혼재성 삽화는 다른 조울병의 삽화보다 경과가 좋지 않으므로 이것도 중요한 문제이다.

자신의 물질 사용 평가하기

당신은 물질 남용에 대해 작업할 필요가 있는가? 그렇다면 다음 질문에 대답하여 물질 남용을 줄이고 감정적 마음 활동을 줄이려면 어떻게 해야 하는지 알아보자.

당신은 술이나 마약류 사용을 줄이기 위해 현재 무엇을 하고 있나? (예 : 술 마시는 시간을 줄이려 노력함, 혹은 단주 모임에 참석함)

_____

_____

이 문제에 대해 조금 더 해볼 수 있는 일은 무엇일까? (예 : 이 문제를 의사와 상의하기, 술 끊기를 시도해보기)

_____

_____

이 문제를 해결하는 작업에 있어서 작은 목표를 정한다면 무엇일까?

_____

_____

자신의 정신건강과 신체건강 돌보기

자신의 정신건강과 신체건강을 관리하기 위한 여러 가지 방법이 있고, 이들은 당신의 감정적 반응을 줄이는 데 도움이 될 것이다. 이제 이 방법들을 차례로 살펴보자.

신체 질환과 통증 관리하기

당신은 최근에 감기나 장염에 걸렸던 때를 기억하는가? 아니면 당신이 당뇨병이나 섬유근통증, 편두통 등의 신체적 어려움으로 고생하고 있을 수도 있겠다. 그런데 이런 통증이나 신체 질환이 어떻게 우리를 더 짜증나게 하고 자기연민의 생각으로 빠져들게 하는지 당신은 알고 있는가? 신체 질환이나 통증은 우리를 더 감정적으로 만든다. 여기서 우리가 배울 것은 이런 신체 질환이 있을 때 자신과 자신의 감정을 잘 돌보아야 한다는 점이다. 치료나 약 복용이 필요하다면 의사를 찾아가야 하고 그럴 정도가 아니라면 지금 하고 있는 일 중 일부를 내려놓고 충분히 쉬어야 한다. 하지만 만성적인 신체 질환이나 통증으로 고통받고 있다면 이런 처방도 별로 효험이 없을 것이다. 이런 경우라면 당신은 자신이 어려운 일 하나를 더 겪고 있다는 것을 받아들이고 언제 이런 악영향을 받는지 최대한 잘 살펴서 기분과 행동을 구분하는 연습을 할 필요가 있다.

딘의 이야기

딘은 49세의 남자로 23세부터 조울병 진단을 받고 지내왔다. 지난 10년간 그는 일을 하다가 등에 심한 부상을 당했고 장애 연금까지 받게 되었다. 딘의 등 통증은 항상 지속되는 것이었다. 치료 시간에 딘은 평소 화가 심하게 자주 나고, 이것이 결혼생활과 의붓자식과의 관계를 망치고 있다고 이야기하였다. 치료를 통해 딘은 세 가지의 생각 방식을 배웠고, 통증이 자기의 감정적 마음의 취약성을 높이고 있다는 것을 알게 되었다. 딘은 이제 통증이 그의 감정적 마음을 공격하는 그 시점을 이전보다 잘 알아차리게 되었다. 이후 딘은 화를 이전보다 적게 내고 기분이 안 좋을 때에 대해서 가족들과 더 잘 상의하게 되었다. 결국 가족관계는 나아졌다.

자신의 건강을 잘 관리한다는 것은 처방받은 약을 잘 복용하는 것도 포함한다. 조울병이 대부분 그렇듯이 당신도 앞으로 계속 약을 복용해야 한다면 이것은 당신에게 힘든 일일 것이다. 하지만 조울병은 병이고, 약물치료가 꼭 필요하며 심리치료도 간혹 필요하다. 그러므로 건강을 잘 돌본다는 것은 당신의 조울병을 잘 관리하는 것과 마찬가지의 일이다.

식사 습관 개선하기

건강하고 균형 잡힌 식사를 하는 것도 신체적, 정신적 건강을 유지하는 데 중요한 부분이고 감정적 마음의 과잉을 조절해준다. 당신은 점심을 거른 경우에 기분이 어떤가? 혈당이 낮아져서 아마 조금 짜증이 나고 심하면 불안하기도 해서 안절부절, 어지럼증, 두통 등이 생길 수도 있다. 그러므로 너무 적게 먹는 것도 감정적 마음에 지배당하는 경향을 높이는 것이다.

과식하는 것도 마찬가지로 문제를 야기한다. 많은 사람들이 우울 삽화 동안에는 과식을 한다. 기분이 슬프고 외로울 때 음식을 먹으면 조금 나아지기 때문이다. 어떤 사람들은 텔레비전을 보는 것 같은 활동을 할 때 그냥 자동적으로 음식을 먹기도 한다. 당신이 만일 과식을 하는 경향이 있다면, 저녁을 너무 많이 먹었거나 과자를 한 봉지 더 먹었을 때 어떤 기분인지 생각해보라. 아마 자신에 대한 죄책감, 분노, 수치심과 같은 감정들을 느꼈을 것이다. 감정적 마음이 또 당신을 덮친 것이다. 균형 있는 식사(너무 적게 먹지도, 너무 많이 먹지도 않는 것)는 감정적 반응성을 감소시켜준다. 과식이나 이상 식사 습관(굶기, 폭식, 폭식 후 구토) 등은 정신적 장애를 지닌 사람들에게 흔히 나타난다. 제5장에서 살펴볼 고통 감내 기술이 이런 행동과 충동을 줄이는 데 도움이 될 수 있다.

지금은 아래에 균형 있는 식사 습관을 만들기 위한 몇 가지 제안을 소개한다.

카페인 줄이기

카페인은 커피, 차, 탄산음료, 초콜릿, 기타 여러 음식에 들어 있다. 카페인은 흥분제이기 때문에, 일시적으로 에너지를 증가시키는 효과가 있다. 그래서 기분의 상승, 과활동, 짜증과 같은 기분 변동을 유발할 수 있다. 안절부절이나 심박동 증가, 예민함과 같은 불안 증상과 불면 증상도 유발할 수 있는데, 이 모든 것은 결국 당신의 행동이 감정에 지배를 받을 가능성을 높이는 것이다. 위의 증상들을 자세히 보면, 카페인이 유발할 수 있는 증상들이 경조증의 증상과 비슷한 것을 알 것이다. 그러므로 이런 증상으로 평소에 힘들다면 카페인 섭취로 이런 증상을 더할 필요는 없는 것이다.

나는 하루에 커피를 큰 컵으로 여섯 잔 이상 마시는 여자 환자와 치료를 진행한 적이 있었는데, 그녀가 점차로 커피를 하루 두 잔까지 줄이자 잠도 좋아지고, 분노나 짜증도 감소해서 대인관계도 개선되었던 적이 있다. 물론 이런 극적인 효과가 모두에게 나타나는 것은 아니지만, 카페인 섭취를 줄이는 것은 대부분의 사람들에게 좋은 변화를 가져다준다.

기분에 영향을 주는 음식

어떤 음식이 어떤 사람에서는 기분 변동을 더 악화시키는 경우도 있다. Mary Ellen Copeland(2001)의 소규모 연구는 특정 음식이 기분에 좋지 않은 영향을 준다고 보고하였는데, 이는 다음과 같다.

- 발효 식품들(요거트, 빵, 포도주, 치즈, 식초, 올리브, 초콜릿, 맥주 등)
- 달걀과 유제품들
- 고기
- 토마토

하지만 이런 음식들을 모두 먹지 말라는 것은 아니다. 그보다는 기분 변동이 심하다면 혹시 기분에 영향을 주는 음식이 있을지 모르므로, 하나씩 식단에서 빼보아서 어떤지를 시도해볼 수 있다는 말이다. 약 2주일 정도 특정 음식을 먹지 않고 지내면서 기분을 관찰한다면, 그 음식이 내 기분 변동에 영향을 주는지를 판단할 수 있다. 그리고 영양 상태와 식단에 대한 궁금증이 더 있다면 의사나 영양사에게 상의하는 것이 좋다.

운동

운동은 신체적, 정신적 건강에 있어 상당히 중요한 요소이다. 우리는 모두 운동이 좋다는 것은 알고 있지만 이를 실행하기가 어려운데, 기분이 울적할 때는 특히 더 어렵다. 그러나 운동은 자연이 주는 항우울제여서 우리의 기분을 좋게 해주고 잠도 잘 자게 해준다. 운동이 감정의 지배를 낮추어주는 것이다. 아주 오랜 시간 운동을 하지 않았다면 갑자기 운동을 하기 전에 의사와 상의를 하는 것이 필요하다. 아래에 밖으로 나가 운동을 하도록 도와주는 몇 가지 제안을 써놓았다.

- 목표는 작게 세워라. 예를 들어 2년 동안 운동을 한 적이 없는데 갑자기 나가서 헬스클럽에 등록하는 것보다는, 일주일에 세 번 산책을 가는 정도의 작은 목표를 세우는 것이다. 이는 달성할 수 있는 목표여야 한다. 한 번에 한 시간씩 산책한다와 같이 무리한 목표보다는 일주일에 세 번, 10분 이싱 산책이 치음 목표로서 좋다.
- 함께 운동할 수 있는 사람이 있다면, 훨씬 더 실행을 잘할 가능성이 높다.
- 의욕이 생길 때까지 기다려선 안 된다. 보통 실제로 실행한 다음에야 그 일에 대한 의욕이 생기는 것이다.
- 과도하게 운동하지는 마라. 에너지가 과하게 느껴지고 경조증의 증상이 다시 생기는 것 같을 때에는 속도를 늦추어야 한다. 운동을 계속하는 것은 좋지만 목표를 낮추어 정해야 한다. 그렇지 않으면 조증이나 경조증 삽화를 또 불러일으킬 수도 있다.
- 운동을 일상생활의 일부로 만들어라. 이렇게 하면 기분이 다시 우울증에 빠지기 시작할 때라도 계속 운동을 지속할 수가 있다.
- 무엇이든 지금 활동보다 조금이라도 더 하는 것이 우울증치료에 도움이 되므로, 자신이 못한 것에 자책하지 말고 자신이 실행한 것에 대해 자신을 칭찬하고 격려하라.

자신의 정신적, 신체적 건강 평가하기

감정적 마음의 지배를 줄이기 위해서는 신체적 건강도 중요하므로 신체건강에 문제가 없는지 평가하기 위해 다음 질문에 답을 해보라.

현재 당신의 신체적, 정신적 건강은 어떤가? 예컨대 정기적으로 의사의 진료를 받거나, 복용 중인 약이 있는가? 식사는 잘 하는가? 정기적으로 운동은 하는가?

_____

_____

건강 문제를 개선하기 위해 당신이 할 수 있는 일은 무엇인가? 예를 들어, 조울병에 대한 약은 복용하고 있나? 신체 활동을 늘리기 위해 노력하고 있는가?

_____

_____

건강 문제를 개선하기 위해 작은 목표를 정한다면 무엇으로 할 수 있을까?

_____

_____

건강한 대인관계를 위해 노력하기

대인관계는 우리의 삶에서 매우 중요한 부분이므로 이 책에서도 앞으로 계속 대인관계에 대해 자세히 다룰 것이다. 여기에서는 몇 마디만 언급하려 한다. 일상생활 중 대인관계를 건강하게 유지하는 것은 감정적 반응성을 줄이는 데 많은 도움이 된다. 주변에 당신을 지지해주는 사람들이 있으면 생활에서 안정감을 가질 수 있고, 그들로부터 긍정적인 영향을 받아 건강한 생활방식을 유지하는 데 도움이 된다. 당신 곁에 자신의 감정에 영향을 덜 받는 사람이 있다면 그 사람을 보면서 지혜로운 마음으로 행동하는 법을 연습하는 것도 좋을 것이다.

여러 측면에서 좋지 않은 대인관계, 즉 당신에게 도움이 되지 않는 주변 사람들이 있을 수 있다. 예를 들어 언어 폭력을 행하는 사람, 술이나 마약을 남용하는 사람, 인생에 대해 항상 부정적인 태도만 보여 당신의 기분을 더 우울하게 하는 사람들이 그러하다. 이런 대인관계는 잘 정리하는 것이 감정적 마음에 사로잡히지 않는 데 도움이 된다. 대인관계에 대해서는 제10장에서 더 자세히 살펴볼 것이다.

숙달감 증가시키기

가장 최근에 자신이 성취한 일에 대해 뿌듯했었던 적은 언제인가? 꺼려지는 사람에게 전화하기처럼 작고 별것 아닌 일일 수도 있고, 직장에 입사 원서 접수하기처럼 큰 일일 수도 있지만, 어떤 것이라도 좋다. 이렇게 자신을 기분 좋게 하는 일을 매일 하나씩 한다면 어떨까? 이런 기술을 **숙달 활동 만들기**(building mastery)라고 하는데(Linehan 1993b), 이것은 어떤 일을 하는가보다는 그 일을 할 때 어떤 느낌이 드는가 하는 것이 더 중요하다. 숙달 활동 만들기는 당신이 자신에 대해 느끼는 감정을 좋게 만들고, 자존감을 증가시켜준다. 이는 어떤 활동을 하고, 자신에게 "와, 지금 내가 한 일을 봐."라고 스스로에게 보여주며, 좋은 느낌을 가지는 것과 같다. 이 기법을 자주 실행하면 자존감과 자신감을 증가시켜 장기적으로는 감정적 마음에 대한 반응을 줄이는 데 도움이 된다.

숙달이란 매우 개인적인 기술이다. 어떤 사람에게 숙달감을 주는 활동이라고 해서 다른 사람에게도 똑같이 효과를 주는 것은 아니다. 아래에 숙달감을 줄 수 있는 다양한 활동들을 제시하였다. 이 중에서 당신이 현재 실행하고 있는 일들이 있는지 살펴보라.

- 산책하기
- 학교나 직장에 가기
- 아침에 일어나기
- 화난다고 폭발하지 않기
- 설거지하기
- 약을 잘 복용하기
- 헬스장에 나가서 운동하기
- 사교 모임에 참석하기
- 외국어 수업 듣기
- 그동안 피했던 활동하기(예 : 오랜만에 전화하기, 은행계좌 만들기)

숙달감을 주는 활동 평가하기

다음 질문들에 답함으로써 자신의 숙달 활동에 대해 평가해보자. 당신은 이미 정기적으로 하고 있는 활동이 있는가? 아니면 이런 정기적인 활동을 하고 있지 않아서 쉽게 고통스러운 감정에 휩싸이고, 자신을 비난하게 되는가?

현재 당신에게 숙달감을 주는 활동은 무엇인가?

_____

_____

숙달 활동을 더 늘리기 위해 당신은 무엇을 할 수 있을까?

_____

_____

숙달 활동을 더 늘리기 위해 작은 목표를 정한다면 무엇으로 할 수 있을까?

_____

_____

비판단적 태도는 어떻게 감정적 마음을 감소시키는가

당신은 얼마나 자주 다른 사람들을 평가하고 판단하는가? 큰소리로 비난하거나 그저 비판적으로 생각하는 것을 모두 포함해서. 아니면 당신은 다른 사람에게보다 자신에게 더 비판적인 사람일 수도 있다.

비판단적인 태도를 견지하는 것, 자신의 판단에 대해 마음챙김 상태로 있는 것은 여러 DBT 기술 중에서 가장 이해하기 어렵고 실행하기도 어려운 기술이다. 하지만 판단은 당신을 감정에 취약하게 만드는 데 큰 역할을 하고 있기 때문에 비판단적 태도를 배우고 실행하는 것은 매우 중요하다.

판단이란 우리 사회에서 매우 흔히 일어나는 일이기 때문에, 우리가 판단을 하고 있는지조차도 모를 수 있다. 일례로 우리는 자라면서 "너는 참 착한 아이구나!", "그건 나쁜 짓이야!", "네가 맞아!" 이런 말들을 숱하게 듣는다. 즉, 아주 어릴 때부터 우리는 판단하는 말을 너무 자주 듣기 때문에 자신도 같은 종류의 말을 사용할 수밖에 없게 된다. 그리고 실제로 판단이 반드시 필요한 경우도 있기 때문에 비판단적 태도를 취하는 기술을 배우기가 쉽지 않은 것이다. 예를 들어 어떤 상황이 안전한지 위험한지를 판단하는 것이 꼭 필요한 경우가 있고, 업무 수행 정도나 학업 성적을 평가받는 것도 필요한 것이다. 그러므로 판단이나 평가가 항상 나쁜 것만은 아니다. 그러므로 우리가 판단을 줄이고 비판단적 태도를 취하는 기술을 배우는 것은 감정적 마음을 만드는 쓸데없는 판단의 경우이다. 아래의 사례를 보자.

린티의 이야기

린티는 도시 외곽에 살고 있어서 매일 출퇴근할 때 2차로의 도시고속도로를 이용하는데 항상 교통체증이 심하고 속도가 느린 대형 트럭도 많다. 그 도로의 제한 속도는 시속 100km/hr인데 차가 막히고 느린 트럭 뒤를 따라가다 보면 짜증이 많이 난다. 여기에 처음 이사 왔을 때에는 다른 운전자들에게 비난을 퍼붓는 일도 잦았다. 앞 차의 운전자는 당연히 못 듣겠지만 차 안에서 고래고래 소리를 지르는 것이다. "야, 이 멍청아 빨리 좀 가란 말이야!" 하지만 이렇게 짜증을 낼수록 화는 더 심해졌고, 린티는 점점 더 남을 판단하고 비난하였다. "병신아, 꺼져!" 린티의 얼굴은 벌게지고 아드레날린은 솟구쳐서, 그는 오로지 자기의 갈 길을 막고 있는 운전자에 대한 분노로 가득 차 아무것도 생각할 수 없는 지경에 이른다.

이것이 판단이 만들어내는 악순환의 전형적인 사례이다. 보통 처음에는 작은 감정(분노 혹은 상처)으로 시작한다. 이런 감정이 자기 자신이나 다른 사람, 혹은 이 상황에 대한 판단을 만든다. 이 판단은 여지없이 더 강한 감정을 불러일으키고, 이 감정은 더 강한 판단을 만들고……. 이런 악순환을 계속 돌다 보면, 당신은 감정적 마음에 완전히 빠져 허우적댄다.

이런 상황을 자주 겪는가? 최근에 이런 악순환에 빠졌던 적은 언제인가? 이런 악순환이 당신에게 도움이 되었는가? 즉, 당신이 원하는 결과를 얻었는가? 이런 상황에서 당신의 기분은 어땠고 그다음에는 어떤 일이 벌어졌는가?

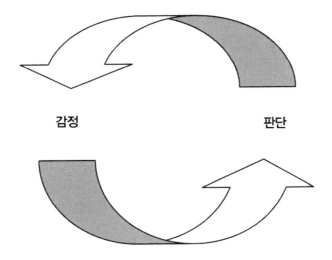

감정   판단

판단의 영향력

일반적으로 판단은 감정에 기름을 부어서 당신을 감정적 마음에 빠지게 만든다는 것을 방금 살펴보았다. 하지만 판단의 영향은 이게 끝이 아니다. 자기판단 혹은 자기비난에 대해 잠시 생각해보자. 당신은 자신에게 가끔 이런 말을 하는가? "틀림없이 나한테 뭔가 문제가 있어." 아니면 당신은 실수를 했을 때 자신을 바보 혹은 병신이라고 부르지는 않는가? 많은 사람들은 이런 자신의 행동이 자신의 기분을 크게 좌우한다는 것을 잘 알지도 못한 채 이렇게 일상을 산다. 점점 이들은 자신의 자존감을 스스로 낮추고 심하면 우울증이나 불안증을 만들어내기도 하는 것이다. 당신은 아마 다른 사람에게 언어폭력을 당한 사람은 그 말을 내재화하기 쉽다는 말을 들어본 적이 있을 것이다. "너는 멍청하고, 한심하고, 못났어."란 말을 오랫동안 들은 사람은 자신이 그렇다고 스스로 믿어버리게 된다는 말이다. 자기비난은 자기 자신에게 언어폭력을 행하는 것이다. 그러므로 이것도 시간이 지나면 똑같이 이런 말을 믿어버리게 되는 것이다.

어떤 판단을 사실로 받아들이는지의 여부도 당신의 행동과 태도를 좌우한다. 예를 들어 당신이 어떤 상황이 잘못되었다고 생각하고 있는데, 이런 자신의 판단을 하나의 의견이라고 받아들이지 않고 명백한 사실이라고 받아들인다면, 당신은 자신만이 옳다는 식으로 행동하면서 다른 사람들의 의견은 들으려 하지 않을 것이다. 판단을 통해 당신은 다른 여러 관점과 가능성을 고려치 않고, 자신을 고립시켜버린 것이다.

판단은 또한 대인관계를 원만하게 하는 능력을 저해한다. 만일 당신이 누군가와 문제가 있고 그 사람에게 비판단적으로 자기의 뜻을 표현하지 못한다면 어떻게 될까? 보통 그들에 대한 괴로운 감정(분노나 상처)이 생길 것이고, 그들은 입을 닫아버리거나 당신에게 방어적이 되거나 논쟁을 벌이게 될 것이다. 어떤 쪽이든 당신은 자신이 원하는 것을 얻지 못하고 그 인간관계는 꽤 손상을 받을 것이다. 이런 결과는 다시 당신의 감정적 마음을 증가시킨다.

또한 판단은 당신이 타인의 행동에 대해 어떤 것을 원하는지에 대해 그 사람에게 아무 정보를 주지 못한다. 당신이 동료가 한 발표를 좋지 않다고 말할 때, 동료는 어떻게 했어야 더 좋았을지에 대해 아무런 피드백을 받지 못한다. 당신은 동료가 시청각 자료를 더 사용하거나 더 재미있게 했으면 좋았을 것이라고 생각했을 수도 있고, 동료의 발표 내용 중 오류가 있다고 생각했을 수도 있다. 하지만 "그 발표는 별로 좋지 않았어."라는 말만 듣고서는 당신의 이런 진짜 뜻을 그 사람은 알 방법이 없다.

어떤 사람에게 '넌 패배자'라고 말하는 것도 마찬가지이다. 패배자라는 말이 뜻하는 것이 과연 무엇일까? 그 사람이 직업이 없다는 사실을 당신이 받아들일 수 없다는 뜻인가? 아니면 그 사람과 방금 한 논쟁에서 당신이 상처를 받았다는 뜻인가? 부정적인 판단은 결코 문제를 해결하는 데 도움이 되지 않는다. 판단은 상처를 주고 관계를 해칠 뿐이다.

때로는 이 기법을 처음 소개하면 매우 냉소적으로 반응하고, 자신이 하는 판단이 실제로 자신에게 큰 영향을 준다는 것을 믿지 못하는 사람들이 있다. 만일 당신이 변화함으로써 얻을 수 있는 좋은 점이 많다는 것을 믿지 않는다면 당신이 스스로의 행동을 변화시키기란 매우 어렵다. 그러므로 만일 당신이 판단에 의해 생긴 부정적 감정에 대해 조금이라도 의심이 있다면, 며칠 시간을 두고서 판단 관찰 기록지(Monitoring Judgment Worksheet)를 작성해보는 것을 추천한다.

이 기록지의 첫 칸에는 당신의 중요 감정을 일으킨 그 상황에 대해 최대한 자세히 쓴다. 기억하라. 당신이 판단을 하는 순간에 당신에게는 부정적 감정(예 : 분노)이 바로 일어난다. 그 상황에 대해 더 자세히 쓸수록 그 감정에 대한 더 많은 통찰을 얻을 수 있다. 일단 그 상황을 잘 알았으면, 두 번째 칸으로 넘어가서 원래의 감정이 무엇이었는지 잘 살펴본다. 감정이 하나 이상 있었을 가능성이 높으니 잘 생각해보라.

기록지의 세 번째 칸에는 그 상황에서 당신이 가졌던 판단이 무엇이었는지를 잘 살펴서 쓰는 것이다. 이건 매우 어려울 수 있는데, 보통 이런 판단은 정말 빨리 생기는 것이기 때문에 우리가 인식하지 못하는 경우가 많기 때문이다. 일단 당신의 판단을 파악했으면, 그 판단으로 인해 부수적으로 더 발생한 감정들이 없는가 살펴보고, 이를 네 번째 칸에 써보라. 아래의 첫 번째 예를 보면 당신이 친구와 말다툼을 한 상황이다. 당신은 이해받지 못한 느낌과 분노의 감정을 느꼈고, 친구를 나쁜 친구라고 판단

내렸다. 이 판단은 당신을 더 화나게 해서 분노의 정점에 오르게 했다. 이것은 추가적인 감정인 것이다.

기록지의 마지막 칸은 이 판단의 결과가 무엇이었는지를 인식할 수 있도록 하는 것이다. 이 사례에서 당신은 친구에게 화가 많이 나서 이후 그 친구와 말을 하지 않았다. 결과 항목에는 다양하게 많은 것들을 쓸 수가 있는데, 주로 당신의 건강하지 못한 행동, 자기파괴 행동, 타인에 대한 공격, 인간관계 단절 등이 포함된다. 즉, 이런 결과들은 당신의 판단으로 촉발된 부정적 감정에 대해 당신이 반응한 결과라고 할 수 있다.

이 기록지는 당신에게 판단이 진짜로 당신의 감정적 마음 행동을 증가시켜서 고통스러운 결과를 초래한다는 것을 분명하게 보여준다. 이를 당신이 충분히 느끼면, 당신은 자신의 판단 행동을 변화시키려는 동기를 가질 수 있을 것이다. 만일 당신이 아직 이를 납득하지 못하겠다면 다음 장으로 넘어가고, 다음에 다시 판단에 대해 재검토를 해도 좋다.

감정적 마음 행동을 줄이기 위한 판단 줄이기

어떤 행동에 대한 것이든 판단을 줄이기 위한 첫걸음은 그 판단을 인식하는 것, 알아차리는 것이다. 이것은 다양한 방법으로 가능하다. 첫째, 마음챙김이 여기에 도움이 많이 된다. 우리는 자신의 생각을 보통 잘 인식하고 있지 않기 마련인데, 제2장에서 설명한 마음챙김 연습, 즉 생각을 바라보고 관찰하는 연습을 매일 한다면 자신의 판단을 인식하는 능력을 많이 향상시킬 수 있다.

때로 당신은 자신이 판단을 하고 있다는 것을 인식하지 못할 수도 있지만, 분노와 같은 괴로운 감정이 갑자기 생기는 것은 쉽게 인식할 수 있다. 그러므로 이런 갑작스러운 감정은 당신이 판단을 하고 있다는 것을 알려주는 열쇠인 것이고, 이때 자신의 마음을 잘 살펴서 마음에서 어떤 일이 일어나고 있는지, 어떤 생각이 분노를 유발하고 있는지 파악하려 노력하는 것이 좋다. 자기가 흔히 하는 생각 방식이 어떤 것인지 알아보는 것도 도움이 된다. 어떤 감정적 마음이 많은 것은 뭔가 판단이 진행되고 있다는 뜻인 것이다.

자기판단은 인식하기가 더 어려운데, 이는 자기를 판단하는 것은 보통 습관적인 일이고 자기판단의 내용을 밖으로 크게 이야기하는 경우는 거의 없이 혼자 그 판단에 젖어 있는 것이므로 알아차리기가 어려운 것이다. 그래서 남들에 대해 어떻게 판단을 하는지를 알아차리는 연습을 많이 해본 다음에 자기판단에 대한 작업을 하는 것을 권장한다. 그리고 당신이 어떤 특정 상황에서 특히 더 판단하고 비난하는 경향이 있다면(예 : 많은 사람들이 운전을 할 때 남에 대한 판단이나 비난을 많이 함), 그 상황

판단 관찰 기록지

상황	감정	판단	추가 감정	결과
친구가 나를 데려다주지 않아서 화가 났음	이해받지 못한 느낌. 화가 남	그 애는 나쁜 친구야.	더 화가 남	문제를 해결책 없이 키움. 그 친구와 이주일 이상 말을 하지 않음
소파에 앉아서 혼자 시간을 보냄	슬픔. 이완됨.	나에게는 문제가 있는 것이 분명해. 이건 마비 상태야.	나에 대해 화가 남. 더욱더 슬퍼짐	이전보다 더 기분이 안 좋아짐.

판단 관찰 기록지

상황	감정	판단	추가 감정	결과

에서 이 기법들을 더 많이 연습하는 것이 좋다.

자, 일단 자신의 판단을 인식하게 되었다면 그것으로 당신은 무엇을 할 것인가? 이제 당신은 이것을 비판단적 진술로 바꿀 수 있다. 당신은 자신의 판단을 수정해서 중립적인 진술로 만들려고 노력한다는 뜻이다. 즉, 부정적인 생각을 무조건 긍정적으로 바꾸는 것이 아니다. 무조건 긍정적으로 바꾼 생각은 진실도 아니고 당신이 이런 생각을 믿지도 않을 것이기 때문에 바람직하지 않다. 예를 들어, 자신을 멍청하다고 항상 생각하던 사람이 이 판단을 바꾸어 자신이 똑똑하다는 생각으로 만든다면, 이 판단은 믿겨지지도 않고 도움도 되지 않는 것이다.

그리고 당신이 어떤 사람을 좋은 사람이라고 규정지으면, 그 사람은 나쁜 일을 하면 바로 나쁜 사람이라고 규정되어야 하는 모순이 생긴다는 것을 알아야 한다. 즉, 핵심은 이런 규정짓기, 낙인찍기를 모두 버려야 하고(Linehan 2003c), 사실에 기반해야 한다는 것이다. 해석이 아니고 묘사를 해야 하는 것임을 기억하라.

판단을 비판단적 진술로 바꿀 때 아래 두 가지를 잘 살펴보는 것이 좋다.

1. **이 판단으로 당신이 진짜로 말하려는 것은 무엇인가?** 판단은 보통 긴 말을 짧게 하는 방식이다(Linehan 1993b). 그러니 이 판단으로 당신이 진짜로 말하려 하는 것은 무엇인가? 대부분 우리는 어떤 것의 결과나 그에 대한 우리의 의견을 말하려고 한다. 예를 들어 폴레트와 친구 재닌은 말다툼을 벌였는데, 이후 폴레트는 재닌이 나쁜 친구라는 판단을 내리고 있다. 이 판단으로 폴레트가 진짜 말하려는 것은 무엇일까? 아마도 폴레트는 재닌이 자신에게 말하는 방식이 싫고(의견), 재닌의 행동 때문에 상처를 받았다고(결과) 말하고 싶은 것이다. 아니면 폴레트는 재닌의 의견에 동의할 수 없고(의견), 이로 인해 친구관계를 계속 유지할 수 없다(결과)고 말하는 것일 수도 있다. 그러므로 당신이 비판단적이 되려면, 먼저 짧은 판단을 진짜 당신이 원하는 긴 내용으로 표현하도록 노력해야 한다.

2. **당신이 표현하려고 하는 감정은 무엇인가?** 이미 말한 대로 감정과 판단은 밀접하게 연결되어 있다. 그럼 당신이 표현하고 싶은 감정은 무엇인가? 비판단적이 되는 것이란 감정을 억제하고, 수동적이 되고, 자신의 의견을 말하지 못하는 그런 것이 아니다. 반대로 비판단적인 태도란 자기 자신을 어떻게 더 효과적으로 주장하고 표현하는가를 배우는 것이다. 이 기법은 당신의 감정을 없애버리는 것이 아니라 필요없는 추가적 감정을 줄여서 당신이 지혜로운 마음에 잘 접속할 수 있도록 하는 것이다.

판단에 대해 마음챙김 상태가 되는 것, 즉 비판단적인 태도를 배울 때, 어떤 사람들은 변명의 함정에 빠지기도 한다. 예를 들어, 당신이 아주 느린 차 뒤에서 운전하고 있어 답답할 때 비판단적이 되려고 노력하면서 "아마 저 사람은 초보운전일 거야."라고 말한다 해도, 이것이 당신을 비판단적으로 만들어주지는 않는다. 이런 것은 일종의 변명이고, 그 진짜 뜻은 "아마 저 사람은 초보운전일 것이고, 그래서 나는 화를 내서는 안 돼."('해서는 안 돼', '해야만 해' 같은 말들이 이미 판단적임) 이런 변명은 여전히 당신을 판단적으로 만들고, 화를 증가시키며 계속 감정적 마음에 머무르게 한다.

우리는 어떤 행동의 변명을 만드는 것이 아니라, 판단을 재구성하려는 것임을 명심하라. 저 사람이 왜 늦게 운전을 할까에 대한 변명을 찾는 것이 아니라, 대신에 무슨 말을 할 수 있을까를 찾는 것이다. 두 가지를 기억하라고 했었다. 당신이 진짜 말하려는 것은 무엇인가, 그리고 당신의 느낌은 어떤가. 이 판단을 재구성한 한 가지 예를 들자면, "저 사람은 너무 천천히 운전하고 있고 나는 그 뒤에 막혀 있어서 짜증이 나."

이 기법을 더 잘 이해하기 위해 몇 가지 상황에 대한 판단과 비판단적인 태도의 예를 아래에 제시하였다.

1. **상황 (사실만을 묘사)** : 당신은 거의 2년간 알코올 중독에서 벗어나 있었는데, 이번 조증 삽화가 발병하면서 다시 술을 마셨고, 이제 겨우 조증 삽화가 치료된 상태

    판단 : "나는 정말 인생의 패배자야. 내가 또 모든 것을 망쳤군!"

    감정 : 자신에 대한 분노와 실망, 절망감

    비판단적 진술 : "나는 조증이었지만 이제 회복했어. 그리고 나는 나 자신에 대해서 화가 많이 나 있고 실망감이 커. 나는 이제 모든 것을 다시 시작해야만 하는 느낌이야!"

2. **상황 (사실만을 묘사)** : 당신은 지난주에 싸웠던 일에 대해서 친구와 대화를 하고 있다.

    판단 : "나는 네가 그렇게 말했다는 것이 믿어지지가 않아. 너는 나에게 너무 심했어!"

    감정 : 고통, 분노

    비판단적 진술 : "나는 네가 말한 것 중 어떤 부분 때문에 놀라고 상처를 받았어, 그리고 그것에 대해서는 아직도 화가 나."

3. **상황 (사실만을 묘사)** : 당신은 백화점에 왔는데, 어떤 아이가 격한 투정을 부리고 있고, 그 부모가 투정을 그치면 장난감을 사주겠다고 하는 장면을 보았다.

    판단 : "저 사람들은 나쁜 부모들이네!"

　　감정 : 놀람, 못마땅함

　　비판단적 진술 : "나는 저런 양육 방식은 좋아하지 않아."

4. **상황 (사실만을 묘사) :** 당신은 거울 속 자신의 모습을 보고 있다.

　　판단 : "나는 뚱뚱해!"

　　감정 : 슬픔, 무가치감, 자신에 대한 분노

　　비판단적 진술 : "나는 내 체중과 외모가 만족스럽지 않아."

　이제 당신 자신의 판단들을 점검해보자. 우리들 대부분은 자신이 주로 쓰는 판단들이 있기 마련이고, 판단을 주로 하게 되는 상황들이 있다. 아래의 기록지에 괴로운 상황에서의 당신의 판단을 비판단적 진술로 수정하여 만들 수 있는지 써보라. 위에서 본 작업을 단계별로 정리하자면, 첫째, 상황을 사실 내용만으로 묘사하라. 둘째, 당신이 내린 판단을 찾아내라. 셋째, 그 상황에 대해 가진 감정들을 적어라. 마지막으로 사실 묘사와 당신의 감정을 잘 조합해서 비판단적인 진술을 만들어라. 이 기술을 배우는 것은 쉬운 일이 아니므로 처음에 잘 안 된다고 좌절할 필요는 없다. 어려우면 주변 사람에게 이 기록지를 보여주고 이 진술이 비판단적인 것이라고 생각하는지 물어볼 수도 있다.

1. **상황 (사실만을 묘사) :** _____

　　판단 : _____

　　감정 : _____

　　비판단적 진술 : _____

2. **상황 (사실만을 묘사) :** _____

　　판단 : _____

　　감정 : _____

　　비판단적 진술 : _____

3. **상황 (사실만을 묘사) :** _____

　　판단 : _____

　　감정 : _____

　　비판단적 진술 : _____

4. **상황 (사실만을 묘사) :** _____

   판단 : _____

   감정 : _____

   비판단적 진술 : _____

5. **상황 (사실만을 묘사) :** _____

   판단 : _____

   감정 : _____

   비판단적 진술 : _____

사람들은 판단을 비판단적으로 바꾸기 위한 단어를 찾기 힘들어한다. 이럴 때에는 좋고 나쁜 것, 혹은 옳고 그른 것의 단적인 표현이 아니면서도 말하고 싶은 것을 포함하는 다음과 같은 단어들을 사용하는 것이 좋다.

- 도움이 되는, 혹은 상처가 되는
- 효과가 있는, 혹은 효과가 없는
- 건강한, 혹은 건강하지 않은
- 편안한, 혹은 불편한
- 필요한, 혹은 불필요한
- 적절한, 혹은 적절하지 않은

마지막으로 판단에 대해서 정리해보자면 첫 번째, 이 장을 읽고 나서 당신은 판단에 대한 마음챙김(비판단적 태도)을 연습하는 것이 당신이 감정적 마음에 빠져 있는 시간을 줄일 수 있다는 것을 이해하였기를 바란다. 이렇게 판단을 줄임으로써 당신은 감정적 고통을 줄이고 지혜로운 마음에 더 쉽게 접속할 수 있다.

두 번째, 우리 사회에도 매우 강력한 판단들이 만연하고 있어서 우리가 비판단적 태도를 익히기가 매우 어려운 것이다. 많은 내담자들이 판단에 대해 배우고 나서도 계속 자신이 판단을 많이 하고 있다는 것이 당황스럽다고 말한다. 그래서 이 기술이 자기에게는 맞지 않는다고 섣부른 결론을 내리기도 한다. 하지만 이런 것 자체가 또 다시 자신을 판단하고 있는 것이다. 이런 종류의 자기판단은 당신 자신에 대한 기분만 나쁘게 만든다.

또한, 이 기술을 잘 배우고 익혀두면, 주변 모든 사람들이 얼마나 많이 판단을 하며 살고 있는지를 알게 된다. 이런 때에도 주변 사람들의 판단 습관에 대해 그들을 판단하려고 하지 않는 것이 좋다. 그리고 이런 기술을 다른 사람과 나누는 것도 좋다. 당신이 사랑하는 사람에게도 그들의 판단에 대해 마음챙김을 하는 기술을 가르쳐줄 수 있다. 이때 주의할 점은 그들은 자신이 변화하기를 바라지 않고, 아직 마음이 열려 있지 않을 수도 있다는 점을 명심해야 한다. 그들이 자신의 행동을 검토할 준비가 되어 있지 않다면, 당신이 그들의 행동을 바꿀 수는 없다는 것을 다시 한 번 기억하라. 이런 경우에는 그저 자기 자신의 연습으로 돌아오면 된다.

이제 우리는 핵심적인 마음챙김 기술들을 모두 살펴보았다. 이 기술들을 이용하여 마음챙김을 연습하고 이것이 인생을 더 성공적으로 만드는 데 도움이 되었으면 한다. 중요한 것은 이런 기술들을 읽은 것에 그치지 말고, 실제로 최대한 실천하고 연습해야 한다는 점이다. 할 수 있는 한 다양한 생활 속에서 당신의 판단을 찾아내서 이것을 비판단적인 진술로 바꾸어 보라. 그리고 그 상황에서 당신이 원하는 목표가 무엇인지를 알고 이 목표를 달성하기 위한 활동을 하도록 노력하라.

이 장의 총정리

이 장에서는 아주 많은 내용들을 다루었다. 우선 생각 방식에는 세 가지 다른 종류가 있다는 것, 그리고 지혜로운 마음을 사용하는 것이 우리 인생을 더 좋게 해준다는 것을 배웠다. 또한 감정적 마음으로 반응하는 것을 어떻게 줄일 수 있는지에 대한 기술들을 배웠다. 바라건대 지금 당신이 감정을 잘 조절하고 지혜로운 마음을 사용하는 능력을 늘리는 쪽으로 생활방식을 변화시키려 한다면 좋겠다. 이 책에 있는 기록지를 많이 이용하면 좋을 것이다. 기록지를 통해서 자신의 어느 부분에 이 기술이 필요한지 알 수 있고, 이런 작업을 달성하기 위해 단계적인 목표를 어떻게 세우면 되는지를 알 수 있다. 어느 정도 시간이 지난 후에 이전 기록지를 보면서 얼마나 발전했는지를 보는 것도 재미있을 것이다. 일단 처음에 목표한 것을 달성하고 나면 그 다음 목표를 세울 수 있다.

다음 장에서는 DBT의 위기 생존 기술들을 소개하려고 한다. 이 기술들은 위기 상황에 처했을 때 상황을 더 악화시키지 않고 어떻게 잘 극복하는지에 대한 내용이다(Linehan 1993b). 이런 기술들을 사용하기 위해서는 지혜로운 마음이 필요하다. 그러므로 항상 지금 자신이 사용하고 있는 마음이 어떤 마음인지를 살펴보고, 어떤 기술을 이용해 지혜로운 마음에 다가갈 수 있는지 알아볼 것을 강력히 추천한다.

이 책을 가장 잘 이용하는 방법은 천천히 진도를 나가면서, 기록지나 연습을 충분히 해보는 것이다. 새로운 기술들을 배우는 중에도 이전 장에서 배운 기술을 계속 연습하여 잊어버리지 않도록 하는 것이 중요하다.

05

상황을 악화시키지 않고
위기를 극복하는 방법

우리들 모두는 인생에서 감정적 위기를 겪는 때가 있다. 어떤 상황에 대한 감정적 반응이 너무 강해서 우리를 압도하고, 똑바로 생각하기가 어려운 때 말이다. 이런 시기에 어떤 사람들은 본능적으로 그런 감정의 강도를 줄이는 방향으로 처신하여 비교적 어려운 시기를 잘 견디기도 한다. 그러나 우리들 대부분은 상황을 더 나쁘게 만드는 방향으로 행동하는 경우가 더 많다. 물론 일부러 그러는 것은 아니지만 말이다. 우리는 당장은 도움이 되지만, 장기적으로 보았을 때는 건강하지 못하고 자기파괴적인 결과를 초래하는 쪽으로 행동하기 쉽다.

자기파괴적인 행동 찾아내기

당신의 인생 중에서 감정적 위기 상황에 처했던 적을 떠올려보자. 만일 당신이 우울증이나 조증, 혼재성 삽화를 자주 겪었다면 이런 상황도 자주 있었을 것이다. 하지만 감정적 위기가 나타나고 우리가 자기파괴적인 행동을 하는 것이 꼭 기분 삽화 때에만 일어나는 것은 아니다. 예를 들어 실연을 당했을 때나 가까운 친구나 가족이 사망했거나, 일에서 스트레스를 많이 받을 때에도 감정적 위기를 겪을 수 있다. 당신은 이런 상황을 자신이 보통 어떻게 대처하는지 알고 있는가? 아래에 사람들이 많이 선택하는 행동 중에서 당장은 도움이 되지만 장기적으로는 상황을 더 악화시키는 행동들의 예를 제시하였다. 당신에게 해당하는 것에 표시를 해보라.

_____ 술 마시기

_____ 과식하기

_____ 손목을 긋는 자해하기

_____ 다른 사람을 비난하고 쏘아붙이기

_____ 사람 만나는 것을 피하고 혼자 지내기

_____ 폭식하고 구토를 하거나 식사 거부하기

_____ 도박하기

_____ 물건 던지기

_____ 위험한 성적 행위 하기

_____ 잊어버리기 위해 잠을 청하기

_____ 자살로 다른 사람 위협하기

_____ 폭력 행사하기

_____ 다른 사람 협박하기

_____ 벽에 머리 찧기

_____ 머리카락 뽑기

_____ 자살시도 하기

_____ 기타 자기파괴적인 행동

_____   _____

_____   _____

_____   _____

_____   _____

이런 행동들은 당장은 기분을 좋게 만들어준다. 예를 들어 손목을 긋는 행동도 몸에서 일어나는 생리적 반응으로 인해 단기적으로는 감정을 조금 나아지게 한다. 자해 행동으로 인한 신체적 고통이 기존의 감정적 고통을 분산시키기 때문이다. 마찬가지로 술을 마시거나 폭식을 하는 것도 감정을 무디게 만드는 효과가 있어 단기적으로는 기분을 좋게 해준다. 하지만 이런 모든 행동들은 잠깐의 이득을 모두 상쇄하는 엄청난 장기적 손해와 고통을 초래한다.

손목을 긋는 행동은 흉터를 남기고, 치료를 받아야 하고, 생명을 위협할 수도 있으며, 또한 죄책감, 수치심, 자신에 대한 분노를 유발하게 된다. 술이나 마약 사용으로 일시적으로 느끼는 다행감은 반드시 사라져버리고 깨어지게 마련이며 죄책감, 수치심, 분노 같은 감정적 결과와 숙취와 의존성 같은 신체적 결과도 초래한다. 이런 해로운 행동은 당연히 인간관계에도 나쁜 영향을 끼치고, 당신이 사랑하는 사람에게도 큰 부담과 고통을 주게 된다.

고통 감내 기술 : 상황을 악화시키지 않고 위기를 잘 극복하기

이 장의 목표는 해롭고 자기파괴적인 결과를 초래하지 않는 새로운 대처 기술들을 배우는 것이다. 이 기술들은 당신의 감정을 제거한다거나, 현재 당면한 문제들을 해결한다거나 하는 것이 아니다. 이 기술들은 단순히 상황을 악화시키지 않고 이 위기를 잘 극복하는 데 도움이 되는 방법들이다(Linehan 1993b).

바라건대 지난 장에서 배운 마음챙김 기법들을 잘 실행하고 있다면, 마음에 고통스러운 감정이 생기고 해로운 행동을 하고 싶은 충동이 생기는 것을 알아차릴 수 있을 것이다. 이를 빨리 알아차릴수록, 감정적 마음으로 반응하지 않고 지혜로운 마음을 이용하여 좋은 행동을 선택할 수 있는 능력이 더 많아진다. 항상 고통을 없애거나 줄일 수 있는 것은 아니다. 그러나 마음챙김을 수행함으로써 고통을 받아들이는 것을 배우면 고통을 좀 더 견딜 만하게 만들 수 있다. (이는 제7장과 제9장에서 더 이야기할 것이다). 다음은 당신의 장기적인 이득을 위해 행동하고 감정과 충동에 따라 행동하지 않게 도와주는 기법이다.

자기파괴 행동들의 비용과 이득 계산하기

사람들은 자신의 이전 행동들이 건강하지 못하다는 것을 알면서도 이전에 자주 그렇게 해왔고 단기적인 효과는 있었기 때문에 이런 행동들을 포기하기 어려워한다. 사실 변화라는 것은 매우 불편한 것이고, 익숙한 이전의 습관을 새로운 좋은 행동으로 바꾸려면 많은 노력과 에너지가 드는 것이다. 비록 당신이 결정을 확실히 해서 변화하겠다고 마음을 굳게 먹었다 하더라도 실제 상황에 닥치면 이 결정을 그대로 유지하기가 매우 힘들다.

이런 경우가 비용-이득 계산이 꼭 필요한 경우이다. DBT에서는 비용-이득 계산을 행동의 장단점 찾기라고 부르기도 한다(Linehan 1993b). 건강한 대처 방법과 해로운 대처 방법의 긍정적, 부정적 결과를 다시 한 번 생각해보는 것이 지혜로운 마음으로 행동하기로 한 그 결정을 그대로 밀고 나가는 데 도움이 된다.

비용-이득 계산은 당신이 생각하는 문제 행동을 했을 때 긍정적 결과와 부정적 결과를 따져보는 기법이다. 아래에 술을 많이 마시는 것 같은 해로운 대처 방법에 관한 비용-이득 계산을 예로 제시하였다. 이를 잘 살펴서 자신의 문제 행동을 여러 다양한 관점에서 바라보고 더 넓은 시야를 가질 수 있도록 해보아라. 아래의 각 항목에 1점부터 5점까지의 점수를 주고 그 합을 서로 비교해서 이런 행동을 했을 때와 하지 않았을 때의 점수를 비교해볼 수 있다.

술을 많이 마시는 행동에 관한 비용-이득 계산

자기파괴 대처 행동의 이득 : 과음

_4_ 마음을 진정시키는 데 좋다.　　　　_3_ 괴로운 감정을 잊을 수 있다.

_1_ 기분이 좋다.　　　　_2_ 고통을 분산시킬 수 있다.

_4_ 문제를 해결하려는 노력을 안 해도 된다.

총점 : _14_

자기파괴 대처 행동의 비용 : 과음

_5_ 다음에 죄책감이 든다.　　　　_4_ 안주를 집어먹어서 살이 찐다.

_2_ 건강에 좋지 않다.　　　　_3_ 이것은 문제를 자꾸 피하는 것이다.

_5_ 조울병을 악화시킬 위험이 있다.

_4_ 아내가 싫어한다. 부부관계가 악화된다.

총점 : _23_

건강한 대처 행동의 이득 : 과음을 하지 않음

_4_ 내 문제를 다룰 수 있게 된다.　　　　_4_ 살이 찌지 않는다.

_4_ 자신감이 좀 생긴다.　　　　_2_ 대처할 수 있는 다른 방법을 배울 수 있다.

_4_ 인간관계가 좋아진다.　　　　_2_ 위험 행동을 할 상황이 적어진다.

_3_ 몸과 마음의 건강에 위험이 적어진다.

총점 : _23_

건강한 대처 행동의 비용 : 과음을 하지 않음

<u>　5　</u> 잠을 좀 설친다.　　　　　<u>　4　</u> 마음을 진정하기가 힘들다.

<u>　3　</u> 다른 대처 방법을 찾아야 한다.　<u>　3　</u> 빨리 회피할 수가 없다.

<u>　4　</u> 문제와 힘든 감정을 맞닥뜨려야 한다.

총점 : <u>　19　</u>

위의 숫자들을 계산해서 비교해보라. 이 예에서는 건강한 대처 행동의 이득이 자기파괴 대처 행동의 이득을 확실히 앞선다. 많은 경우에 비용–이득 계산을 하면 이처럼 건강한 대처 행동의 이득이 높게 나온다. 그러나 가끔은 반대로 나와서 새로운 건강한 대처로 변화해야 할 이유를 찾기 힘든 경우도 있다. 이전의 해로운 습관이 너무나도 익숙하고 편해서 포기하기가 힘든 것이다. 이럴 때에는 주변의 믿는 사람들에게 도움을 청하는 것이 좋다. 그들은 당신이 그 해로운 행동을 줄여야 하는 여러 이유들을 함께 찾아줄 수 있을 것이다.

자, 이제 당신 자신의 문제 행동에 관해 비용–이득 계산을 한 번 시행해보자. 다음의 빈 기록지를 이용해서 작업을 해보자.

이 작업은 며칠 정도의 기간에 걸쳐 이리저리 잘 생각해보고 비용과 이득을 충분히 고려해서 작성하는 것이 가장 바람직하다. 그리고 이 작업은 당신이 지혜로운 마음에 있는 동안에 수행하는 것이 중요하다. 문제 행동을 하고 있거나 감정적 충동 상태에 있을 때 하는 것은 당연히 좋지 않다. 이 장의 후반부에서는 충동적으로 행동하지 않기 위한 기술들에 초점을 맞추어 더 이야기를 할 것이다.

이렇게 비용–이득 계산을 해보고 검토해보면 다음에 충동적 상황을 겪을 때 도움이 될 수 있다. 혼자서 비용–이득 계산을 하기 힘들다면 주변 사람과 함께해보는 것도 좋다.

자신의 행동을 변화시키기로 결심했다면, 이후에 설명할 고통 감내 기술들을 익히고 연습해서 당신의 충동을 조절할 수 있도록 해보자.

＿＿＿＿＿＿＿＿＿＿＿에 관한 비용–이득 계산

자기파괴 대처 행동의 이득 : ＿＿＿＿＿＿＿＿＿＿

＿＿＿＿＿　＿＿＿＿＿　　＿＿＿＿＿　＿＿＿＿＿

＿＿＿＿＿　＿＿＿＿＿　　＿＿＿＿＿　＿＿＿＿＿

———————   ———————   ———————

총점 : _____

자기파괴 대처 행동의 비용: _____

———————   ———————   ———————

———————   ———————   ———————

총점 : _____

건강한 대처 행동의 이득: _____

———————   ———————   ———————

———————   ———————   ———————

총점 : _____

건강한 대처 행동의 비용: _____

———————   ———————   ———————

———————   ———————   ———————

총점 : _____

어떻게 충동을 조절하는가(충동을 조절하는 방법)

충동은 조울병 때문에도 생길 수 있다. 예를 들어 혼자 있고 싶은 충동은 우울증과 연관된 것이고, 과음하고 싶은 충동은 조증과 연관된 것, 손목을 긋는 자해 충동은 혼재성 삽화와 연관된 것일 수 있다. 하지만 조울병 때문이 아니더라도 충동은 자주 발생할 수 있다. 예를 들어 당신이 무료할 때에는 무언가를 먹고 싶은 충동이 들거나 무료함을 달래기 위한 행동에 대한 충동이 들 수 있다. 즉, 충동은 병과 연관이 있을 수도 없을 수도 있다. 중요한 것은 충동이 일어날 때 우리가 어떻게 행동하느냐이다.

충동을 처음 알아차리면, 그 강도를 0에서 10 사이의 점수(0은 전혀 충동이 없음을 뜻하고 10은 충동이 극도로 강함을 뜻함)로 평가해보라. 중요한 것은 단순히 충동에 따라 행동하는 것을 피하는 것이 아니라 충동이 느껴지고 어떤 행동을 하게 되는 그 사이에 잠시 시간을 두려고 노력하는 것이다. 여기 서 가져야 할 생각은 단순히, "나는 절대로 이 충동에 굴복하지 않을 거야."가 아니다. 이런 행동을 이 전에 많이 했었고, 잠시 효과도 있었지만 그건 나를 힘들게 했고 장기적으로는 도움이 되지 않았다는 생각을 하는 것이 좋다. 그리고 15분만 그 충동에 따라 행동하지 말아 보자고 자신에게 약속을 한다. 그러면 다음 15분 동안에는 이전의 행동으로 빠지지 않게 해주는 기법들을 잘 수행할 수 있을 것이다. 이렇게 하는 것이 훨씬 실행 가능한 일이다. 왜냐하면 영원히 충동을 참겠다고 이야기한 것이 아니라 충동과 행동 사이에 잠깐 동안 노력하는 일이기 때문이다. 이렇게 잠시 기다리는 시간을 통해 당신은 충동에 자동적으로 반응하는 행동을 하는 것이 아니라 좋은 기법들을 사용해볼 기회를 갖게 되는 것 이다. 흥분하거나 감정적이 될 때에는 시간 개념도 이상해지므로, 시계의 알람이나 타이머를 맞추어 놓는 것도 좋다. 중요한 것은 어떤 다른 결정을 하기 전에 15분을 충분히 기다려야 한다는 점이다.

이 15분 동안에 충동에 따른 행동을 하지 않기 위해 당신은 다음과 같은 고통 감내 기법들을 사용해 볼 수 있다. 우리는 이미 한 가지 대처 기법, 비용-이득 계산을 살펴보았다. 당신이 경험한 충동에 대 해 이미 분석한 비용-이득 계산이 있다면 그걸 검토해보고 자신이 충동에 따른 행동을 하지 않을 이 유에 대해서 다시 한 번 다짐을 하는 것이 좋다. 이로써 당신은 지혜로운 마음에 들어갈 수 있고, 감정 에만 전적으로 반응하지 않을 수 있다.

주의 전환 기법

고통 감내 기술의 다음 기법은 주의 전환 기법이다(Linehan 1993b). 당신은 어떤 생각을 하지 않으려 고 생각을 억제해본 적이 있는가? 생각, 기억, 이미지 등을 마음에서 몰아내려 해보았는가? 그리고 그 런 시도가 효과가 있어서 당신을 진정시켜 주었는가? 사실 별로 이런 방법들은 효과가 없었을 것이 다. 일반적으로 무엇에 대해서 생각을 하지 않으려고 노력할수록 그 생각을 더 하게 된다. 지금 바로 이를 실험해볼 수 있다. 자, 이제 60초 동안 분홍색 코끼리에 대해 절대 생각하지 않도록 해보자. 어떤 일이 있어도 분홍색 코끼리에 대해서 생각해서는 안 되고 마음속에 분홍색 코끼리의 이미지가 떠올라 서도 안 된다. 마음에서 그것을 완전히 몰아내는 것이다. 시작!

60초가 지나갔는가? 어떻게 생각하는가? 대부분의 사람들이 분홍색 코끼리를 생각했을 것이다. 아 마 잠깐 동안 분홍색 코끼리에 대한 생각이나 이미지를 마음 밖으로 몰아내는 데 성공했을 수는 있다.

하지만 그 생각과 이미지는 빠르게 다시 떠올랐을 것이다. 그래서 원치 않는 생각을 제거하는 좋은 방법은 생각을 밀어내는 것이 아니라, 그 생각의 존재를 그냥 알고 내버려두고 부드럽게 마음을 다른 곳으로 전환하는 것이다. 그러므로 주의 전환 기법들이 도움이 되는 것이다.

괴로운 생각과 감정으로부터 자신의 마음을 전환하는 것에는 여러 방법들이 있으며 이 중 몇 가지는 당신이 벌써 사용하고 있을지도 모른다. 이 기법들은 RESISTT라는 약자로 머리글자를 따면 기억하기 좋다.

재구성	**R**eframe
마음챙김 상태로 활동에 참여하기	Mindfully **E**ngage in an activity
타인을 위해서 무언가를 하기	Do something for **S**omeone else
강한 감각 이용하기	**I**ntense sensations
그 상황에서 떠나기	**S**hut it out
중립적인 생각하기	Think neutral **T**hought
잠시 휴식하기	**T**ake a break

이제 각각의 주의 전환 기법들을 소개할 것인데, 펜과 종이를 준비해서 당신에게 가장 맞는 자신만의 고통 감내 기술들의 목록을 만들기를 강력히 권장한다.

재구성을 통해 주의 전환하기(R)

재구성은 기본적으로 어떤 것을 다른 방식이나 다른 맥락으로 바라보는 것을 뜻한다. 때로 우리는 상황을 다른 방식으로 생각하고 긍정적인 변화를 줌으로써 괴로운 감정을 줄일 수 있다. 예를 들어, 인생의 문제가 있는데 그에 잘 대처하지 못하고 있는 친구를 보면서, 당신은 그래도 잘 대처하고 있는 자신에 대해 조금 나은 기분을 느끼기도 할 것이다. 그렇지만 이 재구성 기법의 목표는 다른 사람을 나쁘게 생각하거나 무시하는 것이라기보다는, 당신이 현재 대처하고 있는 것에 대해 조금 좋게 생각할 수 있도록 하는 것이다.

재구성을 하기 위한 또 하나의 방법은 당신의 문제의 크기를 다른 사람의 문제와 비교해보는 것이다. 예를 들어 어떤 내담자는 자살 생각이 많이 들었을 때 주의 전환을 위해서 TV를 켜고 채널을 이리저리 돌리고 있었는데, 이라크 전쟁에 대한 내용이 방송되고 있는 것을 보았고, 불현듯 '이라크 사람들은 나보다 훨씬 엄청난 어려움에 처해있구나!'라는 생각이 들면서, 그들도 매일 전쟁 포화와 자살 테러 속에서 살아남고 있는데 나도 내 문제를 잘 극복할 수 있을 것이라는 생각이 들었다고 한다. 그녀는 축소하거나 무시하지 않고 있는 그대로 자신의 문제를 인정하였고, 자기보다 더 큰 문제를 가진 사람이 있다는 것을 인정하였기 때문에, 결국 자신의 기분을 조금 더 나아지게 할 수 있었던 것이다. 여기서의 핵심은 자기를 심하게 비판함으로써 자신을 좌절시키고 기분을 가라앉히지 않아야 한다는 것, 그저 객관적으로 봤을 때 나보다 더 어려운 문제를 겪고 있는 사람들도 있다는 것을 받아들이고 다른 관점을 통해 평안을 찾을 수 있어야 한다는 것이다.

또 다른 재구성 기법은 당신의 인생에서 어려웠던 순간에 지금보다 대처를 잘 못했을 때를 떠올리는 것이다. 예를 들어 당신은 자신에게 이렇게 말할 수 있다. "그래 나는 지금 조울병 증상에 대처하는 데 어려움이 있어, 힘들고 때로는 자해를 하고 싶기도 해. 하지만 작년 이맘때쯤에 난 매일매일 술을 마시고 있었지. 지금은 적어도 술을 마시고 있지는 않잖아." 즉, 현재의 자신을 더 좋지 않았을 때의 자신과 비교해서, 지금 아주 잘하고 있지는 못해도, 더 나빴던 때에 비해서는 잘하고 있다는 것을 상기시키는 것이다.

어떤 상황에 대해 우리가 자신에게 하는 말들은 우리가 그 위기에 어떻게 대처하느냐에 큰 영향을 미친다. 우리는 얼마나 괴로운지에 자주 빠져 있어서, 더 안 좋은 시나리오를 머릿속에 그리게 되고, 이는 자칫 고통이 끝없이 계속될 것이라는 생각에 자신을 가두어 버린다. "이 상황은 절대 좋아지지 않을 거야." 이런 생각에 빠져서 위기를 극복할 수 없을 것이라는 의심에 헤매기 시작한다. 당신이 이런 생각을 하고 있다는 것을 알아차리면, 당신은 이 위기를 다르게 볼 수도 있다라고 스스로에게 말하면서 재구성을 시도해보라. 자, 이제 위기 상황을 극복하기 위해 자신이 할 수 있는 말들을 한 번 적어보자.

- 나는 이것을 해낼 수 있어.
- 지금은 힘들지만 이게 영원히 계속되지는 않아.
- 이 고통은 반드시 끝이 있어.
- 나는 버틸 수 있어.
- _____
- _____

- _____
- _____

이런 반대의 생각들이 도움이 된다면, 더 나아가 이런 위기의 의미를 찾아 재구성해보는 것도 도움이 된다. 예를 들어, 조나단은 젊은 나이에 조울병 진단뿐 아니라 심장이 좋지 않다는 진단도 받았다. 몇 년이 지났어도 그는 매일 심장약을 먹는 것도 힘들었고 병이 초래한 생활의 변화도 받아들이기 힘들어했다. 때때로 상황이 좋지 않을 때에는 심장약도 먹지 않고 병원에도 가지 않곤 했다. 그는 18세일 때 비슷한 심장병을 가진 12세 소녀와 친구가 되었는데, 그 소녀도 약 복용과 적응에 힘들어하자 조나단은 자신의 경험이 소녀에게 도움이 될 것이라는 것을 알고 자신의 병에 대해 인정하고 의미를 찾기 시작하였다. 이제 조나단은 힘들 때에도 약 복용을 멈추지 않는다. 상황을 악화시키지 않고 위기 상황에 대처하기 위한 다른 방법을 찾는다.

조나단처럼 당신도 상황을 더 긍정적인 방향으로 보면서 재구성할 수 있다. 힘든 상황에서도 한 가닥의 빛나는 의미를 찾는 것이다. 때로는 그 문제에 대한 더 높은 목표를 세우는 것이 당신이 처한 위기를 좀 더 견딜 만한 것으로 만들어주기도 한다.

이자벨리의 경우를 보자. 그녀는 24세 나이에 조울병 진단을 받았다. 그녀는 매우 힘든 유년기를 보냈는데, 엄마도 역시 조울병이 있었기 때문이다. 엄마가 아플 때 아이를 잘 돌볼 수 없었기 때문에 이자벨라는 자주 방치되어 자랐다. 최근 몇 년간 이자벨라는 자신이 엄마를 필요로 할 때 엄마가 없었던 기억이 자꾸 떠올라서, 이로 인해 슬픔, 외로움, 자신이 가치가 없다는 느낌을 자주 경험했다. 이런 감정 상태가 되면 이자벨라는 자해를 하는 잘못된 대처 행동을 했었다. 조울병 진단을 받았을 때, 이자벨라는 이를 받아들이기 무척 힘들었다. 하지만 그녀는 조울병 진단을 받고 나서야 엄마가 겪었던 인생에 대해 조금 이해하게 되었다. 이자벨라는 이제 엄마가 나름대로 자신에게 최선을 다했다는 것을 알게 되었다. 이런 의미를 찾게 되었다고 해서 이자벨라의 조울병이 더 호전되는 것은 아니다. 하지만 이것은 이자벨라가 조울병을 인정하고 받아들이는 데 도움을 주었다. 이제 그녀는 어린 시절의 기억이 떠오르고 자해하고 싶은 충동이 들더라도, 자신이 찾은 의미에 집중하면서 해롭지 않은 다른 대처 방법을 찾는다.

당신은 자신의 병이나 자신이 겪는 어려움에서 어떤 의미를 찾을 수 있을까?

_____

_____

_____

위기 상황에서 기분을 조금 나아지게 하는, 상황을 재구성하는 다른 방법들을 생각해보자.

_____

_____

_____

마음챙김 상태로 활동에 참여함으로써 주의 전환하기(E)

괴로운 생각과 감정으로부터 주의를 전환하는 기법들은, 그 상황의 문제가 당장 해결되기는 어려운 문제일 때 특히 도움이 될 수 있다. 마음챙김 방식으로 활동에 참여하는 것은 당신의 주의를 전환시켜 고통과 감정으로부터 잠시 떨어져 쉬면서 지혜로운 마음에 다가갈 수 있는 여유를 제공한다. 마음챙김 방식으로 활동에 참여한다는 것은 현재의 위기 경험, 또한 과거의 모든 위기 경험에 빠져 있는 대신에 그저 지금 이 순간에만 집중하는 것을 말한다. 당신은 지금 처한 상황이 무엇이든 이미 상당한 고통을 느끼고 있을 것이다. 그런데 여기에다가 과거의 고통도 더한다는 것은 전혀 도움이 안 되고 상황을 악화시키는 것이다. 전에 이미 했던 마음챙김 연습을 기억해보라. 현재에 집중을 유지하기가 쉽지는 않았겠지만, 마음챙김을 하지 않을 때보다는 현재에서 시간을 더 많이 보낼 수 있었을 것이다. 이것이 바로 현재 당신의 고통을 줄여줄 수 있다.

참여하는 활동이 어느 정도는 당신에게 즐거운 활동이어서, 이 활동이 어느 정도 당신의 마음을 차지할 수 있어야 이 기법은 도움이 될 수 있다. 이런 활동의 예로서는 마음챙김을 하면서 산책하기, 책 읽기, 옷장 정리하기, 친구 만나기 등이 있다.

기억하라! 이 활동의 목표는 당신을 충동으로부터, 충동을 불러일으키는 생각과 감정으로부터 떨어지게 하는 것이다. 그러므로 산책을 할 때에는 이런 생각에 빠져 있지 말고, 걷는 행동과 주변의 환경에 집중해야 한다. 아래에 주의 전환을 해줄 수 있는 활동들을 여러 가지 제시하였다. 맨 아래의 빈칸에는 자신의 아이디어를 적어도 좋다.

- 산책하기
- 반려동물과 놀기
- 컴퓨터로 게임하기
- 인터넷 서핑하기
- TV에서 코미디 보기
- 흥미로운 책 읽기
- 사진 보기
- 옛날 졸업앨범 보기
- 잡지나 신문 스크랩하기
- 햇볕 쪼이기
- 목에 뜨거운 물병 대기
- 옛 친구에게 편지 쓰기
- 바깥에서 새 관찰하기
- 옛 친구에게 연락해보기
- 정원 손질하기
- 뜨개질하기
- 외국어 배우기
- 비디오 게임 하기
- SNS에 가입해서 옛 친구 찾아보기
- 공원에 가기
- 아이들 노는 것 구경하기
- 연 날리기
- 시 쓰기
- 꽃이나 화분에 물주기
- 상점 구경하기
- 롤러블레이드 타기
- 악기 연주하기
- 농구나 스포츠게임 하기

- 과거에 재밌었던 기억 떠올리기
- 여행 계획 세우기
- 옷장 정리 혹은 방 정리하기
- 통장 정리하기
- 등산 가기
- 자전거 타기
- 드라이브 하기
- 빵 굽기
- 뜨거운 목욕하기
- 잔디 깎기
- 퍼즐 맞추기
- 손톱 정리하기
- 가까운 반려동물 가게에 가서 구경하기
- 박물관이나 전시회 가기
- 교회나 백화점처럼 사람 많은 곳에 가기
- 영화관 가기
- 춤 추기
- 좋아하는 물건을 마음챙김으로 관찰하기
- 힘들어하는 친구에게 쓰는 것이라 생각하면서 자신에게 편지 쓰기
- 도자기 공예 시작하기
- 친구를 집에 초대하기
- 청소하기
- 수영하러 가기
- 체육관에 가기
- 동물원에 가기
- 요가하기
- 밖으로 나가서 자연환경 관찰하기

- 좋아하는 음식 만들기
- 초를 켜고 촛불의 불꽃을 바라보기
- 편안하고 재밌는 음악 듣기
- _____
- _____
- _____
- _____

- 낮잠 자기
- 지인에게 전화나 문자하기
- _____
- _____
- _____
- _____

때때로 당신은 자신이 느끼는 감정을 실제로 변화시켜주는 활동을 할 수 있을 것이고, 이는 충동에 따라 행동하지 않는 데 도움이 된다. 예를 들어 당신이 분노를 느끼고 있을 때, TV에서 웃기는 프로그램을 보려고 노력한다든지, 기분을 좋아지게 하는 책을 읽으려 노력해볼 수 있다. 지금 슬픈 감정을 느끼고 있다면 박자가 빠른 음악을 들으며 기분을 좀 북돋울 수도 있다. 하지만 명심할 것은 이런 종류의 활동들도 역효과를 낼 수 있으니 조심해야 한다. 슬픈 감정일 때 슬픈 영화를 보거나 불안할 때 공포영화를 보면 더 악화될 수 있다. 그러므로 마음챙김을 통해 자신의 현재 감정을 잘 살피고, 활동이 초래할 감정에 대해서도 잘 살펴서, 감정적 고통을 더 증가시키지 않도록 해야 한다. 아래에 감정적 위기 상황에서 감정을 바꿀 수 있는 자신의 활동들을 생각해서 적어보라.

_____   _____
_____   _____
_____   _____

이 활동들이 위기 상황에 있는 당신에게 도움이 된다면, 이런 활동들을 꾸준히 정기적으로 실행함으로써 당신의 일상생활에 스며들게 할 수 있을 것이고, 이는 당신의 전반적인 스트레스를 줄여주고 스스로를 돌보는 아주 좋은 방법이 될 수 있다. 그래서 결과적으로 이런 활동들이 당신이 처하는 여러 위기 상황을 줄여주는 것이다. 당신이 지금 하고 있는 활동이나 아니면 새로 시작해서 생활화할 수 있는 활동들 중에서 어떤 것이 평온과 안정을 줄 수 있는지 생각해서 적어보자.(예 : 뜨거운 물로 목욕하기, 반려동물과 놀기, 좋아하는 과자 만들기, 가족이나 친구들과 시간 보내기, 편안한 음악 듣기)

_____   _____
_____   _____
_____   _____

자, 이제 이런 활동들을 꾸준히 정기적으로 실행할 수 있는지 살펴보라. 당신은 스스로를 위해 시간을 보낸다는 것 자체에 대해서 죄책감을 느끼고 있을 수도 있다(Linehan 1993b). 만일 그렇다면 당신은 이런 활동을 정기적으로 꾸준히 하기 위해 좀 더 노력해야만 한다. 시간이 지나면서 죄책감은 점차 사라질 것이고 당신은 자신을 위하고 돌보는 이 기술들을 사용하는 데 익숙해질 것이다.

반대로, 이런 좋은 활동들에 시간을 너무나 많이 쏟아서 해야 할 일이나 책임을 다하지 못하는 경우도 있을 수 있다(Linehan 2003a). 만일 그렇다면 적당한 조절이 필요하다. 자기를 위한 활동도 중요하고, 해야만 하는 일도 중요한 것이다. 당신의 생활에 균형을 만들 수 있도록 노력하라.

타인을 위한 일을 함으로써 주의 전환하기(S)

때로는 타인을 위해 무엇인가를 집중해서 하는 것이 자기 문제에서 벗어나는 가장 좋은 방법일 때가 있다(Linehan 1993b). 자원 봉사를 통해서 이런 효과를 거두는 사람들도 많다. 만일 이전에 자원 봉사를 해본 적이 없다면 봉사를 할 수 있는 곳이 있는지 찾아볼 수도 있다. 아니면 꼭 이런 봉사가 아니더라도 친구나 가족을 위해서 뭔가 좋은 일을 하는 것도 좋다. 예를 들어 간식거리를 만들어서 친구 집을 방문한다든지, 옆집의 노인을 도와 함께 시장을 보러 간다든지, 친지의 아이를 봐주는 것도 이런 종류의 활동이다. 물론 당신에게 적당히고 안전하게 할 수 있는 일이이야 한다. 슬픈 감정을 완화하고 싶다면, 친구 아이를 봐주는 것 정도가 즐겁고 안전한 활동일 것이다. 하지만 당신이 지금 자살하고 싶은 감정에 빠져 있거나 환청을 경험하고 있다면, 안전을 최우선으로 고려해서 어떤 기법을 사용할지를 선택해야 한다.

이 기법의 핵심은 당신의 주의를 타인에게 집중시켜서 위기 상황에서 주의 전환을 하도록 만드는 것이다. 그러므로 마음챙김 기술을 이용해서 당신의 주의를 자신의 문제로부터 떼어내서 당신이 하는 활동에 집중하도록 하라. 아래에 당신이 타인을 위해 집중할 수 있는 일들을 생각해보고 써보자.

_____

_____

_____

강한 감각을 이용해서 주의 전환하기(I)

신체 감각도 잘 이용하면 심한 감정이나 충동으로부터 주의 전환을 해줄 수 있다. 예를 들어 손목

자해를 하고 싶은 충동이 들 때, 차가운 얼음을 손으로 꽉 쥐어서 주의 전환을 할 수 있다(Linehan 1993b). 강한 신체 감각이 감정적 고통으로부터 당신의 주의를 전환시켜주는 것이다. 아래에 주의 전환에 이용할 수 있는 강한 감각들을 제시하였다. 당신만의 예를 더 추가해보는 것도 좋다.

- 뜨거운 물, 혹은 아주 찬 물로 샤워나 목욕하기
- 뜨거운 햇볕 아래 일광욕하기
- 추운 날씨에 주변 산책하기
- 손목에 고무줄을 당겼다 놓기
- 얼음이나 얼린 과일 씹기
- _____
- _____
- _____
- _____

그 상황에서 떠나버림으로써 주의 전환하기(S)

어떤 경우에는 당신이 처한 환경 자체가 힘든 감정을 계속 만들어내고 있기도 하다. 이런 경우에는 이 상황에 그대로 있으면서 지혜로운 마음을 가진다는 것이 매우 어렵게 된다. 이럴 때는 차라리 그 장소에서 나와 버려서 조용한 다른 곳으로 가는 것이 도움이 된다. 새로운 환경은 당신이 그 상황을 정리하는 데 필요한 기법들을 연습하고 마음의 조절력을 되찾을 수 있는 공간을 제공해줄 수 있다.

하지만 당신의 몸이 그 환경을 벗어났다고 해도 당신의 마음이 계속 그 문제를 되새기고 있다면 어떻게 될까? 마음도 그 상황을 떠나는 것이 필요하고, 이를 위해 DBT 기법 중 하나인 제쳐두기(pushing away)를 익혀둘 필요가 있다(Linehan 1993b). 이 기법은 자신의 상상을 통해서 이 문제가 지금 현재 작업할 수 있는 문제가 아니라는 것을 자신에게 확신시키기 위한 작업이다. 아래의 단계를 따라 이 기법을 익혀보자(Linehan 2003a).

1. 괴로운 감정을 만들고 있는 문제들의 목록을 작성하자.
2. 각 목록에 대해 다음 질문을 스스로에게 해보자. "이 문제는 지금 해결될 수 있는 문제인가?"

("내가 지금 이 문제를 해결할 수 있는 기술을 지니고 있나? 이 문제의 해결책을 지금 내가 실행할 수 있나? 지금이 이 문제를 다루기에 적절하고 좋은 시점인가?")

3. 목록 중에 위 질문에 '예'라는 대답이 나온 항목이 있다면, 이 항목은 제쳐두지 말고 지금 해결할 필요가 있는 문제이다. 해결책을 실행을 하면 감정적 고통을 줄일 수 있는 문제인 것이다. 반면 제쳐두기 기법은 당신이 이 문제는 지금 해결할 수 없는 것이라고 확신할 때만 효과적일 수 있다. 그러므로 해결이 가능하면 제쳐두지 말고 해결 작업을 시작해야 하고, 해결이 당장 불가능한 문제일 경우에 '제쳐두기' 기법을 사용할 수 있다.

4. 제쳐두기를 할 문제에 대해서 눈을 감고 마음속에 그 문제의 이미지를 그림처럼 떠올려보라. 예를 들어 당신을 힘들게 하는 사람의 이미지일 수도 있고, 그 사람의 이름을 형상화한다든지, 그 문제와 관련있는 단어를 형상화해서 떠올려볼 수도 있다.

5. 이제 상자 하나를 머릿속에 떠올리고 당신의 문제를 그 상자 안에 집어넣는다. 상자를 닫고 끈으로 단단히 동여맨다. 지금 해결할 수 없는 문제를 차단하는 것이다. 이제 그 상자를 벽장 높은 곳의 선반에 올려놓는다. 벽장 문을 닫고 잠가버리거나 쇠사슬로 묶어버리는 상상을 해도 좋다. 이제 당신은 이 문제는 내 관심에서 사라졌다는 메시지를 자기의 마음에 보내는 것이다(Linehan 2003a).

제쳐두기 기법과 같이 생각이나 감정을 실제로 피하는 기법들은 어떤 사람에게는 매우 효과적이다. 하지만 이미 말한 것처럼 생각이나 감정을 억지로 밀어버리려는 시도는 역풍을 맞을 수도 있다. 그러므로 이 기법은 아껴서 가끔 사용하거나 거의 마지막 수단으로 사용하는 것이 좋다. 그리고 모든 주의 전환 기법이 마찬가지지만 일시적으로 사용해야 한다. 이런 기법들을 지속적으로 사용하면 오히려 회피를 습관화시켜서 결국 상황을 더 나쁘게 만들 수도 있다.

중립적인 생각을 이용해서 주의 전환하기(T)

당신은 화가 났을 때 혹시 0부터 10까지 세어보는 기법을 사용해본 적이 있는가? 이 기법은 숫자 세기에 집중함으로써 감정으로부터 주의를 전환하게 해주는 것이다. 이는 보통 감정의 강도를 줄이는 데 도움이 된다. 중립적 생각을 이용해서 주의를 전환하는 것도 같은 맥락이다. 당신의 주의를 감정이나 충동과 아무 상관이 없는 중립적 생각에 집중함으로써, 감정과 충동의 강도를 낮추는 것이다. 중립적 생각은 감정을 더 불러일으키지 않는 모든 생각이 될 수 있다.

- 숫자 세기
- 알파벳 노래 부르기
- 애국가 부르기
- 방을 둘러보며 보이는 사물들의 이름을 큰 소리로 말해보기
- 시를 읊거나 자장가를 흥얼거리기
- 기도하기
- 중립적인 주문 ('음~~~') 외우기

휴식(T)

감정이 너무 강할 때에는 가끔 휴식을 취하는 것도 상황을 더 악화시키지 않고 위기를 극복하는 데 도움이 된다(Linehan 1993b). 휴식을 하면서 마음챙김 연습을 해서 몸을 더 이완시킬 수도 있다. 이완에 도움이 되도록 상상 기법으로 자신이 안전한 장소나 좋아하는 장소에 있는 이미지를 떠올려볼 수도 있다. 이런 형상화 작업은 이완을 유발시켜 편안함을 주고 상황 악화를 막아줄 수 있다.

　문제들에서 벗어나 휴식을 취할 수 있는 여러 방법이 있다. 예를 들어 하루 휴가를 내거나 점심시간 이후 조퇴를 해서 기분 전환의 시간을 가져볼 수도 있고, 몇 시간만 아이를 맡기고 미용실에 가거나, 저녁 식사 준비를 하지 않고 외식을 할 수도 있다. 마사지를 받거나 쇼핑을 갈 수도 있다. 휴식은 우리에게 도움이 된다. 하지만 휴식을 너무 자주하거나 오래하는 것은 좋지 않다. 휴식이 중요한 업무나 역할에 지장이 되어서는 안 된다. 가끔의 휴식은 스트레스를 줄이는 데 매우 큰 도움이 되지만 아껴서 적절히 사용될 때만 그렇다(Linehan 1993b). 너무 많은 휴식은 오히려 회피로 변하게 되고 이것은 상황을 더 악화시킨다. 다음에 좀 힘들 때 휴식을 취할 수 있는 작은 방법들로 무엇이 있을지 생각해보자.

_____　　_____

_____　　_____

_____　　_____

충동을 재평가하기

지금까지 상황을 악화시키지 않고 위기를 겪어내기 위한 DBT의 고통 감내 기술들에 대해 살펴보았다. 일단 이 기법들을 사용해서 어느 정도 충동에 따른 행동을 하지 않고 기다릴 수 있었다면, 충동의 정도가 어느 정도 줄었는지 재평가해볼 수 있다. 하지만 충동이 그대로이거나 더 강해졌다면, 추가로 15분 정도를 이 장에서 배운 기법들을 수행해서 이 시간 동안 충동에 따른 행동을 하지 않고 기다리도록 시도해보라. 당신의 충동이 감내할 수 있을 만큼 줄어들었다면 자신에게 아낌없이 칭찬을 해주고 하루를 편안하게 즐겨라.

이 장의 총정리

조울병을 겪고 있다는 것은 대부분의 사람들보다 더 고통스러운 감정들을 대하고 있다는 뜻이다. 당신은 이런 고통의 감정을 줄이기 위해 자기파괴적인 행동을 하지만, 이는 악순환의 고리에 빠져버리는 결과를 초래한다. 좀 더 기분이 나아지게 하려고 이런 행동을 하지만, 이 행동이 장기적으로는 더 심한 고통을 유발한다. 왜냐하면 충동에 따라 행동하는 자신이 점점 싫어지고 대인관계도 파괴되기 때문이다. 건강한 대처 기술로 접근해야 더 효과적으로 행동할 수 있는데, 이는 자신에 대한 느낌도 좋아지고 대인관계도 더 건강하게 됨을 뜻한다.

앞으로 며칠 동안, 여기서 다루었던 고통 감내 기술들을 잘 생각해보고 이 기술들이 자신의 것이 될 수 있도록 연습을 많이 하기를 바란다. 자신이 활용할 수 있는 기술 목록은 많으면 많을수록 좋은데 그래야 위기 상황에 처했을 때 선택할 수 있는 기술의 수가 많아지기 때문이다. 기억하라! 당신은 이 기술들 중 몇 가지를 이미 사용하고 있다. 그러므로 당신이 이미 사용하고 있는 기술들을 종이에 적어보고 그 다음에 도움이 될 것 같은 다른 기술들도 여러 개를 적어보라. 이 목록을 항상 가지고 다니거나 가까운 곳에 두라. 위기 상황에 처하거나 감정적 마음이 자신을 덮치려고 할 때, 이 목록을 생각해내어 자신을 달래고 주의를 전환시키는 것은 매우 어려운 일이다. 그러므로 이 목록을 위기 상황에서 정신이 없을 때 보고 그대로 따라할 수 있는 구체적인 지침으로 만들어서 지니고 있는 것이 좋다. 그래서 위기 상황이 닥치면 그 목록을 꺼내서 맨 위의 기법부터 실행해보는 것이다. 만일 첫 번째 기법이 성공적으로 주의 전환을 해주지 못하면 다음 기법으로 넘어가고, 안 되면 또 그 다음으로 가서, 그 위기가 지나갈 때까지 해보는 것이다.

아래에 이 새로운 기법들을 실생활에서 실행할 수 있도록 단계적 체계를 제공하였다. 자신의 목록을 이 체계에 따라 적용하면 위기를 극복하는 데 도움이 될 것이다.

충동을 관리하기 위한 구체적 단계

1. 충동을 처음으로 느낄 때, 타이머를 15분으로 맞추어 놓고 그 시간 동안 충동에 따라 행동하지 않는 과제를 실행한다.
2. 현재 경험하고 있는 충동에 대해 비용-이득 분석을 수행하고, 당신이 충동에 따라 행동하기를 원치 않는 이유를 자신에게 다시 상기시킨다.
3. 충동적인 행동에 RESISTT한다. 즉, 재구성, 마음챙김 상태로 활동 참여하기, 타인을 위해서 무언가를 하기, 강한 감각 이용하기, 그 상황에서 떠나기, 중립적인 생각하기, 잠시 휴식하기. 자신의 기법 목록을 이용해서 어떤 기법이 가장 좋을지 생각해보라.
4. 15분이 지난 후에 자신의 충동을 다시 평가해보라. 아직 충동이 강하다면 타이머를 다시 15분으로 맞추어 추가 시간 동안 충동적 행동에 저항할 수 있는 기법들을 계속 수행해보라. 만일 충동이 없어지거나 적어도 견딜 만한 수준으로 줄었다면 이제 된 것이다.

이 기법들은 당신이 위기 상황을 더 악화시키지 않고 그저 견디어 내는 것이 목적이란 것을 다시 한 번 기억하라. 이 기법들이 당신의 문제들을 없애주거나 기분을 좋게 만들어주는 것은 아닐 수 있다. 이 기법들은 위기 상황이 아닐 때 연습을 해두는 것이 어려움이 닥쳤을 때 쉽게 사용할 수 있다. 평소에 이 기법들에 익숙해 있을수록, 힘들 때 더 쉽게 이것을 활용할 수 있다.

전에 언급한 대로 당신이 주기적으로 자주 자신의 생각이나 감정으로부터 주의 전환을 하고 있다면 이것은 더 이상 주의 전환이 아니고, 회피를 하고 있는 것이다. 마찬가지로 해결할 수 있는 문제에 대해 주의 전환을 하고 있다면, 이것도 회피이다. 어떤 것을 회피한다는 것은 필연적으로 득보다 실이 많다.

마지막으로, 당신이 위기를 더 악화시키지 않기 위해 여러 번 주의 전환을 해야 했다면, 고통스러운 생각이 무엇에 관한 것이었는지를 어느 정도 알고 있는 것이 무척 중요하다. 그 고통스러운 생각들이 항상 같은 문제에 대한 것이었나? 당신을 위기에 빠트리는 그 생각들에 어떤 패턴이나 주제는 없는가? 위기를 촉발시키는 요인을 알아내는 것도 위기를 다루는 것만큼이나 중요하다. 촉발 사건이 무엇인지를 알면 언제 위기 상황이 시작되려 하는지를 알 수 있고 그러면 빨리 여기서 배운 고통 감내 기술들을 활용해서 심한 위기에 빠지는 것을 막을 수 있다.

다음 장에서는 감정 그 자체에 대해 살펴보고, 감정을 감소시키는 방법들, 심지어 감정을 바꾸는 방법들을 배울 것이다.

06

왜 우리는 감정을 필요로 할까

감 정이란 무척 불편할 때도 있어서 때로는 없애버리고 싶기도 하다. 하지만 감정을 없애는 것은 가능하지 않고, 가능하더라도 우리에게 이득이 되지 않을 것이다. 그보다는 감정을 조금 조절하는 것이 훨씬 우리에게 도움이 된다. 이번 장에서는 조울병을 가진 사람들에서 어떻게 감정들이 발생하고 그 감정들이 어떻게 유지되는지를 살펴볼 것이다. 그리고 감정에 대한 지식들, 감정이 무엇인지, 어떻게 알아차리는지, 감정과 생각과 행동의 연결 양상, 여러 형태의 감정들, 그리고 왜 이런 것들을 알아야 하는지에 대해서 배울 것이다. 이런 내용들은 제7장에서 연습할 감정 조절 기법들을 이해하고 수행하기 위해 필요한 기초 지식이다.

조울병에서의 감정에 대한 이론들

내가 환자에게 처음으로 감정에 대한 주제를 꺼내고 감정을 효과적으로 조절할 수 있는 여러 기법들이 있다고 말하면, 자주 이런 반응이 돌아온다. "조울병은 생물학적인 질병이고 뇌의 화학적인 불균형 때문이라고 들었어요. 그런데 그걸 내가 어떻게 조절할 수 있다는 것이죠?" 이것은 정말 훌륭한 질문인데, 쉽게 답하기는 어렵다. 제1장을 기억해보면 기분장애의 정확한 원인과 뇌의 역할에 대해서는 아직 완전히 밝혀지지는 않았다는 것을 알 수 있다.

조울병 발생에 대한 여러 이론 중에서 킨들링 이론(kindling theory)이란 것이 있는데(Frank and

Thase 1999), 이는 조울병의 첫 번째 삽화가 스트레스 사건으로 인해 촉발되고, 병이 진행됨에 따라 그 다음 삽화는 점점 더 약한 스트레스로도 촉발될 수 있다는 이론이다. 이 이론이 맞다면 삽화가 계속될수록 점점 어떤 스트레스 사건이 조울병 삽화를 촉발하는지 알기가 어렵게 되고 결국 기분 삽화가 뇌에서 일어나는 어떤 것 때문에 촉발되는 것으로 보이게 된다는 것이다.

예를 들어, 49세 여자인 미쉘은 최근에 조울병 진단을 받았는데, 자주 심한 우울 증상을 겪고 있었다. 정신과 의사는 그녀의 기분을 조절하기 위한 치료제를 처방하였고, 미쉘은 금방 우울 증상이 호전되는 느낌을 받았다. 하지만 1주일 후 미쉘의 기분은 다시 무너져 심한 우울 상태가 되었다. 이렇게 극적인 기분 변동에 대해 면밀히 조사한 결과, 우리는 어떤 기억이 미쉘에게 불안을 불러일으켰고, 그 기억에 대한 감정이 이런 자기비난을 만들어냈다는 것을 알 수 있었다. "아, 이런! 이제는 우울증에서 벗어났다고 생각했는데. 나는 또 뭐가 잘못된 것일까?" 이 생각은 미쉘의 기분을 저하시켰고 그녀는 주말을 침대에 누워서 지냈다. 이런 대처 방법은 다시 더 심한 자기비난("나는 또 주말을 허비했구나!")을 유발하였고, 이것은 다시 그녀의 감정적 마음과 행동을 증가시켰다. 우리는 여기서 미쉘의 기분 악화를 촉발시킨 것이 기억이고, 이 기억에 대한 부정적 생각과 감정이 그녀의 기분을 우울증의 나락으로 추락시킨 것을 볼 수 있다.

감정을 조절하기 어려운 것, **감정조절장애**는 조울병 환자들이 겪는 감정 문제들에 크게 기여하는 문제이다(Green, Cahill, and Malhi 2007). 감정조절장애를 경험하는 사람들은 매우 예민하다. (즉, 다른 사람이면 그러지 않을 일에 감정적으로 반응한다.) 감정조절장애가 있는 사람은 그렇지 않은 사람에 비해 감정 반응이 매우 강렬하다. 그리고 원래의 감정 상태인 차분한 감정으로 돌아오는 데 더 오랜 시간이 걸린다.

왜 사람들이 우울증의 재발에 취약한가에 대한 연구는 이 두 이론을 모두 지지하는 데 사람들이 쉽게 빠지는 부정적 생각의 습관적 패턴에 초점을 맞추고 있다. 이런 부정적 생각 패턴은 우울한 기분을 유발하고, 이것은 더 부정적인 생각을 유도해서, 또 더 우울해지고 이런 악순환은 계속 돌게 된다 (Segal, Williams, and Teasdale 2002). 이 연구는 엄밀히 말하면 조울병이 아닌 일반적 주요 우울증에 대한 연구이긴 하지만 조울병적 우울증을 가진 많은 사람들에게도 같은 패턴이 나타난다. 여기서 좋은 소식은 기분 삽화를 예방하거나 단축시킬 수 있는 방법이 있다는 점이다. 당신은 뇌의 화학적 불균형에 대해 속수무책으로 당하는 인질은 아닌 것이다.

일단 우리가 감정을 조절하는 방법을 배우기 전에 우리가 감정에 대해 알아야 할 기본적인 사항들이 있다.

감정 : 기초 지식

여기서 확실히 해야 할 것이 있는데, 조증과 경조증은 감정이 아니라 삽화 상태라는 것이다. 물론 조증이나 경조증 삽화에는 감정들이 포함되지만 삽화는 감정만이 아닌 그 이상이다. 그리고 삽화 상태가 아닐 때에도 감정들이 존재한다. 하지만 여기에서는 조증이나 경조증 삽화일 때 경험하는 감정들을 줄이는 데 도움이 되는 기법들에 초점을 맞출 것이다. 이런 기법들을 통해 삽화 상태의 강도를 좀 줄일 수 있다. 자, 이제 감정이 무엇인지 알아보자.

감정이란 무엇인가

우리는 흔히 '감정'이란 단어와 '느낌'이란 단어를 섞어서 사용한다. 그런데 감정은 단지 우리들의 느낌만으로 구성된 것일까? 감정은 사실 우리의 느낌만이 아니라 그 이상이고, 우리 몸과 마음의 '시스템 전체의 반응'이다. 즉, 감정이란 느낌뿐만 아니라 신체 반응(신체의 화학이나 신체 언어의 변화 등)도 포함하고 생각들(이미지, 기억, 행동 경향성)도 포함하는 총체적 개념이다. 예를 들어 보면, 분노를 경험할 때 우리는 화나는 느낌뿐 아니라 심장 박동과 근육 긴장이 증가하는 신체 반응도 경험하는 것이다. 우리의 생각도 일반적으로 분노의 내용으로 채워지고 그 상황에 대해 비판적이 되며, 어떤 행동을 하려는 경향(상대방을 욕하고 공격하려는 충동)도 생기게 된다. 그래서 감정이란 그저 무엇인가를 느끼는 것만이 아니라 그 외에 많은 반응들을 모두 포함하는 것이다.

감정 경험은 슬플 때 울고, 즐거울 때 웃고 하는 반응처럼 인간 모두에 보편적인 반응들이 많지만, 사람에 따라 조금씩 감정 경험은 다르다. 같은 사람에서도 상황이 다르면 같은 감정이더라도 약간씩 경험이 다를 수 있다. 하지만 당신은 자신이 주로 경험하는 감정에 대해 어느 정도 알고 있는 것이 중요한데, 자신의 감정을 잘 파악하는 사람이 감정을 훨씬 더 잘 관리할 수 있기 때문이다. 만일 자신이 지금 느끼고 있는 감정을 뭐라 불러야 할지 모르겠다면, 그 감정에 대해 무엇을 해야 할지 알기가 어려운 것이다. 자신의 감정 경험을 한번 뒤돌아보라. 감정을 파악하는 것이 어려운가? 가끔 자신이 화가 나고 기분이 좋지 않은 것은 아는데, 그것이 정확히 무슨 감정이고 어디서 생긴 것인지 확실히 하기가 어려운가?

아래에 자신의 감정을 잘 파악하는 데 도움이 되는 기록지를 소개하는데, 이 기록지는 여섯 가지 기본 감정을 평가하도록 되어 있다. 각 감정에 대한 자세한 경험이 생각나지 않는다면 그 감정이 생길 때까지 기다렸다가 기록지를 이용해도 좋다. 만일 그 감정이 느껴진다면 그 상황에 대해 최대한 집중해서 아주 자세한 내용들까지 기록지에 적는 것이 좋다. 이 기록지의 첫 번째 칸에는 여섯 가지 다른 감정들이 적혀 있다. 두 번째 칸에는 당신에게 그 감정을 불러일으킨 사건이나 상황을 쓴다. 세 번째 칸에는 신체 감각, 신체 언어, 얼굴 표정 등 그 감정과 특별히 연관되는 신체 반응에 대해 쓴다. 네 번째 칸에는 이 감정과 보통 함께 따라오는 생각들(기억, 이미지, 판단)을 적는다. 다섯 번째 칸에는 그 감정과 함께 경험하는 충동(행동 경향성)에 대해 쓴다. 이 감정을 경험할 때 어떤 행동을 하고 싶어지는가를 적는 것이다. 여섯 번째 칸에는 그 감정에 따라 실제로 한 행동을 적는다. 그리고 마지막 제일 오른쪽 칸에는 그 감정으로 인한 결과를 적는다. 가령 당신은 그런 감정을 갖게 된 자신을 질책할 수도 있다. 그 감정으로 인해서 하게 된 행동으로 어떤 결과가 생겼는지를 적을 수도 있다. 아래 기록지에 분노에 대한 예를 하나 들어놓았다.

만일 내가 어떤 감정을 느끼고 있는 것인지 잘 모르겠다면 다음 페이지에 수록한 감정 단어 목록들을 보고 자신의 느낌이 어떤 감정인지 찾아보라. 여기서 나는 죄책감과 수치심을 같은 항목으로 배치하였는데, 이는 이 두 감정이 대개 비슷하기 때문이다. 조금 다른 점은 수치심은 내가 한 일에 대해 다른 사람이 나를 비난할 때 나타나는 것이고, 죄책감은 내가 한 일에 대해 나 자신이 나를 비난할 때 나타나는 것이다. 그래서 그 결과로 우리는 종종 같은 감정을 느끼게 된다.

자신의 감정에 대해 알기

감정	유발 사건	신체 반응	생각	충동	행동	결과
예 : 두려움	어떤 사람이 나를 비난할 때	심장 박동이 빨라지고, 얼굴이 붉어지고 땀이 나면서 몸이 떨린다.	나는 그를 비난하고 욕을 하는 생각을 하며, 나는 옳고 그래도 되는지 상상하곤 한다.	나는 소리 지르고 싶고, 물건도 집어던지고, 욕을 퍼붓고 싶은 충동이 든다.	나는 주로 그냥 방을 나가버리거나 운동하러 가곤 한다.	나는 내가 한 행동에 대해 멍청한 행동이었다는 느낌이 들고 창피하다. 나는 화를 냈다는 것에 대해 나 자신을 비난하고 있다.
두려움						
분노						

자신의 감정에 대해 알기

감정	유발 사건	신체 반응	생각	충동	행동	결과
슬픔						
분노						
사랑						
수치심과 죄책감						

감정 단어 목록

분노의 단어	행복의 단어	슬픔의 단어
화가 난	즐거운	슬픈
좌절한	짜릿한	애도하는
쓰디쓴	흥분되는	버려진
공격적인	도취되는	패배한
배신당한	재미있는	우울한
상처받은	행복한	희망 없는
전투적인	차분한	무가치한
사기를 당한	신나는	좌절하는
실망한	만족스러운	부적절한
분노에 찬	확신하는	외로운
싫어하는	아주 기쁜	멜랑콜리한
무시당한	열정에 찬	비참한
극도로 화가 난	편안한	부정적인
질투를 느끼는	흐뭇한	무기력한
완강한	영광스러운	어쩔 수 없는
거부당한	희망에 찬	적적한
미친	기분 좋은	쓸쓸한
폭발한	감사한	가슴이 미어지는
악화된	자랑스러운	허약한
분개한	대견스러운	괴로운
적대적인	승리감에 찬	생기 없는
증오에 찬	편안한	불행한
기분이 상한	안도하는	침울한
희생양이 된	활기 넘치는	가라앉은
초조한	의기양양한	낙담한
역겨운	쾌활한	실의에 빠진
격분한	쾌적한	허망한
성마른	충만한	음울한
기분이 나쁜	기쁨으로 가득한	따분한
짜증난	고양된	칙칙한
참을 수 없는	고무된	어두침침한
불만에 찬	황홀한	고뇌에 찬
동요하는	매혹된	마음 아픈
신경 쓰이는	고요한	비통한
약이 바짝 오른	평온한	비관적인
격정에 찬	평화로운	후회하는
	영감에 찬	애절한

불안의 단어	사랑의 단어	수치심과 죄책감의 단어
두려워하는	다정한	창피한
불안한	사랑에 빠진	당혹스러운
스트레스 받는	사랑에 미친	후회 막급인
걱정하는	홀딱 반한	허망한
신경이 예민한	숭배하는	한심하게 느껴지는
공포스러워하는	존경하는	자신에게 역겨운
우려하는	보살피는	수치스러운
혼란스러운	헌신적인	불명예의
깜짝 놀라는	갈망하는	더러운
걱정이 많은	좋아하는	굴욕감을 느끼는
압도된	부드러운	참회하는
공황 상태인	끌리는	죽고 싶은
겁에 질린	열정적인	모멸감을 느끼는
무서워하는	사랑하는	불편한
위협받은	로맨틱한	죄책감에 빠진
불안정한	호감이 가는	열등감을 느끼는
긴장한	친절한	거부된
정신없이 서두는	매력 있는	무능력한
조마조마해 하는	생생한	회한에 찬
안절부절못한	갈구하는	몹시 미안해하는
초조한	아름다운	타락한
불편한	완벽한	바보가 된 느낌의
당황한	연결된	죄책감의
확신이 없는	헌신적인	취약한
기진맥진한	열렬한	욕을 먹는
이러지도 저러지도 못하는	푹 빠져 있는	불쌍한
꽉 조이는	흥분된	자의식에 빠진
당혹스러운	감각적인	어색한
황망한	친밀한	곤란한
	소중히 여기는	비참한
	마술 같은	

이 연습을 하고 나서도 자신의 감정이 무엇인지 확신이 들지 않는다면, 당신이 신뢰하는 사람에게 그는 감정을 어떻게 경험하는지 물어보는 것도 자신의 감정을 확인하는 데 도움이 된다. 마지막으로 여전히 확신이 없다면 이 책을 계속 읽어 나가서 감정에 대한 이해가 더 많아졌을 때 이 부분으로 다시 돌아와도 좋다. 자, 이제 우리의 감정과 생각과 행동의 연결에 대해서 살펴보자.

감정-생각-행동의 연결

사람들이 자신의 감정을 살펴보기 시작할 때, 흔히 마주치는 어려움이 있는데, 그것은 감정과 생각을 구분하기를 어려워한다는 점이다. 예를 들어, 그 상황에 대해 어떤 느낌을 받았냐고 물어보면 이런 대답이 나온다. "내가 비난받고 있다고 느꼈어요." 혹은 "그가 내 기분을 이해했어야 한다고 느껴요." 하지만 이 말을 자세히 들여다보면 감정을 표현하고 있는 것이 아니라, 그 상황에 대한 생각이나 판단을 이야기하고 있음을 알 수 있다. 이런 혼동이 일어나는 가장 큰 이유는 우리의 감정과 생각이 매우 긴밀히 연결되어 있어서 그 둘을 나눈다는 것이 어렵기 때문이다. 아래 그림은 감정과 생각과 행동이 연결되어 있다는 인지행동치료의 기본 가정을 표현한 것이다.

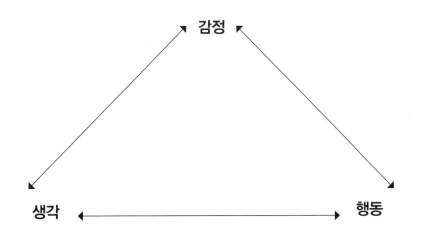

이 그림을 보면 우리의 감정이 생각과 행동을 유발하고, 생각은 다시 감정과 행동을 유발하고, 마찬가지로 행동은 생각과 감정을 유발한다는 것을 알 수 있다. 그러므로 이 셋이 서로 혼동되는 것은 어쩌면 당연하다. 예를 들어보자. 패트리샤는 직장에서 상사와 의견 충돌이 있었는데, 이 때문에 상처 받고, 화가 나고, 실망한 감정이 유발되었다. 이런 **감정**들은 이 상황에 대한 또 다른 **생각**들을 불러일으킨다. 패트리샤는 다른 직장을 알아보아야 하나 생각하고, 상사가 이전에 자신을 힘들게 했던 일을 다시 생각한다. 이런 생각들은 또 더 심한 **감정**들을 불러일으킨다. 그녀가 이런 상황이 불공정하다고 생각하고 이전에 존중받지 못한 경험들을 떠올리자 화는 점점 더 증가하였다. 이런 모든 감정과 생각들은 패트리샤가 일에 집중하지 못하고 조퇴하도록(행동) 만들었다. 이렇게 많은 감정들, 생각들, 행동들이 거의 동시에 일어나기 때문에, 이를 잘 구분하지 못하고 섞이는 것이 당연하다. 예를 들어 그녀는 아마 자신이 새 직장을 구해야 할 것 같다고 느낀다고 이야기할 것이다. 사실 그것은 생각이지만.

그런데 감정과 생각과 행동을 구분하는 것, 그리고 감정과 생각과 행동이 단지 우리의 경험이자 감각이지 반드시 사실은 아니라는 점을 배우는 것이 감정 조절에 있어 매우 중요하다. 패트리샤가 시간을 두고 감정, 생각, 행동을 잘 정리해보면, 좀 더 효과적으로 행동할 수 있는 기술을 쓸 수 있을 것이다. 자신이 무시당했다고 그녀가 생각한다고 해서 반드시 상사가 실제로 그녀를 무시한 것은 아닐 수도 있음을 그녀는 깨달을 수 있다. 그저 자신의 생각일 뿐이라는 것을 인식하면 조퇴까지 하지는 않을 것이다.

아래에 감정, 생각, 행동을 구분하는 연습을 제시하였다. 각각의 문장을 보고 아래에 이 문장이 감정을 가리키는지 아니면 생각이나 행동을 가리키는 것인지 써보라. 답은 다음 페이지에 있다.

생각, 행동, 감정

1. 나는 멍청이야!

---

2. 나는 내 직장의 안정성이 불안해.

---

3. 나는 나를 저녁 식사에 초대하지 않은 것에 대해 여동생에게 화가 나.

---

4. 나는 TV 리모콘을 던져버렸어.

5. 나는 다시 입원해야만 한다는 것에 나 자신이 혐오스러워.

_____

6. 나는 지금 당장 약을 복용하고 싶어.

_____

7. 나는 새로운 치료 집단을 시작했는데, 새로운 사람들을 만난다는 것이 매우 불안해.

_____

8. 나는 계획했었던 친구와의 외출 약속을 취소했어.

_____

9. 나는 정말로 내가 조울병이 아니었으면 하고 바랐어.

_____

10. 나는 치료 약 복용을 중단했어.

_____

(답: 1. 생각, 2. 감정, 3. 감정, 4. 행동, 5. 감정, 6. 생각, 7. 감정, 8. 행동, 9. 생각, 10. 행동)

감정과 생각과 행동의 차이를 아는 것이 자신의 감정을 조절하는 첫걸음이다. 당신은 자신이 어떤 생각이나 감정을 가지고 있다고 해서 꼭 그 생각이나 감정이 사실임을 뜻하는 것은 아니라는 점을 알게 된다. 예를 들어, "난 멍청해."라는 생각은 단지 생각일 뿐이지 사실은 아니다. 마찬가지로 당신이 무력하다고 느끼고 있다고 해서, 당신이 진짜로 무력한 것은 아닐 수도 있다. 당신이 자신에 대해 무가치하고 사랑받을 자격이 없다고 느낀다고 해서 그것이 반드시 사실은 아니다. 감정과 생각은 사실이 아니다. 감정과 생각은 단지 그 상황에 대한 당신의 경험이다. 이것을 일단 깨닫고 나면, 당신은 자신이 어떤 생각이나 감정을 가지고 있다고 해서 반드시 그에 따라 행동을 해야 할 필요는 없다는 것을 알게 된다. 이런 깨달음은 자신을 더 조절할 수 있게 해주어서, 더 효과적인 방법으로 행동을 할 수 있게 된다.

이렇게 감정 조절에 도움이 되는 또 하나의 개념은 인지행동치료 이론가인 아론 벡이 명명한 **자동적 사고**인데, 이것은 자기가 자신의 마음에게 자기경험에 대해서 말하는 일종의 자기진술이다. 우리는 신체적으로 감정적으로 어떻게 느끼는지, 우리의 감각은 우리에게 뭐라고 하는지, 상황에 대한 우리의 지각이나 믿음은 무엇인지 끊임없이 자기 자신에게 말을 하고 있다. 아론 벡에 따르면 이런 자동적 사고는 그 상황에 대한 우리의 감정을 만들고, 이에 따라 우리의 행동에 영향을 미친다. 자동적 사고라는 개념이 어려운 것은 우리가 이런 자신의 생각을 잘 의식하고 있지 못하기 때문이다. 자동적 사고는 마치 반사 작용처럼 아주 빠르게 생기기 때문에 우리는 종종 이것을 잘 인식하지 못한다. 하지만 자동적 사고에 대한 우리의 믿음은 굳건하고 실제로 느껴진다. 그래서 우리는 보통 이런 자동적 생각을 사실로 받아들이고 행동하게 된다. 아래 예를 한 번 보자.

셀리의 이야기

셀리는 친구 버디에게 문자 메시지를 여러 번 남겼는데 며칠이 지나도 답이 없었다. 그녀에게는 "내가 버디와의 우정을 중요하게 생각하는 만큼 버디는 그렇지 않아."라는 자동적 사고가 떠올랐고, 이것은 상처받은 느낌과 분노를 야기하였다. 이 상황에 대해 셀리는 "우리 우정이 버디에게는 중요하지 않아." 라고 해석하였고, 이것을 사실로 받아들인 것이다. 이것을 사실로 받아들였기 때문에 그녀에게 고통스러운 감정이 발생한 것이다. 만일 셀리가 이것이 자동적 사고란 것을 인식했다면 이 생각을 다시 평가하여 그 상황에 대해 어떻게 생각해야 할지 선택할 수 있었을 것이다. 예를 들어, 그녀는 "우리 우정이 버디에게는 중요하지 않아."라는 생각을 관찰해보고, 이 생각에 반박해서 "이것은 사실이 아닐 수도 있어. 나는 아직 왜 버디가 내게 답을 하지 않았는지 확실한 이유를 모르잖아. 여행을 갔을 수도 있고, 뭔가 일이 꼬여서 나한테 답을 할 기회가 없었을 수도 있어."라고 자기에게 말해볼 수도 있다.

이 사례에서 우리는 상황에 대한 해석이나 생각이 어떻게 상황에 대한 감정을 불러일으키는지를 볼 수 있다. 자동적 사고는 매우 습관적이기 때문에 이것을 조절한다는 것이 쉽지는 않다. 하지만 우리는 이런 생각에 자신이 어떻게 반응할지에 대해 조절해볼 수 있고, 이렇게 우리의 감정을 변화시킬 수 있다.

내적 경험에 대한 마음챙김

마음챙김 연습은 자신의 자동적 사고를 더 잘 인식하고, 생각과 감정을 구분하는 것에도 도움이 된다. 지금 몇 분 시간을 내서 한번 연습해보자. 처음에 마음챙김 연습이 어렵게 느껴질 때는 짧게 몇 분만 연습해도 좋다. 점차 편안해지고 익숙해지면 연습 시간을 늘리는 것이 좋다.

타이머를 5분에 맞추자. 조용히 앉아서 그저 자기의 내적 경험을 바라보기 시작하라. 내 의식에 떠오르는 것이 무엇이든 마음으로 알아차리기만 한다. 떠오른 것이 생각인지, 감정인지, 신체 감각인지 이름을 붙인다. 만일 "이건 정말 어려워"라는 생각이 떠올랐다면, 이것을 그저 생각이라고 이름 붙인다. 만일 당신이 현재 지루하다고 인식했다면, 이것은 감정이라고 이름을 붙인다. 그저 당신이 경험하는 것을 자신에게 말해주는 것이다. 이런 마음챙김 연습을 하면서 점차로 당신은 머리 속에서 자동적으로 생기고 활발히 진행되는 내적 대화들을 더 잘 인식할 수 있게 된다.

〰〰〰〰〰〰〰〰〰〰〰〰〰〰〰〰〰〰〰〰〰

하루에 몇 분만 위의 마음챙김 연습을 한다면 금방 감정에서 생각을 분리할 수 있는 능력은 생길 것이다. 당신이 관찰한 생각과 감정들을 종이에 써보는 것도 아주 좋다. 이런 연습을 위해 다음 페이지에 '생각 관찰 기록지'를 제시하였다. 강한 감정이 느껴질 때 이 기록지를 이용하면 어떤 자동적 사고가 감정을 야기했는지 파악하는 데 큰 도움이 된다.

먼저 그 상황에 대해 최대한 자세히, 사실에만 입각해서 쓰는 것이 시작이다. 어떤 일이 있었는지, 어디서, 누구와 함께였는지 등 세세하게 묘사하는 것이 좋다. 되도록 사실이 아닌 당신의 해석이나 평가는 배제하도록 하고 정말 있었던 사실만을 기술한다. 때로는 무엇이 이런 감정을 불러일으켰는지 모를 수도 있는데, 그래도 괜찮다. 이럴 경우에는 어떤 내적 경험이 있어서 이것이 지금의 감정을 불러일으켰다고 그냥 알고 있으면 된다. 감정을 불러일으킨 상황이 어떤 것인지도 잘 모르겠다면 기록지의 다른 칸부터 채워보라.

다음으로는 당신이 느끼고 있는 감정을 적는다. 한 가지 감정만일 수도 있고, 여러 감정을 동시에 느끼고 있을 수도 있다. 그 모든 감정을 파악하도록 노력하라. 세 번째 칸에는 당신의 자동적 사고를 최대한 많이 써보라. 자동적 사고는 꼭 생각만으로 나타나는 것이 아니고 이미지나 기억으로도 나타난다는 것에 주의하라. 마지막으로 각 생각들과 서로 연결되어 있다고 생각되는 감정들을 화살표로 표시해보라.

생각 관찰 기록지 : 예

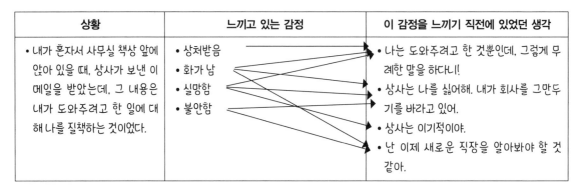

상황	느끼고 있는 감정	이 감정을 느끼기 직전에 있었던 생각
• 내가 혼자서 사무실 책상 앞에 앉아 있을 때, 상사가 보낸 이 메일을 받았는데, 그 내용은 내가 도와주려고 한 일에 대해 나를 질책하는 것이었다.	• 상처받음 • 화가 남 • 실망함 • 불안함	• 나는 도와주려고 한 것뿐인데, 그렇게 무 례한 말을 하다니! • 상사는 나를 싫어해. 내가 회사를 그만두 기를 바라고 있어. • 상사는 이기적이야. • 난 이제 새로운 직장을 알아봐야 할 것 같아.

생각 관찰 기록지

상황	느끼고 있는 감정	이 감정을 느끼기 직전에 있었던 생각

이제 자신의 자동적 사고를 더 잘 인식하게 되고, 생각과 감정을 구분할 수 있게 되고, 생각과 감정이 사실인 것은 아니란 것을 배웠다면, 다음에는 여러 가지 형태의 감정들에 대해 공부해보자.

일차적 감정과 이차적 감정

감정을 두 가지로 나누어보면, 일차적 감정과 이차적 감정이 있다. 일차적 감정이란 사건에 대한 반응으로 우리가 느끼는 감정이다. 예를 들어 누군가가 사망하면 우리는 애도 감정을 느끼고, 친구들과 밖에 나가서 즐길 때에는 행복한 감정을 느낀다. 때로 우리는 사건에 대한 우리의 해석에 대한 반응으로 일차적 감정을 느끼기도 한다. 예를 들어, 여러 사람 앞에서 발표를 해야만 하는데, 이에 대해 청중들이 나를 평가하고 비난할 것이라고 해석한다면 무척 불안할 것이다.

한편, 이차적 감정이란 다른 감정에 대한 반응으로 느끼는 감정을 말한다. 즉, 내가 어떤 감정을 가지고 있는 것에 대해 어떻게 느끼느냐 하는 것이다. 예를 들어 당신이 화가 나는 것을 싫어한다면, 당신은 화에 대한 이차적 감정을 가지고 있는 것이다. 당신은 화를 내고 있는 자신에 대해 또 화가 날 수 있다. 마찬가지로 당신이 감정에 대해 지니고 있는 자동적 사고에 따라 당신은 자신의 화에 대해 불안, 슬픔, 죄책감 등을 느낄 수도 있다.

매우 자주, 우리의 감정에 대한 감정은 우리가 자랄 때 그 감정에 대해 갖게 된 메시지로부터 비롯되는 경우가 많다. 물론 성인기에 매우 중요한 사람과의 관계에서도 이런 감정에 대한 태도가 생기기도 한다. 가령 화를 표현하는 것이 금지된 집안 분위기에서 자란 사람은 어른이 되어서도 화를 내는 자신을 싫어하게 되고 심지어는 화 내는 것을 두려워할 수도 있는 것이다. 카메론의 어린 시절을 살펴보니, 그가 화를 내면 그의 아버지가 많이 불안해하였고, 이것이 그가 화를 내기를 꺼리게 된 한 가지 이유였다는 것을 알게 되었다. 카메론은 어른이 되어서 화가 날 때면 수동공격적인 성향이 되었고(겉으로는 화를 내지 않는 척하면서 속으로는 방해하는) 이것은 자신에게도 손해였다. 결국 이것은 감정에 대해 자신이 가지고 있는 불편함 때문이란 것을 카메론은 알게 되었다.

당신은 감정에 대해 어떤 자동적 사고를 가지고 있는가? 다음 질문들에 답해 보면서 감정에 대한 자신의 자동적 사고는 무엇인지, 그리고 이것이 자신의 감정에 대해 어떤 식으로 느끼게 하는지 살펴보자.

자동적 사고와 이차적 감정

분노

1. 당신은 자신의 화를 억제하지 않고 허용하는가?(당신은 인간으로서 화를 낼 권리가 자신에게 있다고 생각하는가, 아니면 당신은 화를 내서는 안 된다고 생각하는가?)

_____

_____

_____

2. 당신은 어릴 때 화에 대해서 어떤 메시지를 받고 컸는가?

_____

_____

_____

3. 지금까지의 인생에서 화에 대한 당신의 느낌에 영향을 준 사람이 있는가?

_____

_____

_____

4. 당신은 화라는 감정에 대해 어떤 자동적 사고(이미지나 기억 포함하여)를 가지고 있는가?

_____

_____

_____

5. 당신은 화가 났을 때 이에 대해 일반적으로 어떤 느낌이 드는가? (화가 났을 때의 행동에 대한 것이 아니라, 화나는 감정 그 자체에 대한 느낌이란 것을 기억하라.)

_____

_____

_____

행복

1. 당신은 자신의 행복을 억제하지 않고 허용하는가?(당신은 인간으로서 행복을 느낄 권리가 자신에게 있다고 생각하는가, 아니면 행복은 당신이 가져서는 안 된다고 생각하는가?)

_____

_____

_____

2. 당신은 어릴 때 행복에 대해서 어떤 메시지를 받고 컸는가?

_____

_____

_____

3. 지금까지의 인생에서 행복에 대한 당신의 느낌에 영향을 준 사람이 있는가?

_____

_____

_____

4. 당신은 행복이라는 감정에 대해 어떤 자동적 사고(이미지나 기억 포함하여)를 가지고 있는가?

_____

_____

_____

5. 당신은 행복을 느낄 때 이에 대해 일반적으로 어떤 느낌이 드는가? (행복을 느낄 때의 행동에 대한 것이 아니라, 행복한 감정 그 자체에 대한 느낌이란 것을 기억하라.)

_____

_____

_____

슬픔

1. 당신은 자신의 슬픔을 억제하지 않고 허용하는가?(당신은 인간으로서 슬퍼할 권리가 자신에게 있다고 생각하는가, 아니면 당신은 슬퍼해선 안 된다고 생각하는가?)

_____

_____

_____

2. 당신은 어릴 때 슬픔에 대해서 어떤 메시지를 받고 컸는가?

_____

_____

_____

3. 지금까지의 인생에서 슬픔에 대한 당신의 느낌에 영향을 준 사람이 있는가?

_____

_____

_____

4. 당신은 슬픔이라는 감정에 대해 어떤 자동적 사고(이미지나 기억 포함하여)를 가지고 있는가?

_____

_____

_____

5. 당신은 슬픔을 느낄 때 이에 대해 일반적으로 어떤 느낌이 드는가? (슬픔을 느낄 때의 행동에 대한 것이 아니라, 슬픈 감정 그 자체에 대한 느낌이란 것을 기억하라.)

_____

_____

_____

불안과 공포

1. 당신은 자신의 불안이나 두려움을 억제하지 않고 허용하는가?(당신은 인간으로서 불안을 느낄 권리가 자신에게 있다고 생각하는가, 아니면 당신은 불안해서는 안 된다고 생각하는가?)

_____

_____

_____

2. 당신은 어릴 때 불안이나 공포에 대해서 어떤 메시지를 받고 컸는가?

_____

_____

_____

3. 지금까지의 인생에서 불안이나 공포에 대한 당신의 느낌에 영향을 준 사람이 있는가?

_____

_____

_____

4. 당신은 불안과 공포라는 감정에 대해 어떤 자동적 사고(이미지나 기억 포함하여)를 가지고 있는가?

_____

_____

_____

5. 당신은 불안이나 공포를 느낄 때 이에 대해 일반적으로 어떤 느낌이 드는가? (불안을 느낄 때의 행동에 대한 것이 아니라, 불안한 감정 그 자체에 대한 느낌이란 것을 기억하라.)

_____

_____

_____

사랑

1. 당신은 자신의 사랑 느낌을 억제하지 않고 허용하는가? (당신은 인간으로서 사랑을 느낄 권리가 자신에게 있다고 생각하는가, 아니면 사랑은 당신이 가져서는 안 된다고 생각하는가?)

_____

_____

_____

2. 당신은 어릴 때 사랑에 대해서 어떤 메시지를 받고 컸는가?

_____

_____

_____

3. 지금까지의 인생에서 사랑에 대한 당신의 느낌에 영향을 준 사람이 있는가?

_____

_____

_____

4. 당신은 사랑이라는 감정에 대해 어떤 자동적 사고(이미지나 기억 포함하여)를 가지고 있는가?

_____

_____

_____

5. 당신은 사랑을 느낄 때 이에 대해 일반적으로 어떤 느낌이 드는가? (사랑을 느낄 때의 행동에 대한 것이 아니라, 사랑하는 감정 그 자체에 대한 느낌이란 것을 기억하라.)

_____

_____

_____

다른 감정들에 대해서도 위의 질문들을 해볼 수 있다. 이 연습을 마치고 나면 당신은 아마 자신의 감정에 대해 자신이 어떻게 느끼고 있고 왜 그렇게 느끼는지 조금은 알게 되었을 것이다. 그렇다고 당신의 감정적 어려움에 영향을 준 다른 사람을 비난하려고 이런 연습을 하는 것은 아니다. 그보다는 우리의 믿음과 태도가 어디서부터 비롯되었는지를 이해하는 것이 그런 믿음과 태도를 놓아버리는 데 도움이 되기에 이런 연습을 하는 것이다. 예컨대 이제 카메론은 자신이 화를 그렇게 싫어하는 이유가 자기 아버지가 이를 불편해했기 때문이란 것을 알게 되었고, 이제는 화라는 감정에 대해 좀 편하게 느낄 수 있었고, 이전보다 더 건전하고 자기주장을 잘하는 방식으로 화를 표현할 수 있게 되었다.

때로 어떤 사람들은 자신의 감정을 영원히 밀쳐버리기 때문에 자신이 느끼는 감정을 파악하지 못한다. 또한 일차적 감정과 이차적 감정을 동시에 느낄 수 있기 때문에 어떤 감정인지 혼돈스러운 경우도 있다. 만일 당신이 여러 감정을 한꺼번에 동시에 느끼고 있다면, 이는 매우 정신이 없고 어떤 감정을 왜 느끼고 있는지 인식하기도 쉽지 않을 것이다. 하지만 모든 감정은 이유가 있어서 지금 나타난 것이란 것을 기억하고 잘 탐색해보라.

우리에게 감정은 왜 필요한가

때로 감정이 불편하고 불쾌하기까지 하지만, 감정이란 것은 우리의 인생에서 매우 중요한 역할을 한다. 책의 앞부분에 감정적 마음을 설명하면서 이미 언급했었지만, DBT의 목표는 감정을 없애는 것이 아니다. 감정은 그 자체가 좋은 것이나 나쁜 것이 아니다. 감정은 단지 우리 마음속에서 어떤 기능과 역할을 하고 있을 뿐이다. 감정의 작용을 한번 살펴보자.

감정은 어떤 일을 하라는 신호로 작용해서 우리의 행동에 대한 동기를 제공해준다. 예를 들어 분노는 당신이 싫어하는 어떤 일이 일어났으니 뭔가 바꿀 필요가 있다는 신호이다. 분노는 그 상황에 대해 어떤 행동을 하도록 동기를 부여하는 역할을 하는 것이다. 공포는 당신이 위기에 처했을 때 생존을 위해서는 싸우거나 도망가거나 기절한 척하거나 하는 행동을 준비시키는 역할을 하는 것이다.

이런 상황에서 행동의 동기를 만들어주는 것은 감정에 대한 생각뿐 아니라 감정으로 야기된 우리 몸의 생물학적인 변화도 역할을 한다. 예를 들어, 화는 혈압을 높이고 근육 긴장을 늘려서 활동을 준비시킨다. 공포도 역시 이런 역할을 통해 우리를 도망가거나 싸우도록 준비시키는 것이다. 이런 감정들이 불편할 때가 있지만, 사실 이런 감정들은 우리 인간의 생존을 도와주는 반응인 것이다.

감정은 사회적 사건과 상황에 대해서도 뭔가 변화가 필요하다는 것을 우리에게 알려주는 역할을 한다. 예를 들어 분노는 자신의 입장에서 뭔가 불공정한 상황이라는 것을 우리에게 알려준다. 창피함은 뭔가 자신의 도덕률이나 가치관에 맞지 않는 행동을 해서 뭔가 자신의 사회적 위치에 나쁜 영향이 있었다는 것을 알려준다.

또한 감정은 자기 자신에게 하는 대화로도 작동해서, '중요한 사건이 일어났음'을 알려준다. 예를 들어 어떤 사람이 '불이야!'하고 소리를 지르면 공포심이 즉시 당신을 놀라게 하여 움직이게 만드는데, 이는 당신의 뇌가 어떻게 해야 할까 생각하기도 전에 즉시 일어나는 반응이다.

감정은 또한 다른 사람들과의 대화도 더 효과적으로 하도록 도움을 준다. 다른 사람이 느끼는 감정을 관찰하여 우리는 그들과 효과적으로 상호작용을 하는 것이다. 즉, 상대방의 감정을 보고 당신은 그와 함께 공감할 수도 있고 그의 감정에 알맞은 행동도 할 수 있게 된다.

당신의 감정은 당신이 어떤 말을 하도록 만들고, 이는 타인에게도 영향을 주어서 다른 사람들이 당신의 감정을 이해하거나 공감할 수 있도록 한다. 감정과 연관이 되어 있는 얼굴 표정과 몸짓이 있기 때문에 때로 우리는 말을 하지 않아도 상대방의 감정을 알 수 있다. 당신이 울음을 터트리면 대부분의 사람들은 당신이 슬프다는 것을 안다. 당신이 얼굴을 찌푸리고 두 주먹을 꽉 쥐고 있다면 사람들은 당신이 화가 난 상태라고 결론지을 것이다. 인간으로서 우리는 본능적으로 이런 타인의 감정을 알아차린다.

이런 것들이 과학자들이 찾아낸 감정의 기능이다. 이 모든 것의 핵심은 감정은 우리에게 꼭 필요하다는 것, 그리고 감정은 어떤 목적을 위해 기능한다는 것이다. 하지만 감정이란 자기감정을 조절하기 어려워하는 사람들에게는 때로 매우 큰 괴로움을 준다. 그래서 우리는 다음 장에서 자신의 감정을 더 효과적으로 참고 조절하는 데 도움이 되는 방법들에 대해 알아볼 것이다.

이 장의 총정리

이 장에서는 감정에 대한 일반적인 지식을 많이 배웠다. 감정은 그냥 느낌이 아니라 그 이상이라는 것, 감정을 찾아내는 방법, 감정과 생각과 행동의 차이점과 그 연결 고리, 일차적 감정과 이차적 감정, 감정은 인간에게 꼭 필요한 경험이고 중요한 기능을 하고 있다는 것이다. 또한 당신은 자신의 감정들에 대해 살펴보았고, 자동적 사고가 특정 감정에 대한 당신의 태도와 행동을 이끌고 있다는 것을 배웠다.

이제 당신은 이런 생각을 할지도 모르겠다. "좋아, 이제 난 감정에 대해 많은 것을 알아. 하지만 내 감정에 대해 뭘 하라는 것이지?" 다음 장에서 당신은 자신의 감정을 더 잘 조절할 수 있는 기술들에 대해 배울 것이다. 하지만 이 책에서 항상 강조하는 것은 충분한 시간을 들이면서 많은 연습을 하라는 것이다. 당신이 자신의 감정을 살피고 찾아서, 배운 기술들을 적용해 감정 조절 능력을 기르는 연습을 하지 않는다면, 그저 이 책을 읽는 것만으로 큰 도움을 받을 수는 없다. 자기 자신이나 자신의 감정에 대해 더 많은 것을 알기 위해 마음챙김 연습도 열심히 해야 한다.

07

감정에 대해서는 무엇을 할까 (감정조절 기술)

지난 제6장에서는 감정에 대한 많은 지식을 배웠다. 이 지식을 바탕으로 제7장에서는 다양한 기술을 배우고 이를 실현하기 위한 연습을 진행할 것이다. 이 기술들은 자신의 감정 경험을 잘 다루고 감정의 강도를 줄여서 감정이 우리에게 피해가 되지 않고 도움이 되도록 해준다. 지난 제6장을 충실히 배우고 연습했다면 당신은 자신의 감정 경험에 대해 더 많은 것을 알게 되었을 것이다. 이제 자신의 감정에 대해 더 친숙해졌다면 그 감정에 대해 무엇을 할 것인지 시작해보자.

인정

일반적으로 당신이 불편한 감정 상태에 있다면, 그 상태에 계속 머무르고 싶지는 않을 것이다. 그 이유는 물론 불편하기 때문이다. 그런데 역설적으로 불편한 감정을 없애려는 욕망은 다시 불편함을 유발하거나 심화시키는 행동을 초래할 수 있다. 자기 자신을 불인정(invalidation)하는 것도 이런 역할을 한다.

여기서 불인정이란 것은 자기의 감정, 그리고 그 감정을 느끼고 있는 자신을 인정하지 않고 비난하는 것을 뜻하는데, 이는 그 감정을 더 크게 만드는 결과를 초래한다. 지난 제6장에서 이차적 감정에 대해 배운 것을 기억해보라. 당신이 일차적 감정을 느끼는 자신을 불인정한다면 이차적 감정을 만들고 있는 것이다. 예를 들어 레이몽이 아주 오랜만에 옛 친구 마커스를 길에서 마주친 상황을 살펴보

자. 마커스는 레이몽에게 자신이 얼마 전에 결혼했고 아이가 태어날 예정이라고 말했다. 레이몽은 순간 마커스에게 부러운 감정을 느꼈고 바로 자기 자신에게 바보같은 짓 하지 말라고 되뇌면서 마커스에게는 친구가 행복해서 매우 좋다고 말했다. 헤어진 후 레이몽은 자신이 친구를 부러워했다는 것에 대해 죄책감을 느끼고 화도 났다.

당신은 이 사례를 보면서 이렇게 생각할 수도 있다. "레이몽의 생각이 맞아. 레이몽은 친구를 부러워하고 질시하면 안 되지." 그런데 당신이 원치 않는 감정을 경험할 때 레이몽처럼 자신의 감정을 불인정한다면, 그 감정과 그 감정을 느낀 자신을 비난한다면, 결과적으로 더 많은 고통을 느끼게 된다. 혹시 당신은 어떤 감정을 없애려고 시도한 적이 있는가? 이는 어떤 생각을 없애려고, 생각을 하지 않으려고 시도하는 것과 매우 흡사하다. 이런 경우 감정은 사라지는 것이 아니라, 더 강하게 다가오게 된다. 왜 그런지 레이몽의 경우를 다시 살펴보자.

부러움 (일차적 감정) + 불인정 =

부러움(일차적 감정) + 분노와 죄책감(이차적 감정)

이 방정식에서 볼 수 있듯이 당신이 자신의 감정을 불인정하면(레이몽이 "나는 부러움을 느끼면 안 돼."라고 자신에게 말한다면) 당신은 원래의 감정만이 아니라, 새로 발생한 이차적 감정에도 휘말리게 되는 것이다.

왜 이렇게 우리는 자신에게 더 고통을 주는 행동을 하게 되는 것일까? 내 생각에 불편한 감정에 대한 이런 불인정 반응은 일종의 반사작용 같다. 어떤 것이 고통을 유발하면 우리는 이 경험이 나쁘다는 자동적 사고를 하게 되고, 이것을 없애려는 시도를 한다. 하지만 많은 사람들이 어린 시절이나 인생의 한때에 오랫동안 자신을 불인정하는 환경에 있었기 때문에 이런 자동적 사고가 습관이 되어 버린다. 다시 한 번 강조하지만 이것이 우리 부모님이나 다른 사람들을 비난하기 위해 하는 말은 아니다. 사실 이런 불인정은 가족 내에 '나쁜 사람'이 없더라도 흔하게 나타나기 마련인데, 이는 세상에 해결하기 어려운 문제들이 많기 때문이다. 예를 들어 당신 가족들은 당신과는 매우 다른 감정적 기질을 지닌 사람들이었다고 가정해보자. 당신은 조울병으로 매우 감정적으로 기복이 심하였지만, 당신의 형제나 부모님은 매우 차분한 성격이어서 조용한 집안 분위기였다. 이런 경우 당신 가족들은 당신의 감정 기복에 많이 당황하여 당신의 행동을 애써 무시하였을 것이다. 가족들은 이런 자신들의 행동이 당신에게 상처가 된다는 것을 몰랐을 것이고 그런 상황에서 어떻게 대처해야 하는지도 몰랐을 것이다. 하지만 그들의 그런 대처 방식은 당신에게는 인정받지 못하는 느낌을 초래하였고, 당신의 감정은 더 격화되어 나타났을 것이다.

불인정은 이렇게 사람들이 자신들의 말이 어떤 결과를 초래하는지 잘 모르기 때문에도 많이 발생한다. 또한 부모들은 자신들이 자란 방식대로 자녀들을 기르는 경향이 있고, 그런 행동 패턴은 대를 이어 내려오는 경우도 많다. 우리는 부모들이 아이들의 감정을 인정하지 않는 말들을 주변에서 항상 듣는다.

- "바보처럼 굴지 마. 무서울 거 하나도 없어."
- "울음 뚝 그쳐. 안 그러면 더 혼날 줄 알아!"
- "화내는 것은 좋은 게 아니야."
- "그 정도는 힘들지 않아. 넌 괜찮아."

이런 예들을 보면 부모들이 자주 하는 말들이 일부러 상처를 주려고 하는 말은 아님을 알 수 있다. 불인정의 말은 보통 아이들의 감정 반응을 잘 이해하지 못하거나 부모들 자신의 감정(좌절이나 분노)으로 말하는 데서 나오게 되고, 또한 아이들을 편안하게 해주려는 의도에서, 혹은 그 밖의 다양한 이유에서 나오게 된다. 불인정이 말이 아닌 부모의 태도에서 나올 수도 있다. 예를 들어 어떤 부모들은 특정 감정 표현을 허용하거나 금지하는 태도를 취한다. 카메론의 경우를 보면, 그의 아버지는 의도적인 것은 아니었지만 카메론의 분노에 불안해함으로써 결과적으로 그의 분노를 인정하지 못해준 것이고, 이 결과 카메론은 자신이 화를 내는 것은 좋지 않은 것이라는 메시지를 갖게 된 것이다.

다른 예를 하나 더 보자. 칼리드는 그의 어머니가 가족을 좌지우지했었다고 설명하면서, 그가 자랄 때 어머니에게 반대하거나 부정적 감정을 표현하기가 어려웠다고 말했다. 부모가 서로를 대하는 방식도 자녀들에게 감정에 대한 어떤 메시지를 전달하기에 충분하다. 이 사례에서 칼리드의 아버지가 화를 낼 때마다 그의 어머니는 항상 울면서 칼리드에게 아버지가 얼마나 어머니에게 상처를 주는지 이야기하곤 하였다. 이런 경험은 칼리드에게 화내는 것은 나쁜 것이라는 메시지를 주기에 충분하였고, 칼리드는 어른이 되어서도 화를 두려워하고 피하게 되었다.

어떤 사람은 어릴 때 성적이나 신체적인 학대를 받기도 하는데, 이것은 불인정의 가장 심한 형태라고 할 수 있다. 이런 학대의 결과로 아이들은 자신의 감정과 느낌을 믿지 못하고 다른 사람에게 좌지우지되거나, 고통스러운 결과를 피하기 위해 자신의 감정을 꽁꽁 숨기게 된다.

어떤 사람에게는 성인 시기의 인간관계가 자기를 불인정하는 계기가 되기도 한다. 예를 들어 바바라의 첫 번째 남편은 그녀를 조종하려 하고 폭력적 언어를 사용하였었다. 이후 오랜 시간이 지났음에도 바바라는 자신을 인정하지를 못하고, 애인에게 의존하면서 자신이 어떻게 생각하고 느껴야 하는지를 애인에게 물어보곤 하였다.

이런 성향이 어떻게 생겼든 간에, 이렇게 자신을 불인정한다는 것은 어떤 시점부터 자신의 내적인 경험을 자신이 믿지 못하게 되었다는 뜻이다. 일단 자신의 경험을 믿지 못하게 되면, 자신의 감정이 이 상황에 맞는 것인지 틀린 것인지에 대해 남들의 평가를 찾게 된다. 레이몽이 느꼈던 부러움의 경우처럼 자신이 틀렸다고 믿으면서 자신의 감정을 비난하고 자기 감정을 없애려고 노력하는 것이다.

조울병을 가진 사람들에서 이런 상황은 더욱더 복잡해진다. 조울병을 가진 사람들은 조울병의 감정 기복 때문에 자신의 감정을 믿지 못하는 경향이 더 많고 이 때문에 자신을 인정하는 것이 더 힘들어진다. 예고 없이 찾아오는 감정 변화에도 대처해야 하고, 사랑하는 사람들이 자신을 불인정하는 메시지도 들어야 한다. 당신이 그냥 새로운 일로 기분이 좋을 때에도 주변 사람들은 도와준다면서 "진정해, 기분을 안정시켜 봐. 너 지금 조증인 것 같아."라고 말을 하고, 당신이 누구와 헤어져서 그냥 슬퍼하고 있을 때에도 주변 사람들은 "너 좀 우울해지는 것 같아. 약을 더 조절해야 하는 것 아니야?"라고 말을 히기 때문이다.

그래 맞다. 당신은 조울병 때문에 더 힘든 과제에 직면해 있다. '정상적인 감정'과 조울병의 증상인 감정 기복을 구분해야만 하는 것이다. 하지만 무엇보다 중요한 것은 지금 이런 감정이 나에게 존재한다는 것을 인정해야만 한다는 것이다.

인정하는 방법

그럼 인정하는 것은 어떻게 하는 것인가? 자신의 감정을 인정한다는 것은 기본적으로 자신이 그런 감정을 가지고 있다는 것을 허용한다는 것을 뜻한다. 이것은 이런 감정을 느끼는 것을 좋아해야 한다거나 바꾸지 말아야 한다는 것이 아니다. 그저 이 감정이 존재한다는 것을 받아들이고 자신이 그것을 느끼는 대로 허용한다는 뜻이다. 즉, 자신의 감정에 대해 비판단적인 상태로 있는 것이다.

레이몽의 사례에서 보면 그가 "나는 저 친구에게 부러움을 느껴."라고 자신에게 말했을 때, 여기에 어떤 판단이나 비난을 덧붙이지 않고 그저 그 느낌을 내버려두는 것이다. 이런 경우에 방정식은 다음과 같이 바뀐다.

부러움(일차적 감정)＋인정＝부러움(이차적 감정은 없음)

이 경우에 레이몽은 여전히 부러움을 느끼고는 있다. 그러나 그는 분노나 이외의 이차적 감정을 느낄 이유는 없는 것이다. 당신도 자신의 감정을 인정하면, 고통스러운 이차적 감정이 유발되지 않는다는 것을 알게 될 것이다. 물론 원래의 일차적 감정은 남아 있다. 하지만 우리가 한 가지 감정만을 가지고 있을 때에는 훨씬 쉽게 지혜로운 마음을 가질 수 있고 이 감정을 변화시키기 위해 무엇을 해야 할지 잘 파악할 수 있다. 많은 감정이 남아 있으면 이것을 한꺼번에 다루기가 힘들고 감정적 마음에 붙잡히기가 쉬운 것이다. 이 순서를 기억하라. 먼저 인정하고, 그 다음에 문제를 해결한다.

당신은 자신의 감정을 얼마나 잘 인정하고 있는가? 잠시 시간을 갖고 지난 제6장에서 연습한 '자신의 감정에 대해 알기' 연습을 다시 한 번 점검해보라. 자신이 감정을 다루는 패턴을 알고, 이런 패턴이 어디서 비롯되었는지를 잘 알 수 있게 될 것이다. 이전에 말했듯이 당신의 행동이나 태도가 어디서 시작되었는지를 알고 이것이 더 이상 자신에게 도움이 되지 않는다는 것을 안다면, 자신의 행동이나 태도를 바꾸기가 훨씬 쉬워진다. 그리고 모든 감정은 어떤 목적을 수행하는 기능을 가지고 있고, 우리에게 도움이 되기 위해 생긴 것이라는 것을 기억하라. 그러므로 이 감정들을 인정하라.

이제 감정을 인정하는 것에 도움이 되는 아래 연습 항목들을 완성시켜보자.

인정하는 법 배우기

1. 자신의 일반적인 감정들에 대해 생각해보라. 당신이 현재 불인정하고 있는 감정들이 있으면 아래에 써보라. 이들은 보통 자동적 사고여서 잘 찾아내기 어려울 수 있지만, 인내심을 가지고 감정을 느끼는 순간의 자기 생각을 면밀히 살피다 보면 찾아낼 수 있다. 몇 가지 예를 들어본다.

- 나는 슬퍼해서는 안 돼. 내가 왜 이러지?

- 멍청하긴! 내가 왜 지금 화를 내고 있지?

- 난 지금 흥분했어. 조증이 되는 게 틀림없어.

- _____

- _____

- _____

2. 다음으로 당신이 자신을 어떻게 불인정하는지를 살펴보라. 그리고 이런 불인정 메시지를 반박하는 말들을 찾아보라.

- 슬픔은 인간의 자연스러운 감정이야. 내가 슬퍼한다 해서 잘못된 것은 없어.
- 지금 화가 나는 데에는 이유가 있어. 그리고 나는 내 느낌을 가질 권리가 있어.
- 어떤 일에 대해 좀 흥분될 때가 있어. 지금 이 흥분된 느낌이 그냥 전형적인 감정일까, 아니면 조증 삽화의 시작일 수도 있을까?

- _____
- _____
- _____

3. 이제 당신의 감정을 인정하는 새로운 말을 자신에게 한다면?

- 나는 나 자신이 그런 느낌을 가지는 것을 허락하겠어.
- 나는 충분히 행복을 느껴도 돼.

- _____
- _____
- _____

당신이 인정하기 어려운 강한 감정들을 느낄 때에는 이런 인정하는 말들의 목록을 가지고 다니다가 한번 읽어보는 것도 도움이 된다. 기억하라! 당신이 자신의 감정을 인정하지 못하면, 당신은 자신에 대한 더 나쁜 감정을 만들게 되고 이것은 지혜로운 마음으로 가는 길을 방해하는 것이다.

감정 회피를 막는 법 : WATCH

어떤 사람들은 자기불인정에서 한 단계 더 나가서 특정 감정을 실제로 회피하기도 한다. 당신은 어떤지 잘 생각해보라. 당신도 특정 감정을 피하는 경향이 있는가? 그 감정이 느껴지면 마치 안 그런 척하거나 다른 데로 주의를 돌려버리는가? 아니면 이런 경향이 더 심해서 그러려고 하지 않는데도 불구하고 자동적으로 그런 감정에 마음의 문을 닫아버리는지도 모른다. 만일 자신이 어떤 감정에 문을 닫아놓고 있다면 WATCH라는 약자로 구성된 다음의 지침을 따라 감정을 회피하지 않는 연습을 하는 것이 좋다. 회피는 더 강하고 더 오래 지속되는 고통을 유발한다는 것을 기억해야 한다. DBT의 감정조절 기술(Linehan 1993a)에서 따온 다음의 WATCH 기법을 살펴보자.

관찰하라(Watch) : 자신의 감정을 관찰하라. 각 감정에 대한 경험을 마음에 기록(마음 노트)하라. 이 감정이 신체적으로는 어떻게 느껴지는지, 감정에 따르는 생각은 무엇인지 등을 살펴보라.

즉각적 행동을 피하라(Avoid acting) : 즉각적 행동을 피하라. 지금 느끼고 있는 것은 감정일 뿐 사실이 아니라는 것을 기억하라. 이 감정에 대해 반드시 해야 하는 행동 따위는 없다.

생각하라(Think) : 자신의 감정을 파도라고 생각하라. 감정은 가만히 두면 스스로 사라진다. 없애버리려 하면 오히려 사라지지 않는다.

선택하라(Choose) : 감정을 회피하지 말고, 자신이 그 감정을 경험하도록 스스로 선택하라. 감정을 경험하도록 수용하는 것이 나중에는 가장 이득이 된다.

도와주는 존재(Helpers) : 감정은 우리들을 도와주는 존재임을 기억하라. 감정은 어떤 목적을 위해 생긴 것이고 우리에게 중요한 것을 알려주기 위해 거기에 존재하는 것이다.

이런 지침을 기억함으로써 감정에 대한 회피를 줄이면, 당신은 자신의 감정에 대해서도 더 많은 것을 알게 되고, 감정을 더 효과적으로 조절할 수 있게 된다. 당신이 어떤 감정을 느끼고 있는지에 대해 확실히 모르면 감정을 조절한다는 것이 훨씬 더 어려운 것이다.

긍정적인 감정 증가시키기

감정을 조절하는 데 도움이 되는 또 다른 기술은 긍정적 감정을 증가시키는 DBT 기술이다.(Linehan 1993b) 조울병을 겪는 많은 사람들에게는, 주요 우울증이나 갑작스러운 우울 증상의 재발이 가장 고통스러운 시기이다(Thase 2005). 그래서 자신의 기분을 호전시키거나 적어도 우울한 정도를 줄일 수 있는 기술이 필요하다.

즐거운 활동

우선 기분이 우울할 때에는 즐거운 경험을 많이 하도록 노력하는 것이 슬픔을 경감시켜줄 수 있다. 하지만 이것을 실행하기란 매우 어렵다. 우울 상태의 사람들은 아무것도 하고 싶지 않고, 힘이나 의욕도 없고, 할 마음이 나지 않는다고 말할 것이다. 그리고 실제로 우울증 상태에서는 이런 것이 사실이다.

하지만 문제는 기분이 나아지려면 이런 즐거운 활동을 조금이라도 시작해야만 한다는 점이다. 의욕이 없다고 활동을 하지 않으면 기분도 나아지지 않는다. 그래서 우울증 상태에서는 쉽게 악순환에 빠지게 된다.

의욕이라는 것도 의욕이 생기는 어떤 활동을 시작해야만 생긴다. 설거지를 너무 하기 싫었지만, 일단 시작하면 그렇게 나쁘지는 않게 된다. 산책을 나갈 마음이 전혀 들지 않았지만, 일단 밖에 나가면 생각보다 좋게 더 많이 걸을 수 있게 된다.

같은 원칙이 즐거운 활동하기에도 적용된다. 일단 당신이 어떤 활동을 시작하면 실제로 이 활동을 즐길 수 있고, 그러면 기분이 전반적으로 나아지는 데 도움이 된다. 자, 이제 질문은 "당신은 어떤 즐거운 활동을 할 수 있는가?"가 된다. 이 질문은 우울한 사람들에게는 아주 어려운 질문인데, 실제로 우울한 상태에서는 아무것도 즐거울 것 같고 않고 어떤 것도 내 기분을 나아지게 할 것 같지가 않기 때문이다. 자리에서 일어나서 첫발을 떼는 것이 매우 어렵게 느껴진다면, 자신을 위로해주고 달래주는 것들이나 자신에게 평화나 만족을 가져다주는 활동은 없는지 생각해보라.

과거에 자신의 기분을 좀 나아지게 했던 활동이 있다면 그 활동을 다시 시작해보는 것도 좋다. 지난 제5장에서 배웠던 주의 전환 기법이나 고통 감내 기술의 목록을 다시 살펴보는 것도 좋다. 이들 중에 몇 가지는 당신에게 즐거움을 줄 수도 있는 것이다. 활동은 짧은 시간에 바로 할 수 있는 것을 고르는 것이 좋다. 이런 활동을 한다고 해서 우울증이 바로 사라지는 것은 물론 아니다. 작은 것부터 시작할 것을 권한다. 잠시 동안이라도 아주 조금이라도 당신의 기분을 나아지게 할 수 있는 방법을 생각하라. 이제 잠시 시간을 가지고 당신이 이전에 즐겼던 활동들, 그리고 지금도 하면 좋을 것들의 목록을 만들어보자. 아래에 몇 가지 예를 제시하였다.

- 친구와 함께 커피 마시기
- 햇볕을 받으며 밖에 앉아 있기
- 반려동물과 놀기
- 공원에 앉아서 아이들이 노는 것 바라보기
- 웃을 수 있는 영화 보기
- 당신이 좋아하는 사람과 시간을 더 보내기
- _____
- _____

- _____
- _____

당신이 매일 적어도 한 가지씩 인생에 약간의 즐거움과 만족을 주는 활동을 시도해본다면 더할 나위 없이 좋을 것이다. 이렇게 하는 것이 너무 어렵게 느껴진다면, 이런 것들이 결국 장기적으로는 당신의 기분을 좋아지게 한다는 것을 다시 한 번 기억하라. 오로지 당신만이 당신의 기분을 변화시킬 수 있다.

목표 정하기

지금 즐거운 활동을 하는 것이 매우 중요한 것처럼, 이런 즐거운 활동들을 정기적으로 수행해서 당신의 생활방식을 좋게 변화시키는 것도 무척 중요하다. 이를 위해서는 당신의 장기적인 목표를 정하는 것이 좋다. 당신의 생활에서 어떤 것을 변화시키고 싶은지 한번 생각해보라. 직장을 구한다든지, 학교로 돌아간다든지, 이사를 한다든지 하는 큰 변화를 원할 수도 있다. 하지만 작은 목표를 세우는 것도 효과적이고 보람이 있는 일이다. 중요한 것은 당신이 목표를 정하고 목표를 세운다는 점이다.

목표에 대해 이전에는 생각해본 적이 없다면 무엇을 당신의 목표로 해야 할지 잘 모를 수도 있다. 하지만 이에 대해 자신을 비난하지는 말고, 이제 목표에 대해 진지하게 생각해보면 된다. 나는 보통 사람들에게 이런 질문에 대해 생각해보라고 한다. 만일 당신이 원하는 것이 무엇이든 당신이 할 수 있다면, 어떤 것을 하고 싶은가? 그럼 이제 그것을 실현하기 위한 작업을 시작해보자. 예를 들어 시드니는 자신이 무엇이든 원하는 것을 할 수 있다면 마음챙김을 배우기 위해 티벳에 가고 싶다고 말했다. 당장 티벳에 가는 것이 불가능했지만, 그녀는 집 주변의 마음챙김 수련 모임을 찾아보았고, 하나를 찾아서 그 모임에 참여하였다.

목표 정하기

다음 기록지는 당신의 장기적 목표를 명확히 하는 데 도움이 된다.

1. 당신이 관심을 가졌던 것들을 모두 적어보아라. 전혀 시도해보지 않은 일이라도 좋다. 이것은 단지 자유롭게 무엇이든 생각해보는 브레인스토밍이므로, 마음속에 떠오르는 것을 무엇이든 적는 것이다. 아래에 몇 개의 예를 들었다.

- 새로운 언어를 배우기

- 스포츠를 하나 시작하기

- 운동하기

- 책 읽기

- 사진 찍기

- 춤 배우기

- 무언가를 수집하기

- 새로운 친구를 사귀기

- _____

- _____

- _____

- _____

- _____

2. 몇 가지가 생각나서 위에 적었다면, 그중에서 바로 시작하고 싶은 것이 있는가?

_____

_____

_____

3. 시작하고 싶은 것 하나를 고른 다음에, 이것이 지금 실현 가능한지를 살펴보자. 예를 들어 이런 활동에 돈이 필요할 수도 있다. 만일 영어를 배우고 싶다면 책을 사고 학원비를 낼 것인가, 아니면 인터넷에서 영어를 공부할 수 있는 사이트를 찾을 것인가? 마찬가지로 요가를 배우고 싶다면 학원을 갈 것인가, 아니면 영상물을 보면서 혼자서 집에서 배울 것인가? 활동을 실제로 하기 위한 구체적인 방법을 아래에 써보자.

_____

_____

_____

4. 당신의 목표를 달성하기 위해 필요한 첫 번째 단계는 무엇인가?(예 : 요가 영상물을 도서관에서 빌

릴 수 있는지 전화해서 알아보기. 만일 학교에 복학하려고 한다면 학교에 전화해서 복학에 어떤 것이 필요한지 물어보기)

———————————————————————————————————————

———————————————————————————————————————

———————————————————————————————————————

5. 이제 당신의 목표로 나아가기 위해 당신이 해야 할 첫 번째 일은 무엇인가?

———————————————————————————————————————

———————————————————————————————————————

———————————————————————————————————————

첫 번째 일을 하고 나면 당신은 목표에 다가가기 위해 필요한 것들에 대해 더 많이 알게 될 것이다. 이 과정은 한 단계 한 단계 작은 목표들을 달성해 나가는 과정이라는 것을 기억하라. 목표를 너무 높이 잡았다가 실패하는 것은 좋지 않다. 예를 들어 당신이 3년 동안 일을 쉬었다면, 당장 종일 근무하는 직장을 얻는 것은 무리이고, 성공하기가 어려울 것이다.

즐거운 활동을 생활 속에 융합한다는 것이 우울할 때에는 쓸데없는 일처럼 느껴지고, 목표를 정한다는 것도 우울할 때에는 의미 없고 하찮게 여겨진다. 하지만 이런 생활의 변화가 장기적으로는 당신의 기분을 호전시킨다는 것을 기억하라. 그러므로 천천히 시간을 가지고 실행해보라!

마음챙김을 통해 감정에 대한 인식 증가시키기

당신은 우울하거나 불안하거나 기타 고통스러운 감정을 느낄 때, 그 경험에 집중하기는 어렵지 않다는 것을 알고 있을 것이다. 당신은 그 감정에 사로잡히고, 그 감정은 당신을 과거로 데려가 비슷한 감정 상태의 기억을 끌어내고, 이는 다시 감정에 기름을 부어 악순환이 계속된다. 예를 들어 마이클은 2월의 어느 날 아침에 일어났을 때, 자기 자신이 아닌 것 같은 느낌을 받았다. 기분은 매우 우울했고, 침대 밖으로 나오기도 싫었으며, 직장에도 가기 싫고 그날 저녁 계획된 가족과의 저녁 식사도 하기 싫어졌다. 그가 침대에 누워 이런 것들을 생각하고 자기 기분이 얼마나 우울한가 생각하고 있을 때, 마이클의 마음은 그를 지난번 우울증 삽화로 고생하던 과거로 데려가 버렸다. 그는 이 기억 속에서 허우

적거리기 시작했다. 얼마나 끔찍했었나, 집에 틀어박혀 우울함을 먹는 것으로 달래다 보니 얼마나 살이 많이 쪘었나, 이런 체중 증가 때문에 얼마나 비참한 기분을 느꼈는지!

이런 과정을 깨닫지 못한 채 마이클은 기분을 더 나쁘게 만드는 일련의 생각에 사로잡혀 있었다. 만일 그가 현재의 순간과 지금 느끼는 감정에 대해 마음챙김을 할 수 있었다면, 기분이 나아지지는 않았더라도 더 나빠지지는 않았을 것이다. 마음챙김을 통해서 우리는 자기감정에 대한 인식을 증가시킬 수 있다(Linehan 1993b).

마음챙김을 하는 방법

나는 감정을 태풍에 비유하기를 좋아한다. 태풍처럼 우리의 감정이 강렬해지면 마치 우리가 조절할 수 없는 자연의 힘처럼 우리 인생의 많은 부분을 파괴하는 것이다. 자신의 감정에 대한 인식이 늘어나면 감정의 태풍에 휘말리지 않을 수 있다. 우리의 목표는 태풍을 어느 정도 거리를 두고, 있는 그대로 관찰하는 것이다. 이것은 당신의 감정을 회피하고 무시하고 연결을 끊으라는 것이 아니다. 당신이 거리를 두고 서서 태풍을 바라보면, 여전히 바람과 비는 느껴질 것이다. 하지만 차이점은 태풍에 휩쓸리지 않고 조절력을 잃지도 않고, 비교적 안전한 땅 위에 단단히 서서 태풍을 바라본다는 점이다. 당신의 감정을 마음에 기록하는 것도 태풍과 어느 정도 거리를 두어 휩쓸리지 않게 하는 한 가지 방법이다.

감정을 마음에 기록하기(마음 노트)

자신의 감정에 대해 마음챙김을 하는 것을 어려워하고 빨리 끝내고 싶어 하는 경우도 많으므로, 일단 타이머를 5분으로 맞추고 시작해보자. 조용히 앉아서 당신에게 어떤 감정이 떠오르든 그것을 마음에 기록하고 그 감정이 자신에게 미친 영향을 기술하라. 발생한 신체 감각을 알아차려 이름을 붙이고, 감정에 대해 생긴 생각들도 마음에 기록하라. 만일 자신이 불안해진다는 것을 알아차리면 그저 불안한 지금 느낌이 어떤 것인지를 자신에게 기술한다. 만일 몸 어딘가에 통증을 느끼면, 그저 그것을 자신에게 기술한다. 이 모든 것이 그저 당신의 경험의 일부분임을 기억하라. 당신이 느낀 것을 행동으로 옮길 필요는 없다. 당신은 그냥 이런 것들을 마음에 기록하고 다음에 무슨 일이 일어나는지를 보면 된다.

이런 연습들을 계속하면 자신과 자신의 감정 사이에 어느 정도 거리를 둘 수 있게 되어, 감정의 소용돌이에 빠지지 않게 될 수 있다. 감정을 마음에 기록하는 것은 감정을 평가하거나 비난하지 않는 것이며, 감정에 어떤 특별한 의미를 덧붙이지 않는 것이다. 그냥 감정이 거기 있음을 인정하고 받아들이기만 하면, 감정은 저절로 서서히 사라진다.

바다의 파도 이미지도 이런 경우에 적용 가능한 좋은 비유이다(Linehan 1993b). 당신의 감정을 해변을 때리는 파도라고 상상해보라. 파도가 점점 커지고, 정점에 이르고, 부서져서 다시 시작되고 하는 과정을 마음속에 그려보라. 파도는 그 자리에 머물러 있지 않는다. 파도나 태풍처럼 당신은 당신의 감정을 멀리 치워버릴 수는 없다. 그러므로 감정을 회피하지 마라. 그리고 감정에 매달리거나 주위를 맴돌지도 마라. 감정에 대한 인식을 높인다는 것은 그저 감정들이 오고 가는 대로 그 존재를 알고 인정한다는 것을 의미한다. 자신의 감정을 인정하고 수용하는 것을 연습한다면 감정에 사로잡히지 않을 수 있다.

감정에 대한 인식을 높이는 것은 또한, 긍정적 감정을 갖는 연습에 있어 중요한 기술이다. 사람들은 고통스러운 감정에 자신을 기꺼이 던지는 경향이 많은데, 긍정적인 감정에 대해서는 그렇게 하지를 못한다. 특히 우리는 기분이 우울할 때, 얼마나 자신이 기분이 나쁜지에 집중하고 있어서 좋은 감정이 있어도 이를 무시하는 때가 많다.

드미트리의 이야기

드미트리는 2주 전 우울증이 시작된 이후 단 한순간도 우울에서 벗어난 적이 없다고 했다. 하지만 우리가 드미트리의 지난 24시간의 활동을 점검해보니 그도 잠시 즐거웠던 순간이 있었다. 공원에서 강아지가 뛰는 것을 보았을 때, 8개월 된 딸이 자는 것을 보았을 때, TV에서 그가 좋아하던 만화를 보았을 때. 물론 이런 순간들은 매우 짧았기에 그를 우울증에서 꺼내주지는 못했다. 하지만 드미트리는 자신이 부정적인 감정에 너무 집중하고 있어서 이런 좋은 순간들을 잊고 있었다는 것을 깨달았다. 이를 알게 된 후 드미트리는 이런 긍정적인 순간들에 좀 더 집중하려고 노력했고 그의 우울증은 아주 조금 나아졌다.

지난 24시간 동안 당신이 경험한 긍정적인 순간들을 아래에 써보라. 꼭 당신을 행복하게 해준 거창한 것일 필요는 없다. 아주 조금이라도 만족했거나 기분이 좋았거나 편안했던 순간들을 생각해보면 된다.

- _____
- _____
- _____

잘 써보았는가? 만일 당신이 긍정적 경험을 하나도 찾지 못했다면, 이것이야말로 당신이 집중하고 연습해야 할 기술이다. 보통 지난 24시간 동안 긍정적인 감정을 느낀 순간이 있었는데도 불구하고 주의를 기울이지 않았기 때문에 모르고 있는 경우가 많기 때문이다.

때로 우리에게 긍정적 감정을 잘 챙기지 못하게 하는 가장 큰 적은 걱정하는 생각이다. 좋은 일이 있어도 언젠가 끝나겠지 걱정하고, 끝나면 얼마나 힘들까 걱정하고, 내가 이런 행복을 느껴도 되나 걱정하고, 다시 조증이나 우울증이 생기면 어떻게 하나 걱정하는! 이런 목록은 끝없이 계속될 수도 있다. 사실 모든 조울병 환자는 다음에 조증이나 우울증이 생길 것에 대해 걱정을 할 수밖에 없다. 그래서 "걱정 마. 다 잘될 거야."란 말은 차마 못하겠다. 조울병은 심한 기분 변동, 잘못된 판단, 파괴적인 행동 등으로 많은 고통스러운 결과를 초래할 수도 있는 큰 질병이기 때문이다.

하지만 기억해야 할 것은 당신이 걱정으로 보내는 매 순간, 어떤 일이 벌어질까 걱정하는 매 순간에, 당신은 자신의 현재 감정을 잘 살피지 않고 있다는 점이다. 평균적으로 조울병을 가진 사람들은 자신의 성인기 인생 중 3분의 1을 우울 증상과 함께한다는 연구 보고가 있다. 당신은 정말로 좋고 편안한 순간이 여기에 있을 때에도 이것을 놓치고 싶은가?

마음챙김을 통해 자신의 감정에 대한 인식을 높이는 것은 당신의 감정이 '정상적'인지 아니면 조울병과 연관이 있는 감정인지를 구별하는 데도 도움이 될 것이다. 전에 말했듯이 조증이나 경조증이 아닌 상태에서도 당신은 흥분 감정을 느낄 수 있다. 우울증이 아닌 상태에서도 가끔은 슬픈 감정을 느낄 수 있다. 이때 자신에게 이런 질문을 던져보아야 한다 "슬픈 것과 우울한 것은 어떻게 다를까?" 혹은 "정상적인 흥분과 조증이 되었을때 느끼는 흥분은 어떻게 다를까? 예컨대 당신은 슬픔을 느낄 때 특정한 상황과 이런 슬픔 감정을 잘 연결시킬 수 있을 것이다. 반면 우울한 경우에는 우울 감정을 불러일으킨 특정 상황을 찾을 수 없을 때가 많다. 또는 당신이 느끼기에 조울병과 연관된 감정은 강도가 세고 그렇지 않은 일반 감정은 강도가 약하다든지, 조울병과 연관된 감정은 훨씬 더 오래 지속된다든지 하는 차이를 느꼈을 수도 있다. 어떤 사람은 신체적 감각을 통해 이 두 감정을 구분하기도 한다. 이런 것들은 모두 당신이 참고할 수 있는 사례들이지만, 개개인의 감정은 미묘하게 서로 다르므로 당신 자신의 기준을 설정하기 위해서는 자신의 감정들을 잘 살펴보아야 한다.

지난 제6장에서 살펴본 감정들에 대해 자가평가를 도와주는 기록지를 아래쪽에 제시하였다. 이 기록지를 잘 이용하기 위해서는 이 감정들을 모두 이전에 경험한 적이 있고 이 감정들에 대해 마음챙김도 연습하여 감정에 대한 많은 정보들을 알고 있는 것이 좋다. 그렇지 않다면 이 감정의 기억을 떠올려서 기록지를 먼저 작성하고, 나중에 감정에 대한 마음챙김이 어느 정도 이루어진 후에 이 연습으로 다시 돌아와도 좋다.

할 수 있는 한 충분히 연습하라. 이 기록지를 작성하는 데 시간이 아주 많이 걸려도 좋다. 중요한 것은 정확하게 해서 당신에게 감정 경험에 대한 통찰을 잘 제공하는 것이다. 그 감정이 일반적인 감정이든 기분 삽화와 연관된 감정이든.

감정과 감정 증상 기록지

감정	나는 전형적으로 이 감정을 어떻게 경험하는가?	나는 조울병 삽화 중에 있을 때 이 감정을 어떻게 경험하는가?
분노		
행복		
슬픔		
불안과 공포		
사랑		
수치심과 죄책감		

지금까지 이 장에서는 감정에 대한 인식을 높이는 기술들을 배웠다. 또한 자신의 감정을 인정하고 수용하는 것의 중요성, 그리고 이것이 감정의 강도를 줄여준다는 것을 배웠다. 그리고 단순한 정상 감정과 조울병으로 비롯된 감정을 구분하는 것도 배우기 시작하였다. 이 다음 기술도 특정 상황에서 당신의 감정을 줄이거나 변화시키도록 돕는 기술인데, 제목은 충동에 반대되는 행동하기이다.

감정을 악화시키는 충동에 저항하기

전에 말한 것처럼 감정은 항상 충동을 동반한다. 예를 들어 당신이 화가 나면, (말로든 신체적으로든) 공격을 하고 싶은 충동이 생긴다. 당신이 우울하면 홀로 칩거하고 싶은 충동이 생긴다. 당신이 불안하면 불안을 유발하는 것은 무엇이든 회피하고 싶은 충동이 생긴다. 우리가 이런 충동에 따라 행동하는 것은 그렇게 하는 것이 틀림없이 맞다고 느껴지기 때문이다. 하지만 이런 자신의 행동을 지혜로운 마음의 관점에서 바라본다면 이렇게 충동에 따라 행동하는 것이 좋은 선택이 아니며, 오히려 피하려던 감정을 더 악화시킨다는 것을 깨닫게 된다. 예를 들어 당신이 화가 나서 상대를 말로 공격한다면, 당신은 스스로 자신의 화에 연료를 공급하는 것이며 당신의 가치와 도덕에 맞지 않는 행동을 한 것이기 때문에 나중에 자기 자신에 대한 부정적 감정을 발생시키게 된다. 만일 당신이 우울할 때 혼자 칩거한다면 이는 당신에게 더한 외로움과 절망감을 느끼게 할 것이고 슬픔은 더욱 가중될 것이다. 그리고 불안하다고 해서 그 상황을 회피하는 것은 장기적으로는 그 불안을 증가시키는 작용을 한다.

충동과 반대되는 행동하기

충동과 반대되는 행동하기 기법은 말 그대로 당신의 감정에 따라다니는 충동을 파악하고 그 다음 그 충동과 반대되는 행동을 하는 것이다. 일단 감정이 생기면 자신의 역할을 하지만(예 : 감정은 뭔가 바뀔 필요가 있다고 당신을 일깨우는 역할을 하지만), 감정은 때때로 우리가 효과적인 행동을 하는 것을 방해한다. 당신이 상사에게 심하게 욕을 들어서 화가 났다고 가정해보자. 이때 당신의 화는 당신에게 자신이 이런 대우를 받기 싫어한다는 것을 알리는 역할을 한다. 하지만 화나는 감정은 당신이 상사와 효과적으로 대화하는 데 방해가 되기 쉽다. 화를 분출하고 싶은 당신의 충동과 오히려 반대로 행동하는 것이 더 효과적인 것이다. 이때 이것은 당신의 감정을 무시하는 것이 아니라, 감정을 표현하는 데 도움이 되는 일을 하는 것임을 알아야 한다. 만일 충동과 반대되는 행동이 회피인 경우(화가 나는 경우처럼)에는 나중에 다시 그 문제를 다루어야 한다는 것을 기억해야 한다. 문제가 해결되지 않는다면 그 상황에 대한 감정도 해결되지 않고 점점 더 쌓일 것이다. 이렇게 계속 쌓이면 언젠가 감정이 폭발하거나(그 사람에게 소리를 치는 것처럼), 도움이 되지 않는 방향으로 결말지어진다(관계가 아예 끊어지는 것처럼). 위의 예에서 당신은 화가 가라앉을 때까지 상사를 피하는 전략을 선택했을 것이다. 그러나 이후에 상사를 찾아가서 자신이 심하게 무시당한 느낌을 받았다는 것을 이야기해야 한다. 그렇지 않으면 쌓아두다가 상사에게 폭발할 수도 있고, 직장을 그만두고 나중에 후회할 수도 있다.

어쨌든 충동과 반대되는 행동하기 기술을 이용함으로써, 때로는 자신의 감정을 줄일 수 있다. 당신이 화가 났을 때 상대를 말로 공격하지 말고, 공격 충동에 반대되는 행동, 즉 그 상황을 '부드럽게 피하는' 기술을 쓰는 것이다(Linehan 1993b, 161). 만일 상대가 직장 상사라서 피할 수가 없는 경우라면 공격 충동에 반대되는 행동은 그 사람에게 그냥 예의바른 태도를 보이는 것이다. 이런 행동을 하면 실제로 당신의 분노는 어느 정도 가라앉을 것이다. 최소한 분노가 더 불붙지는 않을 것이다.

그런데 하나 더 알아야 할 것이 있다. 화에 대한 충동은 행동 충동만이 있는 것이 아니다. 화가 날 때 당신은 상대방이나 그 상황을 어떤 식으로든 비난하고 있다. 이런 생각도 충동인 것이다. 그래서 충동과 반대되는 행동하기 기술은 행동에 대해서나 생각에 대해서도 적용하는 것이 좋다(Linehan 2000). 만일 상사에게 화가 난 위의 예에서 상사에게 예의바른 행동을 하고 있더라도, 생각으로는 "저런 나쁜 자식, 너는 나에게 대접받을 가치가 없는 놈이야. 저런 놈에게 예의바르게 하고 있다니 난 지금 뭘 하고 있는 거지?"라는 생각을 하고 있다면 화는 줄어들지 않을 것이다. 이런 생각은 화에 불을 더 붙이는 작용을 한다. 그러므로 이 기술을 사용할 때에는 행동, 생각 등 모든 수준에서 이루어지도록 연습하고 수행해야 한다. 이를 위해 예의바른 행동을 할 때 머릿속에는 비판단적인 생각을 하는 것이 좋다.

이제 우울한 경우의 사례를 살펴보자. 우울할 때의 충동은 주로 홀로 칩거하는 것인데, 이에 대한 반대 행동은 무엇일까? 아마도 어떤 방식으로든 바깥과의 연결을 하는 것일 것이다. 주변의 다른 사람을 만나려고 노력하고 지인에게 전화도 하는 등의 활동이 좋다.

불안한 경우에는 많은 사람들이 불안을 유발하는 상황을 회피한다. 불안에 대해서는 다음 제8장에서 더 많이 논의할 것이지만, 지금은 불안 충동에 반대되는 행동은 불안 상황에 다가가는 것이라는 것만 기억하자. 만일 사교적 상황에 불안을 느낀다면, 일부러 사교적 상황에 가 있는 것이다. 하지만 당신 몸은 그 상황에 가 있는데 마음은 회피를 하고 있을 수도 있다. 이것은 이 기술을 완전히 수행하는 것이 아니다(Linehan 2000). 당신이 사교적 상황에 갔지만 다른 사람과의 대화를 피한다면 그것은 여전히 회피를 하고 있는 것이다. 다가가서 직면하는 것이란 몸만이 아니라 마음도 다가가서 거기 있는 사람들과 대화를 하는 것이다(Linehan 1993b).

수치심과 죄책감을 느끼는 경우에도 충동과 반대되는 행동하기는 매우 효과적이다. 이 감정의 기능은 당신이 뭔가 자신의 도덕이나 가치관에 맞지 않는 행동을 했을 때 당신을 일깨워주는 것인데, 그렇지 않은 경우에 수치심과 죄책감이 나타났다면 충동에 반대되는 행동을 할 필요가 있다. 지난 제5장에서 자신을 위로하고 안정시키는 활동들에 대해 배운 것을 기억하는가? 많은 사람들은 이렇게 자신을 위로하고 안정시키는 활동을 하면서 죄책감을 느끼기도 한다. 수치심과 죄책감에 따르는 충동은 이런 감정을 불러일으킨 행동을 그만두는 것인데, 이 경우에는 자신을 위로하는 행동을 그만두는 것이 되겠다. 자신을 위로하는 행동이 왜 당신의 가치관에 맞지 않는 것인가? 이런 죄책감은 결국 잘못 부과된 것이다. 그러므로 당신이 그럴만하지 않은 일에 수치심과 죄책감을 느끼고 있다면, 그냥 그 감정을 불러일으킨 활동을 계속해야 한다. 그러면 시간이 지나면서 수치심과 죄책감은 사라질 것이다.

경조증과 연관된 감정에 따라 일반적으로 생기는 충동에 대해서도 반대 행동을 하는 것이 조증이나 우울증으로 빠지지 않게 도와준다. 경조증이나 조증이 될 때, 당신은 아마 더 자극적인 활동을 하고 싶은 충동을 느낄 것이다. 이런 충동적 활동은 조증을 더 심화시킨다. 그러므로 이 충동에 대한 반대 행동은 자극을 피하고, 진정하고 이완하고 위로하는 활동을 해야 하는 것이다.

그런데 어떤 사람들은 이런 감정에 빠지지 않는 기술과 감정을 느끼지 않는 척하기를 혼동하기도 한다. 강조하지만 감정을 느끼지 않는 척하는 것이 이 기술의 목표가 절대 아니다. 충동과 반대되는 행동하기 기술은 당신이 감정을 계속 느끼는 것이 당신에게 도움이 되지 않을 때만 적용하는 것이다. 다른 말로 하면 당신이 감정을 느끼고 왜 감정이 생겼는지도 아는데, 감정이 당신의 목표를 방해하고 지혜로운 마음을 방해하는 경우에 적용하는 것이다.

이 기술을 적용한 다음에는 기록을 해서 잘 적용했는지 분석하고 다음에는 어떻게 할 것인지를 생각해보는 것도 좋다. 다음 페이지의 기록지를 이용하라. 가능한 한 자세히 기록하는 것이 좋다. 기록을 해보면, 이 기술을 잘 수행해서 효과가 있었는지, 아니면 충동에 따라 행동해서 별 효과가 없었는지를 알 수 있다.

충동 반대 행동 기록지 : 예

상황	감정	충동(행동 충동)	수행한 행동	결과
(이 감정을 불러일으킨 사건은 무엇인가?)	(당신이 느낀 감정은 무엇인가?)	(그 감정에 따르는 충동은 무엇인가?)	(당신이 실제로 수행한 행동은 무엇인가?)	(그 행동의 결과는 무엇인가? 감정은 증가했나, 감소했나? 당신의 목표는 달성했나? 후회하지는 않았나?)
나는 뜨거운 목욕을 해서 나 자신을 안정시키는 휴식을 취하기로 결정했다.	죄책감	목욕은 그만두고 뭔가 생산적인 일을 해야 해.	애초 계획했던 대로 욕조에 그대로 충분히 20분간 머물렀다.	죄책감은 서서히 사라졌다. 나 자신을 안정시키려는 목표도 달성했고, 이것이 장기적으로는 나에게 도움이 된다는 것을 안다. 후회하지 않는다.

충동 반대 행동 기록지

상황	감정	충동(행동 충동)	수행한 행동	결과
(이 감정을 불러 일으킨 사건은 무엇인가?)	(당신이 느낀 감정은 무엇인가?)	(그 감정에 따르는 충동은 무엇인가?)	(당신이 실제로 수행한 행동은 무엇인가?)	(그 행동의 결과는 무엇인가? 감정은 증가했나, 감소했나? 당신의 목표는 달성했나? 후회하지는 않았나?)

이 장의 총정리

이 장에서는 자신의 감정을 견디는 기술들을 배우고 연습하였다. 또한 이 감정들의 강도를 줄여서 견디기 쉽게 만드는 기술들도 배웠다. 그런데 뭔가를 변화시키려면 그것이 거기 있다는 것을 알아야 하므로, 마음챙김은 이 모든 기술이 잘 작동하게 해주는 매우 중요한 요소이다. 바라건대 당신이 자신의 감정에 대한 자신의 태도를 잘 알아차려서 현재의 대처 방식이 왜 효과적이지 않은지를 알게 되었으면 한다.

자신의 감정에 대한 인식이 늘어나면 당신은 감정들을 잘 파악하게 되어 그 감정들을 인정할 수 있게 된다. 최대한 즐거운 활동에 대한 참여를 늘리고, 자신의 목표를 만들고, 느끼는 감정이 무엇이든 그대로 마음챙김하라. 마지막으로 충동과 반대되는 행동하기를 연습해서 고통스러운 감정을 줄이도록 시작해보라. 이 책의 내용들은 천천히 스스로 실행해볼수록 효과를 많이 얻을 수 있다는 것을 기억하라. 각각의 장에서 제시하는 기술들을 연습하고 기록지들을 모두 작성하고 실행하여라.

다음 장에서는 불안이라는 특정 감정에 더 집중해서 살펴볼 것이다. 불안은 조울병 환자들에게도 많은 고통을 주고 일상생활 능력에도 큰 지장을 주기 때문이다.

08

불안장애의 추가적인 고통

조울병 환자들은 아주 흔하게 불안을 경험한다. 한 연구는 조울병 환자의 51.2%가 일생 중 한 번 이상의 불안장애를 겪는다고 보고하였다(Simon et al. 2004). 조울병에 동반되는 불안장애는 조울병의 기분 불안정을 심화시키고, 자살 시도율도 높이고, 알코올이나 약물 문제도 악화시키고, 직장 일이나 육아 같은 일상생활의 역할 기능도 해쳐서 삶의 질을 떨어뜨린다.

이렇게 조울병뿐 아니라 불안장애를 겪는 것도 많은 고통을 초래하는데, 불안이 조울병의 일부분인지 아니면 따로 불안장애가 있는 것인지를 구분하는 것도 쉽지가 않다. 그러므로 당신이 불안을 느낀다면 담당 정신과 전문의에게 꼭 이런 증상을 알리고 상의해야 한다. 만일 따로 불안장애가 있다면 의사가 추가로 약을 처방하거나 알맞은 정신/심리치료를 권할 수도 있기 때문이다.

이 장에서는 불안에 대한 이해를 넓히기 위한 여러 가지를 배울 것이다. 당신이 불안장애를 가지고 있든, 아니면 조울병 증상의 일부분으로 불안을 가지고 있든 간에, 불안에 잘 대처하고 줄일 수 있는 방법이 있다. 먼저 정상적인 불안(순기능적인 불안)과 역기능적인 불안을 구별해보자.

정상적인 불안과 역기능적인 불안

불안이란 것은 인간의 정상적인 감정이고, 우리 모두는 때때로 불안을 느낀다. 불안은 우리가 학교나 직장에서 발표를 할 때, 매력적인 사람에게 말을 걸 때, 운전을 배울 때, 다양한 상황에서 우리에게 나타난다. 이렇게 우리가 불안하고 두려워하고 신경이 예민해지는 것이 정말로 당연한 경우가 아주 많은 것이다. 이제 근본적인 질문이 떠오른다. 그렇다면 정상적인 불안은 무엇이고 언제 그 불안이 병이 되는 것일까?

일반적으로 순기능적인 불안은 특정 상황에 연결되어 있다. 예를 들어, 발표하는 것에 불안을 느꼈다면 발표가 끝나면 불안은 바로 사라진다. 역기능적인 불안은 보통 무엇이 불안을 일으켰는지 자신도 모를 때가 있다. 역기능적 불안을 느낄 때는 이 불안이 특정 상황과 연결되어 있다고 느껴지지가 않으며 상황이 바뀐다고 끝나지 않을 수도 있는 것이다.

역기능적인 불안의 또 하나의 특징은 일반적인 불안에 비해서 그 강도가 매우 강하다는 것이다. 순기능적인 불안도 불편하기는 하다. 발표할 것을 생각하면 심장 박동도 빨라지고, 몸도 떨리고, 속이 안 좋을 수도 있다. 하지만 역기능적인 불안은 강도가 훨씬 세고, 아주 심해지면 공황 발작까지도 생기는 것이다. 마지막으로 역기능적인 불안은 우리의 일상생활을 방해하는 것이다. 예를 들어, 직장일이나 학교, 인간관계 등의 일상에 지장이 될 정도면 그 불안은 역기능적이라 할 수 있다.

아래에 당신이 가지고 있는 정상적인 불안, 순기능적인 불안을 몇 가지 써보자.

이번에는 당신이 느낀 불안이 역기능적이었다고 생각되는 경우를 써보자.

불안의 기능

지난 제7장에서 본 것처럼 우리의 모든 감정은 어떤 기능을 위해 존재한다. 불안은 주변에 당신에게 위협이 되는 무언가 위험한 것이 있다는 것을 말해주는 감정이다. 그리고 불안은 당신을 움직이게 해서 그 위협과 싸우든지 아니면 살기 위해 도망가든지를 하게 해준다. 우리의 뇌가 위험을 감지하면 교감신경계가 흥분하여 우리의 공포 반응을 발생시키는데, 이것은 확실히 우리의 몸이 자신을 방어하려는 생존 시스템인 것이다.

교감신경계의 흥분은 아드레날린 호르몬을 생성시키고, 이것은 심장 박동의 횟수와 강도를 증가시킨다. 우리의 혈액도 더 활발히 순환하고 싸우거나 도망가기 위해 필요한 곳에 우선적으로 혈액이 공급되게 된다(예 : 팔과 다리의 큰 근육에 혈액 공급이 늘어나 더 **빠른** 행동이 가능하게 하는 것).

하지만 이런 증상을 느낄 때 이것을 심하게 불편하다고 심지어 무섭다고 느끼고, 이런 감각에 대한 생각이 왜곡되고 과장되어 **재앙화**한다면 역기능적 불안이 된다. 재앙화란 불안한 감각에 대해 **끔찍한 재앙**이라고 생각하는 것을 말하는데, 이런 신체 감각이 뭔가 끔찍한 일을 가리키는 것이라 생각하는 것이다. 즉, 자신이 경험하는 감각에 대해 불안한 생각을 하면, 이런 생각이 불안을 더 심화시키는 것이다. 심장 박동이 빠르게 뛸 때, "아, 지금 심장 마비가 오는구나!"라고 생각한다면 이 생각이 불안을 더 심화시킨다. 아래의 기록지에 불안에 동반되는 신체 감각들을 제시하였다. 이 감각들을 느꼈을 때 어떤 재앙화 생각을 하지는 않았는지 한번 써보라.

감각과 생각을 연결하기

불안 감각	재앙화 생각
빠른 심장 박동의 증가	
숨이 차는 느낌, 가슴이 답답하고 무거움	
어지러움, 두통	
구역감, 설사	

이제 당신이 불안 감각에 대해 어떤 재앙화 생각을 가지고 있는지를 파악했다면, 이 감각에 대해 더 자세히 이해하는 것이 불안을 낮추는 데 도움이 된다. 전에 논의한 것처럼, 불안에 따르는 신체 감각들은 이유가 있어서 생기는 것이다. 우리가 위험 상황에 처했다고 우리의 뇌가 생각하고 있기 때문에 우리 몸 안에 필요한 일들이 진행되고 있는 것이다. 그럼 이제, 이런 과정의 진행이 우리에게 어떤 영향을 끼치는지 살펴보자.

불안 감각에 대한 생리적 설명

불안 감각	생리적 설명
빠른 심장 박동의 증가	우리 몸의 투쟁 혹은 도피 반응(우리 몸이 싸움이나 도망을 준비하는 반응)으로 인해 아드레날린이 증가되어서
숨이 차는 느낌, 가슴이 답답하고 무거움	교감신경계가 활성화되어서 흉곽을 둘러싼 근육들이 수축하기 때문에
어지러움, 두통	큰 근육들로 혈액 공급이 늘어나기 때문에 뇌의 동맥들이 수축되어서
구역감, 설사	큰 근육들로 혈액 공급이 늘어나기 때문에 소화 작용이 줄어들어서

출처 : Bourne 2000

이런 생리적 설명을 알고 나면, 불안 감정과 그에 따르는 신체 감각들에 대해 더 잘 알게 되어 불안을 줄이는 데 도움이 된다. 우리의 불안을 일으키고 재앙화 생각을 만드는 그 감각이 사실은 우리를 위험한 상황에서 구해주는 감각과 같은 신체 감각인 것이다. 단지 차이점은 우리 주변에 실제 위험한 것이 있느냐 없느냐 하는 주변 환경의 차이점이다. 즉, 당신이 발표를 하거나 모임에 갈 때 느끼는 불안이나, 누가 "불이야!" 하는 소리를 지르고 실제로 위험한 순간이나 우리 몸에서는 같은 감각이 나타나는 것이다. 그리고 불안의 신체 반응은 마치 전등 스위치처럼 작동한다. 켜지거나 아니면 꺼지거나 둘 중의 하나이고, 그 중간 상태는 없다(Denisoff 2007).

불안은 이렇게 분명한 이유가 있을 때 작동한다. 그리고 생각을 면밀히 하기 전에 미리 반응한다. 이것이 자신을 보호하기에 유리하기 때문이다. 당신이 "불이야!"라는 누군가의 외침을 들었다면, 당신은 그 사람의 의도가 무엇인지 왜 그런 소리를 질렀는지 멍하니 생각하고 있지는 않을 것이다. 일단 당신의 공포 반응이 자동적으로 작동해서 당신의 몸을 재빨리 반응하게 하고, 소리가 난 반대 방향 쪽으로 달아날 것이다.

예를 하나 더 들어보자. 당신이 혼자 골목길을 걷고 있는데, 누군가 튀어나와 당신에게 총을 겨누며 돈을 내놓으라고 요구한다. 당신은 어떻게 할지 곰곰이 생각할 것인가? 아닐 것이다. 공포심이 당신의 몸을 움직여 자동적으로 돈을 건네게 될 것이다. 이런 관점에서 불안이란 것을 살펴보면, 불안이란 우리의 생존을 위해 정말로 유용한 감정이란 것을 알 수 있다. 하지만 때때로 사람들은 실제로 안전이 위협받지 않는 상황인데도 불안을 느낀다. 이런 경우 불안이 역기능적이 되고, 질병으로 변하는 것이며, 이런 불안에 대해 우리는 치료를 해야 하는 것이다.

불안장애의 종류

우리나라에서도 주로 쓰이는 미국정신의학회의 **정신장애진단 및 통계편람**(DSM)에는 여러 종류의 불안장애가 등재되어 있다(APA 2000). 여기서는 그중에서 조울병에 흔히 동반되어 나타나는 불안장애 세 가지만을 살펴볼 것인데, 범불안장애(generalized anxiety disorder), 사회불안(social anxiety), 공황장애(panic disorder)가 그것이다. 다음으로 우리는 이 책에서 이미 배운 기술들을 불안 감각에 대처하는데 어떻게 이용하는지를 살펴볼 것이다. 마지막으로 불안에 대처하는 특징적인 기술들을 자세히 살펴볼 것이다.

범불안장애

범불안장애(Generalized Anxiety Disorder)는 일상생활 환경의 스트레스(경제적 문제, 인간관계, 건강, 가족 문제, 직장이나 학교 문제)에 대해 만성적이고 지속적으로 걱정을 하는 상태로 대표되는 질환이다. 범불안장애가 있으면 많은 시간을 이런 걱정으로 보내고, 걱정을 잘 조절할 수가 없다. 즉, 이런 걱정의 생각에 계속 사로잡혀 있는 것이다.

범불안장애로 진단되려면 불안이 적어도 6개월 이상 지속되어야 하고, 안절부절못함, 수면 문제,

쉽게 피로해짐, 근육 긴장, 자극 민감성, 집중력장애 증상 중에 적어도 세 개 이상을 보여야 한다. 많은 사람들이 때로는 이 기준에 맞을 수가 있으므로, 불안이 순기능적인지 역기능적인지를 구분하는 것도 중요하다. 범불안장애의 불안은 일반적 상황에서 보통 느껴지는 불안에 비해 강도가 세고, 불안으로 인해 여러 사회생활 기능이 떨어지고, 그 스트레스 상황이 끝나도 사라지지 않는 경향이 있는 것이다.

케빈의 이야기

케빈은 37세이고 오랜 기간 조울병과 범불안장애로 고생을 했다. 현재 조울병은 잘 치료되고 있어서 그의 기분 상태는 많이 안정되어 있다. 그러나 그의 불안은 매우 심해서 일을 하지 못하고 장애인 재활원에서 살고 있다. 케빈은 자신이 항상 뭔가 불길하고 걱정을 이것저것 끊임없이 하는 상태라고 설명했다. 그는 이런 불안감을 유발시키는 것을 딱 하나로 집어내지 못하고, 여러 가지에 대해 계속 걱정을 하고 있음을 인정했다. 케빈의 걱정거리에는 조울병이 다시 악화되어 병원에 입원하는 것, 이전에 도박이니 미약을 했었던 것도 포함되어 있었고, 재활원의 치료 기간 동안 잘 버틸 수 있을까, 차가 망가지지는 않을까, 조금이나마 가지고 있는 자유를 잃지는 않을까, 경제적 도움을 주고 있는 부모님이 돌아가시면 어쩌나 등 수많은 걱정을 하고 있었다.

이런 지속적인 걱정의 결과로 케빈은 밤에 수면제 없이는 잠을 잘 수 없었고, 어떤 것에도 집중이 안되어 기억력도 좋지 않았고, 쉽게 민감해졌다. 항상 미래에 대한 걱정에 사로잡혀서 어떤 것도 즐길 수가 없었다.

조울병이 있는 사람들 중 18.4%가 일생 중 한 번은 범불안장애를 겪는 것으로 조사되었다. 이는 일반 인구에서의 범불안장애 발생률 5.1%에 비해 아주 높은 수치이다.

잠시 시간을 가지고 범불안장애의 증상 중 자신이 느껴본 것이 있는지 생각해보자. 그 증상에 대해 생각나는 것은 어떤 것이든 아래에 써보자.

_____

_____

_____

사회불안

사회공포증으로도 불리는 사회불안(Social Anxiety)은 사람을 만나는 사회적 상황 혹은 자신이 타인으로부터 평가를 받는 상황에 대해 심한 공포를 갖는 것을 말한다. 회의에 참석하는 것, 낯선 사람을 만나는 것, 백화점에 가는 것, 청중 앞에서 발표를 하는 것이나 공공장소에서 글씨 쓰기, 음식 먹기, 공중화장실 이용이나 사람이 많은 곳도 두려워하는 사람들이 있다. 사회불안의 핵심 불안은 다른 사람 앞에서 당황하는 것, 예컨대 자신의 행동이나 말이 다른 사람들에게 이상하게 비쳐져서 자신을 멍청하거나 미쳤거나 이상하다고 생각할까 봐 두려워하는 것이다.

사실 많은 사람들이 이런 종류의 불안을 가지고 있다. 우리는 대부분 다른 사람이 우리를 어떻게 생각할까 신경을 쓰고, 청중 앞에서의 발표를 꺼린다. 그렇다면 사회불안은 이런 일반적인 경우랑 무엇이 다른 것일까? 다시 말하지만 이 구별에는 불안의 강도도 중요하고, 특정 상황과의 연관, 그리고 그 불안이 당신의 능력을 제한하는 정도가 중요하다. 당신은 다른 사람이 당신을 어떻게 생각하는지 조금 걱정할 수 있다. 하지만 이 걱정이 사람 만나는 상황을 피하게 만들거나, 공황발작을 유발하거나, 일상생활의 기능을 저하시킨다면 이것은 역기능적인 불안인 것이다. 청중 앞에서 발표하는 것에 대한 불안도 일반적인 불안에 비해 강도가 세고, 상황이 끝나도 불안이 사라지지 않으며 일상생활에 지장을 준다면 역기능적인 불안이 된다.

그리고 사회불안이 있는 사람은 보통 예기 불안도 겪는다. 예기 불안이란 어떤 일이 있기 전에 그에 대해서 너무 많은 걱정을 하는 것이다. 일단 사회불안 상황이 되면 가장 걱정되는 부분에 초점이 맞추어지는 경향이 있다. 예를 들어 얼굴이 붉어지고 땀이 나기 시작하면 그것이 그 사람의 모든 마음을 사로잡아서 그 감각에 집중하게 되고 이것이 다시 불안을 증가시키는 작용을 하게 된다.

그리고 사회불안을 가진 사람은 자신에 대한 다른 사람의 부정적인 평가를 암시하는 신호는 없는지 매우 민감하게 살펴본다. 즉, 그들은 자기 주변 사람들을 항상 신경 쓰고, 자기가 말이나 행동을 실수해서 주변 사람들이 자신을 이상하게 보지는 않는지 항상 불안해한다. 이렇게 주변에 대해 지속적으로 신경을 쓰고 살펴보기 때문에 많은 에너지가 소모되고 불안은 더 커지게 된다.

루프의 이야기

루프는 34세로 오랫동안 조울병을 겪고 있지만 성공한 부동산 업자이다. 몇 달 전 루프의 부인은 그에게 별거를 요구해서 3살된 아들을 데리고 집을 나갔다. 그 결과 루프는 아들을 자주 볼 수 없게 되었고, 이는 그에게 큰 고통을 안겨주었다. 스트레스로 인해 그는 잠도 계속 잘 못 잤다.

어느 날 저녁, 그는 한 부부에게 집을 보여주러 가고 있었는데, 갑자기 불안해지기 시작했다. 그는 그 부부가 자신이 요즘 힘든 시기이기 때문에 일에 잘 집중하지 못한다는 것을 알아차릴까 봐, 자신이 잠을 못 자서 얼굴이 상했다는 것을 알아차릴까 봐 걱정하기 시작했다. 그러자 루프는 더 강한 두려움, 만일 그들이 이것을 알아챈다면 그 부부는 나를 미쳤거나 이상한 사람으로 생각할 것이고 결국 나한테 집을 사지 않을 것이라는 두려움이 생기기 시작하였다.

그러고 나서 그날 저녁은 그럭저럭 지났지만, 이후 이것은 루프의 반복적 걱정거리가 되었다. 그는 집을 고객들에게 보여줄 때마다 사람들이 자기의 개인 생활에 문제가 있다는 것을 알아채고 어떤 식으로든 비난을 할지도 모른다고 걱정하기 시작하였다. 더 나아가 그는 사람들이 자신과 더 이상 거래를 하지 않을 것이라 걱정했고, 이는 그를 무척 의기소침하게 만들었다. 루프는 직업을 바꿀까 하는 생각도 하게 되었다.

여기서 루프의 두려움은 특정 스트레스 상황과 연관되어 있긴 하지만, 실제에 비해 너무 과장되었다는 것을 알 수 있다. 실제로는 아무런 큰일이 벌어지지 않았는데도 그가 직업을 그만두고 싶어 한다는 것, 그리고 그 특징 상황이 끝났는데도 불안이 계속 지속된다는 것이 이 불안은 역기능적 불안이라는 것을 말해준다. 루프는 불안 때문에 사람들 만나는 것도 피하게 되었을 때, 이 불안을 스스로 조절할 수 없다는 것을 깨닫고 이에 대해 담당 의사에게 상의하였고, 의사는 사회불안이 있다고 진단을 하였다.

사회불안은 일반 인구의 13.3%에서 나타나는 가장 흔한 불안장애 중 하나이다. 하지만 조울병인 사람들에서는 더 흔해서 22%가 사회불안을 겪는다(Simon et al. 2004).

루프의 이야기가 당신과 비슷한가? 당신도 이런 증상들을 겪고 있는가? 아래에 당신의 증상들을 써보고 이것이 사회불안에 해당되는지 한번 살펴보라.

_____

_____

_____

공황장애

공황발작이란 여러 신체 감각들과 함께 극심한 불안이 짧은 기간 일어나는 현상을 말한다. 여러 신체 감각에는 심장 박동 증가, 어지러움, 구역감, 몸의 떨림, 식은 땀, 숨찬 느낌, 손발의 저릿함, 눈앞이 깜깜해짐 등이 있다. 이런 신체 감각과 더불어 곧 미칠 것 같은 두려움이나 죽을 것 같은 두려움, 조절이 안 될 것 같은 두려움, 그리고 이 상황을 벗어나야 한다는 생각이 나타난다. 위 증상들 중 적어도 4개 이상이 있어야 전형적인 공황발작이라 할 수 있다(APA 2004).

공황발작이 있다고 해서 모두 **공황장애**(Panic Disorder)인 것은 아니다. 간단히 말해서 공황장애는 사실 공황발작 자체에 대한 공포라고 할 수 있다. 당신은 어떤 감각에 집중을 했더니 그 감각이 더 커지는 경험을 한 적이 있는가? 예를 들어 운전을 하고 있는데 발이 가려워졌고 긁지도 못하는 상황에서는 머릿속에 그 생각만 계속 있기 때문에 점점 가려움이 심해진다. 불안 감각에서도 마찬가지 일이 벌어진다. 어떤 감각에 집중을 하면 할수록 그 감각은 더 강해지고, 감각이 강해지면 불안도 증가하게 된다. 당신이 어지러움을 느낄 때 이것을 공황발작 증상이라고 부정적인 해석을 한다면, 이는 불안을 가중시키고 정말로 공황발작이 시작될 것이다. 불안이란 자가발전을 하는 예언자인 것이다.

공황장애에서 감각에 대한 공포가 발작을 유발하는 것처럼, 우울에서도 공황이 시작된다고 느끼는 사람들이 있다. 하지만 실제로는 어떤 종류든 신체 감각을 느끼는 것에서 공황은 시작된다. 이전 공황의 경험으로 어떤 감각에 예민해진 그 사람의 뇌가 이런 감각을 다시 공황 증상이라고 해석하고, 이런 두려운 해석이 공황발작을 실제로 시작하게 만든다. 이런 발작이 어디서 오는지를 그는 잘 모르는데, 그는 단지 신체 감각을 느끼고 있는 것이고 그의 뇌가 이것을 위험한 것이라 해석하고 있다는 것을, 자신이 잘 모르고 있기 때문이다.

공황장애의 진단 기준에는 두 번 이상의 공황발작을 경험하고 이후 또 공황발작이 생길까 봐 적어도 한 달 이상 걱정을 할 때 진단을 하도록 되어 있다(APA 2004).

마케나의 이야기

마케나는 23세에 처음 공황발작을 경험했다. 그녀는 심리학 수업에 대한 발표를 밤 늦게까지 아주 열심히 준비하고 있었고, 마지막 힘을 내고자 카페인 알약까지 복용을 했다. 마침내 발표 시간이 다가오자, 그녀는 교실로 가려고 일어섰는데 갑자기 심장이 매우 빠르고 강하게 뛰기 시작하였고, 심장이 거의 터질 지경이었다고 생각했다. 이런 생각이 들자 그녀는 갑자기 무서워졌고, 빠르게 공황발작이 발생하였다. 그녀는 온몸을 떨고 식은 땀을 흘렸고 숨 쉬기도 힘들었으며 곧 죽을 것 같다고 확신하였다. 그녀는 병원으로 실려갔으나 병원에서는 스트레스 반응이라고 하였다.

아직 수업에서의 발표를 해야 한다는 것을 알기에, 마케나는 다시 공황발작이 생길까 봐 불안하였다. 그녀의 뇌는 자신의 신체 감각에 더욱 예민해져서 신체 감각에 뭔가가 일어나면 이것은 정상이 아니라고 인식되었고, 마케나의 뇌는 이를 위험한 것이라고 해석했으며 이것은 공황발작을 초래하는 결과를 낳았다.

조울병을 가진 사람에서 공황발작의 평생 유병률은 17.3%로, 조울병이 없는 일반 인구의 공황장애 유병률 3.5%보다 매우 높다(Simon et al. 2004)

당신도 공황장애를 경험한 적이 있는가? 비슷한 증상을 느낀 적이 있었다면 아래에 적어보자.

_____

_____

_____

당신의 불안 이해하기

이제 당신은 세 가지 종류의 불안장애에 대해서 더 많이 알게 되었고, 자신이 이런 불안 증상을 가지고 있는지에 대해서도 더 이해하게 되었을 것이다. 하나의 불안장애만 조울병에 동반될 수 있는 것은 아니고, 다양한 불안장애의 증상을 겪을 수도 있다. 범불안장애나 사회불안을 가진 사람이 공황발작을 경험할 수도 있고, 공황장애를 가진 사람이 범불안장애나 사회불안의 증상을 겪을 수도 있다. 어떤 진단이 내려진다고 해서 많이 걱정할 필요는 없다. 그저 당신이 어떤 증상을 가지고 있는지를 파악해서 그것을 치료의 목표로 삼기만 하면 되는 것이다.

공황발작은 불안장애가 없는 사람에서도 매우 흔하게 일어나는 현상이다. 이 현상을 잘못 이해하고 있으면 이 불안을 다루기가 매우 힘들어지므로, 다음 단락에서는 공황장애에 대한 잘못된 신화를 살펴보려 한다. 당신이 공황장애에 대해 가지고 있는 오해를 깔끔하게 정리할 수 있는 사실을 제공할 것이고, 이는 당신이 불안을 효과적으로 조절하는 데 큰 도움이 될 것이다.

불안에 대한 잘못된 믿음 다루기

사람들은 불안에 대해 많은 것을 잘못 알고 있고 이것은 신화에 가깝다. 특히 공황발작에 대해 오해가 심해서 이것은 불안을 감소시키는 것을 매우 어렵게 만든다. 아래에 이런 잘못된 믿음들을 나열할 것인데, 당신은 그 하나하나를 살펴보고 각 질문에 답을 하면서 그것이 얼마나 현실에서 가능한 것인지를 살펴보라. 그런 다음 그 신화를 깨트릴 사실적 증거들을 제시할 것이다. 당신이 이런 신화를 얼마나 믿고 있느냐는 당신이 감정적 마음에 있는지 지혜로운 마음에 있는지에 따라 다르다. 당신이 원한다면 아래의 각 질문에 이 두 가지 마음으로 본 답변을 모두 작성해보는 것도 좋다.

신화 1 : 공황발작을 일으키면, 나는 심장마비로 죽을 수도 있어.

- 0부터 10까지 점수로 해본다면, 위의 믿음을 어느 정도 진실이라고 믿고 있나? (0=전혀 아니다, 10=완전히 믿는다) _____

- 공황발작으로 죽었다는 사람을 들은 적 있는가? 당신 자신은 공황으로 인해서 실제로 심장마비를 일으킨 적이 있는가?

  _____

  _____

- 심장이 아주 빨리 뛰는데 공황처럼 무섭지는 않았던 적을 떠올려보라. 롤러코스터를 탔을 때라든지 아니면 좋은 소식을 듣고 기뻐서 흥분하였을 때에도 공황일 때처럼 심장이 빨리 뛰지 않았는가? 당신이 만일 운동을 정기적으로 하는 사람이라면, 운동 후에 심장 박동이 빨라지는 것을 자주 경험했을 것이다. 그리고 뭔가에 깜짝 놀라서 심장 박동이 빨라졌지만, 그 깜짝 놀라게 한 것에 신경을 썼지 자신의 내부 감각에는 신경을 쓰지 않았던 적도 있을 것이다. 아래에 이런 경험들을 써보자.

  _____

  _____

사실 : 건강한 심장은 1분에 200회 이상을 며칠 동안 계속 뛰더라도 아무런 손상을 받지 않는다. 물론 당신이 한 번도 제대로 심장에 대한 검사를 받아본 적이 없다면 한번 검사를 해보는 것이 좋다. 만에 하나 당신의 증상이 심장 질환이나 기타 신체 질환 때문일 가능성도 있는 것이다. 하지만 검사 결과에서 이상이 없다면 당신의 심장이나 신체에는 이상이 없는 것이다. 그리고 공황발작은 심장병을 일으키지 않는다.

신화 2 : 공황발작이 생기면 나는 어지러워 기절할 것이다.

● 0부터 10까지 점수로 해본다면, 위의 믿음을 어느 정도 진실이라고 믿고 있나? (0=전혀 아니다, 10=완전히 믿는다) _____

● 공황발작 때문에 기절했다는 사람을 본 적이 있는가? 당신 자신은 공황으로 인해서 실제로 의식을 잃고 기절한 적이 있는가?

_____

_____

사실 : 기절은 머리에서 혈액이 갑자기 빠져나올 때 일어나는 현상이다. 사실 공황발작 중에는 심장이 강하게 뛰면서 혈액을 뿜어내므로 혈액 순환이 더 활발해지는 것이고, 결국 기절할 가능성은 거의 없다. 당신이 이제까지 공황발작 중에 기절한 적이 없다면 앞으로도 기절할 가능성은 거의 없다. 어지러움이나 멍한 느낌은 뇌의 동맥이 약간 수축될 때 일어나는데, 이런 경우 뇌가 필요로 하는 혈액의 양은 더 적은 것이다.

이런 감각들은 과호흡으로도 유발되는데, 과호흡은 말 그대로 호흡을 과도하게 하고 있는 것이므로 코와 입을 두 손으로 잘 막거나 종이백으로 코와 입을 막고 천천히 숨을 쉬면 호전된다. 과호흡을 할 때 느낌은 숨이 막히는 느낌이 들지만, 실제로는 숨을 얕고 빠르게 너무 과도하게 쉬고 있는 것이고, 이로 인해 체내에 이산화탄소 농도가 줄어드는 것이다. 그러므로 코와 입을 막음으로써 방금 내뱉은 공기를 다시 들이마셔서 체내의 이산화탄소 농도가 정상화되면 과호흡도 멈춘다.

신화 3 : 공황발작이 생기면 나는 나 자신을 조절하지 못하거나 이상한 행동을 할 것이다.

● 0부터 10까지 점수로 해본다면, 위의 믿음을 어느 정도 진실이라고 믿고 있나? (0=전혀 아니다, 10=완전히 믿는다) _____

● 공황발작 때문에 이상한 행동을 한 사람을 본 적이 있는가? 당신 자신은 공황으로 인해서 실제로 자신을 조절하지 못하거나 이상한 행동을 한 적이 있는가?

_____

_____

● 당신이 실제로 두려워하는 것은 무엇인가? 자신을 조절하지 못한다는 것은 무엇을 뜻하는 것인가? 어떤 사람은 자신이 균형 조절을 못해서 넘어질 것이라고 두려워한다. 어떤 사람은 조절을

못하고 미칠 것 같다고 두려워한다. 또 어떤 사람은 신체 기능을 조절하지 못하는 것, 가령 공공장소에서 갑자기 구토를 하는 등을 두려워한다. 당신이 두려워하는 것은 구체적으로 무엇인가?

_____

_____

● 이제 당신이 겪은 공황발작이 당신이 두려워하는 결과를 실제로 초래한 적이 있는지 돌아보라.

_____

_____

사실 : 불안은 매우 불편한 감정이기 때문에, 사람들은 불안이 초래하는 결과를 매우 과장하고 재앙화하는 경향이 있다. 때로 공황은 당신을 어지럽게 하거나 다리가 떨리고 힘이 쭉 빠지는 느낌이 들게 할 수 있다. 하지만 일반적으로 이런 감각들은 당신이 쓰러질 만큼 그렇게 심하지 않다. 그리고 당신이 뭔가 대처하지 못할 정도로 빨리 일어나지도 않는다. 다리에 힘이 빠지면 그냥 자리에 앉으면 된다. 마찬가지로 구역감이 드는 경우도 보면 당신은 단지 불안감 때문에 구역감이 드는 것이기 때문에 실제로 공공장소에서 구토하는 일 같은 것은 일어나지 않는다. 만일 곤란한 일이 이전에 일어난 적이 있다면 이에 대해서는 적절한 대처 계획을 세워놓으면 된다. 예를 들어 구역감이 들 때에는 가까운 화장실이 어딘지 알아두는 것도 좋은 생각이다. 기절에 대해서는 이전에 일어난 적이 없으면 앞으로도 일어날 가능성이 거의 없다는 것을 잘 기억하고 있는 것이 좋다.

만일 당신이 미칠 것 같다는 공포를 느끼고 있다면 이런 공포는 전혀 근거가 없다는 것을 잘 알아야 한다. 공황발작에서 이런 공포는 매우 흔하고, 뇌의 혈류가 조금 줄어들기 때문에 비현실감이나 잠시 정신 없는 느낌은 들 수가 있다. 그러나 공황발작으로 인해 미치는 사람은 아무도 없다(Bourne 2000).

어떤 사람들은 공황발작 때에 자신이 남에게 어떻게 보일까에 대해 걱정을 한다. 하지만 그런 상황에서 내가 어떻게 보일 것이라는 당신의 생각은 실제와는 매우 큰 차이가 있다. 당신이 뭔가 당황함을 많이 느끼고 있다고 해서 다른 사람이 당신을 이상하게 보고 있는 것은 아니다. 이것을 확실하게 알려면 당신의 친구에게 공황발작 때 자신이 어떤 모습인지 영상을 찍어달라고 부탁해서 정말 자신이 어떤 모습인지를 확인해볼 수 있다. 당신은 아마 놀랄 것이다. 나는 진료를 보러 와서 지금 이 순간에 공황발작을 느끼고 있다고 호소하지만 별로 불안해 보이지 않는 사람들도 보았다. 꼭 기억할 점은 당신의 느낌이나 감각이 항상 현실에 그대로 들어맞는 것은 아니라는 점이다.

신화 4 : 나는 숨이 막히고 질식하게 될 거야.

- 0부터 10까지 점수로 해본다면, 위의 믿음을 어느 정도 진실이라고 믿고 있나? (0=전혀 아니다, 10=완전히 믿는다) _____

- 공황발작 때문에 숨이 막히고 질식한 사람을 본 적이 있는가? 당신 자신은 공황으로 인해서 실제로 숨이 막히고 질식한 적이 있는가?

_____

_____

사실 : 공황발작 때 간혹 숨을 쉬기 힘들다는 느낌을 받을 때가 있지만, 이것은 과호흡 때문이지 실제 숨을 쉬지 못하거나 숨이 막히는 것은 아니다. 가슴이 답답한 것도 숨 쉬기 힘들다는 느낌을 만드는데, 이런 가슴 답답함은 불안에 의해서 가슴과 목의 근육들이 긴장해서 생기는 것이지 호흡과는 관련이 없다. 그리고 이런 불편한 감각은 가만히 놓아두면 없어지게 되어 있다. 사실 우리의 뇌에는 몸에서 필요한 정도의 산소를 얻지 못하면 자동으로 숨을 쉬게 하는 자동 시스템이 장착되어 있다. 그러므로 사실은 공황발작으로 인해 숨이 막히게 되는 일은 없다.

당신의 생각이 불안에 어떻게 영향을 미치는가

지금까지 우리는 불안에 대한 잘못된 신화를 바로잡았고 여러 신체 감각에 대한 더 분명한 이해를 얻었다. 이제 당신의 생각이 당신의 감정에 어떻게 영향을 미치는지에 대해 알아보도록 하자.

이 장의 앞부분에서 사람이 불안을 경험할 때 실제로 닥친 위험의 정도에 비해 과도하게 불안을 느끼는 경우가 많다고 하였다. 때로 우리의 뇌는 주변 환경의 자극에 더 민감해질 때가 있는데, 이럴 때에는 뇌가 교감신경계에 필요 이상으로 경고 메시지를 더 많이 보내기 시작한다. 아마 손뼉에 반응하여 켜졌다 꺼졌다 하는 전등에 대해 들어본 적이 있을 것이다. 이렇게 한번 상상해보자. 당신이 편리할 것이라고 생각해서 이 전등을 집에 설치하였다. 손뼉을 한 번 치면 전등이 켜지고, 두 번 치면 전등이 꺼진다. 그런데 만일 당신이 뭔가를 바닥에 떨어뜨렸을 때에도 전등이 꺼진다면 어떨까? 당신이 시장에 가서 양손에 물건을 가득 들고 집에 들어와 물건들을 바닥에 내려놓을 때도 전등이 꺼진다면 어떨까? 이 시스템이 너무 민감해서 당신이 원하지 않는데 전등이 켜졌다 꺼졌다 하는 것이다. 불안이란 것도 이와 비슷하다. 당신의 뇌가 주변 환경의 어떤 자극에 대해 과도하게 민감해질 수 있는데, 이것이 필요치 않은 경우에도 당신의 공포 반응을 작동시키는 것이다. 그럼 이것을 어떻게 멈추어야 할까? 먼저 192쪽의 흐름도를 잘 살펴보자.

이 흐름도는 상황에서 시작한다. 지난 제6장에서 살펴본 감정의 유발 요인들을 기억해보자. 간혹 그런 경우도 있지만 상황 자체가 항상 감정을 유발시키는 것은 아니다. 예를 들어, 사랑하는 사람이 사망하는 것은 자동적으로 슬픔과 애도의 감정을 불러일으킨다. 이 순간에는 어떤 해석이나 생각이 중요 역할을 하는 것 같지는 않고 상황이 바로 감정을 불러일으킨다. 하지만 대부분의 경우에는 이렇지 않다.

대부분의 경우 감정은 보통 상황 자체가 아니라, 그 상황에 대한 당신의 해석, 혹은 자동적 생각으로 인해 발생한다. 가령 당신이 사랑하는 사람이 죽고 어느 정도 시간이 지난 후, 당신이 이것을 다시 생각할 때면, 당신은 그녀가 얼마나 젊은 나이에 죽었는가 생각하고(해석), 그녀가 죽었다는 것은 불공평한 일이라고 생각하고(해석), 이런 생각은 분노의 감정을 불러일으킨다. 또 하나의 예를 들면 당신이 파티에 갔는데, 소파에 혼자서만 앉아 있었다고 상상해보자. 당신은 이 상황을 부정적으로 해석하기 시작한다. 여기 있는 사람들은 아무도 나를 좋아하지 않아. 나는 역시 지루한 사람이야. 아무도 나에게 말을 걸고 싶어 하지 않아. 이런 자동적 생각은 슬픔, 상처받은 느낌, 분노 감정을 불러일으킬 수 있다. 그러므로 기억하라! 감정을 만들어내는 것은 상황에 대한 당신의 해석이다.

흐름도를 더 살펴보자. 해석은 긍정적이거나 중립적일 수도 있다(예 : "내가 파티에 가면 즐겁고 멋진 시간을 보낼 수 있을 거야."라고 생각할 수 있음). 이런 경우에는 흐름도의 왼쪽으로 연결되어 불안이 생기지를 않는다. 하지만 해석이 부정적인 경우에는 흐름도의 오른쪽으로 연결되어 불안과 같은 고통스러운 감정을 유발하게 된다. 불안이 유발되면 불편하니까 우리의 본능은 불안을 줄이려고 노력한다. 그래서 현재 처한 상황에서 도피하려고 하고 이후 비슷한 상황에 대해서는 회피를 한다. 이렇게 도피하는 것은 단기적으로는 불안을 줄여준다. 하지만 문제는 우리가 회피를 하면 우리의 뇌는 '우리가 그 상황을 견딜 수 없구나'라고 인식하게 되어 장기적으로는 불안을 증가시키게 된다는 점이다. 이런 인식으로 향후에도 계속 그 상황을 회피하게 된다. 즉, 우리가 우리의 뇌를 그 상황에 더 민감하게 만들어서, 다음에 그런 상황이 생기면 우리 뇌는 다시 공포 반응을 발동시키고, 결국 우리는 불안에 빠지게 된다. 이런 불안 유발 상황을 회피하는 행동은 단기적으로는 불안을 감소시키지만 장기적으로는 우리가 점점 회피를 많이 하게 되어 우리의 세상이 점차 축소되는 결과를 초래한다.

이제 당신은 자신의 역기능적인 불안을 줄이고 뇌의 민감도를 낮추기 위해 무엇이 필요한지 알 수 있을 것이다. 맞다. 당신은 회피를 그만두어야 하며 자신을 불안하게 만드는 상황에 다가가기 시작해야 한다. 다른 말로 하자면 불안에 따르는 충동과 반대되는 행동을 해야 한다.

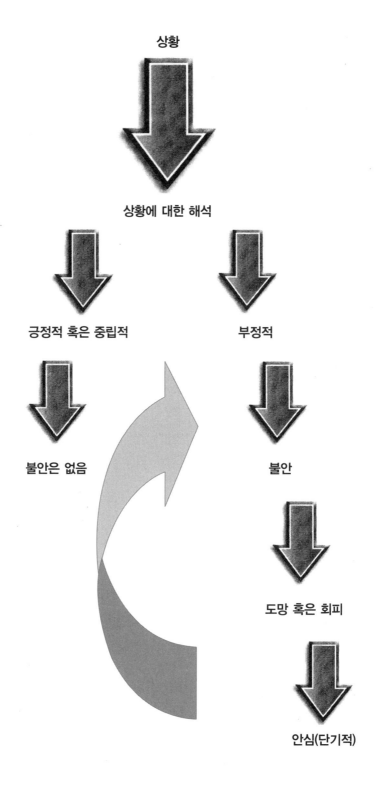

불안에 대해 무엇을 할 것인가

조울병의 증상을 줄이기 위해 이 책에서 당신이 해왔던 많은 작업들이 불안을 낮추는 데 활용될 수 있고 도움이 된다.

마음챙김. 마음챙김은 여러 측면에서 불안을 줄이는 데 도움이 되고, 범불안장애와 공황장애에도 치료 효과가 있다. 여기에 마음챙김이 불안에 미치는 영향에 대한 예를 제시하였다.

- 불안 감각을 마음에 기록하는 것이 이 감각을 받아들이고 인정하는 데 도움이 된다. 이 감각들과 싸우려고 하면 더 큰 불안이 유발된다.
- 지난 제2장에서 제시한 대로 공식적인(잘 짜여진) 마음챙김 연습을 정기적으로 시행하면 마음을 진정시키는 효과도 있고 미래를 걱정하며 불안해하는 시간을 줄일 수도 있다.

자신의 몸 돌보기. 자신의 식사, 잠, 운동 습관을 좋게 만들고, 술이나 카페인 섭취를 줄이는 것이 감정적 마음의 활동을 감소시키는 데 좋고, 불안도 감소시킬 수 있다.

자신의 감정적 상태와 행동 인식하기. 자신이 감정적 마음에 있을 때와 자신이 불안 유발 상황을 회피하고 있는 것을 인식하고 있으면, 충동과 반대되는 행동하기와 같은 기법들을 사용할 수 있게 되고 그러면 장기적으로 불안을 감소시키는 데 도움이 된다.

지난 제7장에서 배웠던 감정에 대한 지식들도 불안을 감소시키는 데 도움이 될 것이다. 이제까지 당신이 배운 기법들을 사용해서 당신은 지금 자신의 불안에 어떻게 대처하고 있는지를 천천히 시간을 가지고 생각해보라.

DBT 기법들과 불안

이 워크북으로 작업을 시작한 이후, 당신의 불안 수준에 변화가 있었는가?

당신은 얼마나 자주 마음챙김을 연습하는가?

정기적으로 마음챙김을 연습하고 있다면(최소한 하루에 한 번 5분 이상), 어떤 변화를 느낀 것이 있는가? 마음챙김 연습이 더 안정되고 이완되는 데 도움이 되는가? 집중력은 향상되었는가? 잠에도 도움이 되는가? 불안 감각을 더 잘 알아차리는 데 도움이 되는가?

당신은 카페인 섭취를 줄였는가?

감정적 마음으로 지내는 시간이 줄어들었는가? 줄었다면 그 시간은 무엇을 하며 지내는가? 운동을 하는가? 술을 끊는 노력을 하는가? 식사 습관을 호전시키기 위한 작업을 하는가?
당신은 회피하는 정도를 줄이기 위해 충동과 반대되는 행동하기를 잘 수행하고 있는가?

이차적 감정이 발생되는 것을 막기 위해 당신은 자신의 감정을 잘 인정하고 있는가?

불안을 줄이는 데 효과가 있었던 다른 기법이 있다면 아래에 써보라.

　잠시 시간을 가지면서, 당신이 이 기법들을 익히느라 열심히 작업했던 것에 대해 자신을 격려해주어라. 하지만 이런 기법들을 정기적으로 열심히 연습한다고 해도, 충분히 편안하지는 않고 아직도 불안에 영향을 받고 있다는 것을 알게 될 것이다. 그렇다면 아래의 목록에 다음과 같은 것을 생각해보고 한번 써보라. 만일 불안이 없다면 당신의 인생은 지금과 어떻게 다를 것인가? 예를 들어 마케나는 불안이 없다면 대학을 졸업하는 것이 목표라고 했는데, 이것을 이루려면 그녀는 좀 더 작은 목표들, 즉

발표에 대한 불안을 극복하는 것을 달성해야 한다.

당신은 불안으로 인해 생활에 제약을 받지는 않을 수도 있다. 이는 아직 당신이 회피를 시작하지 않아서일 수도 있고, 여러 회피 방지 기술들을 벌써 잘 활용하고 있어서일 수도 있다. 어쨌든 시간을 좀 가지면서 당신의 생활에 끼친 불안의 영향을 세심하게 평가해보는 것이 좋다.

아래에 당신이 불안으로 고통받지 않았다면 당신의 인생은 어떻게 달라졌을까에 대한 목록을 작성하라. 몇 개의 사례를 제시하였다.

- 나는 백화점에 쇼핑을 갔을 것이다.
- 나는 운전해서 고속도로를 달렸을 것이다.
- 나는 대중교통을 잘 이용했을 것이다.
- 나는 외출을 더 자주해서 친구도 더 많이 사귀었을 것이다.
- _____
- _____
- _____

여기서 우리가 초점을 맞추어야 할 항목은 현재 당신이 불안 때문에 회피하고 있는 활동이다. 만일 당신이 무언가를 회피하고 있다면, 이 장의 나머지 부분을 잘 읽어서 왜 이런 것들을 회피하지 말아야 하는지에 대해 충분히 이해할 필요가 있다.

노출치료

당신이 현재 일상생활 중에서 회피하고 있는 상황이 있다면, 인지행동치료의 특정 기법 중 하나인 노출치료가 필요하다. 노출치료란 말 그대로 당신의 불안을 유발하는 상황을 회피하지 않고, 그 상황이 실제로 위협적이지 않다는 것을 자신의 뇌에게 가르쳐주기 위해서, 자신을 그 상황에 실제로 노출시키는 것을 말한다. 그 결과 당신의 뇌는 점차로 그 자극이 위협적이지 않다는 것을 받아들이고 공포 반응을 유발시키지 않게 되면서, 불안이 줄어들 것이다.

전문가의 도움을 받아 노출치료를 받는 것이 제일 좋다. 그러나 여기서는 당신이 작은 목표를 세워서 자기 스스로 시도해보았으면 좋겠다. 이렇게 함으로써 당신이 점차 자기 자신의 치료자가 되는 것이다. 전문가의 도움 없이도 불안을 유발하는 상황에 조금씩 반복적으로 다가가면 된다. 이런 훈련은 당신에게 많은 융통성을 가져다주고, 불안이란 것에 대한 자신감도 크게 늘려줄 것이다.

이런 노출 작업을 한다는 생각에 심한 두려움을 느낄 필요는 없다. 단번에 아주 두려운 상황으로 바로 뛰어들지는 않을 것이다. 처음에는 노출하기 쉬운 것부터 조금씩 시작할 수 있다. 그리고 노출치료를 하면, 불편은 아주 잠시만 지속되고, 당신이 얻을 이득은 아주 오래 지속된다는 점을 기억하라. 이런 문구를 계속 되뇌는 것도 이 치료 과정을 견디는 데 도움이 될 것이다. '짧은 고통으로 긴 이득을.' 그러나 노출치료가 모든 사람에게 해당되는 것은 아니다. 먼저 자신에게 노출치료가 필요한 것인지, 그리고 이 과정을 기꺼이 할 준비가 되어 있는지를 살펴야 한다.

노출치료가 당신에게 적합한가

노출치료가 불안을 치료하는 데 매우 효과적이지만, 지금 당장은 당신에게 맞지 않을 수도 있다. 노출의 좋은 점은 자신감을 주고 불안을 극복한 느낌을 주어서 감각과 상황에 대한 공포를 줄여주고 삶의 질을 향상시킨다는 점이다. 이로써 불안 때문에 그동안 회피하고 있던 학업이나 직장일에 복귀할 수 있게 된다.

하지만 노출치료는 편안하게 할 수 있는 치료는 아니다. 불안 상황에 노출을 하는 것이므로 당신은 피로, 긴장, 자극 민감성 등을 경험할 것이다(Denisoff 2007). 그러나 기억하라! 이것은 긴 이득을 얻기 위한 짧은 고통이다. 당신이 노출치료를 수행하기 위해서는 시간과 온전한 참여가 필요하다. 집중적인 치료를 위해서는 하루에 90분 정도가 필요하고 일주일에 5일 하는 것이 필요하다. 이런 치료에는 온전한 참여가 필요하기 때문에, 치료 시간 중간에 다른 일에 주위가 분산되는 것은 좋지 않다. 현재 온전한 참여가 어렵다면 나중에 노출치료를 하는 것도 좋다. 하지만 너무 미룰수록 회피가 심해져서 생활이 점점 더 제한되고 뇌는 더 민감해지고 점점 더 불안해진다.

노출치료를 정신과 전문의와 함께하는 경우는 괜찮겠지만, 그렇지 않을 때는 자신의 신체건강 상태가 괜찮은지에 대해 확인이 필요하다. 당신이 느끼는 신체 감각이 다른 질병에 의한 것이 아닌 불안에 의한 것임을 확인해야 한다. 그러므로 이런 것들을 확인하지 않았다면 의사를 만나서 신체 건강에 대한 확인을 받자.

이제 노출치료를 시도해 보겠다고 결심했다면, 아래의 내용을 계속 읽어나가길 바란다. 만일 지금 노출치료를 하지 않거나 이런 지식들이 당장 도움이 되지 않을 수도 있지만, 나중에 필요할 때 다시 돌아와서 살펴보아도 된다.

불안과 노출에 대해 알아야 할 것

당신은 이미 불안이 정상적인 인간의 감정이라는 것, 그리고 불안은 위험한 상황 혹은 우리의 뇌가 위험하다고 인식하는 상황에서 즉각적인 행동을 준비시키는 역할을 한다는 것을 배웠다. 이것을 잘 기억하고 있어야 자신의 감각과 싸우지 않고, 감각에 대한 두려움을 줄일 수 있다.

또 당신이 알아야 할 것은 불안이란 것은 자체적으로 사라지기 마련이란 것이다. 주변에서 위협을 감지하면 당신의 뇌는 교감신경계를 자극하여 불안 반응을 일으키는데, 이때 교감신경계는 불안 시스템을 꺼버리는 부교감신경계에 준비하라는 메시지를 보낸다(Denisoff 2007). 그러므로 우리가 불안을 느낄 때, 우리의 몸은 벌써 불안 시스템을 끄는 작업을 동시에 하고 있는 것이다. 물론 이런 작업에 시간이 조금 걸리긴 하지만.

불안과 우리 몸의 작동 방식에 대해 마지막으로 알아둘 것은 습관화라고 불리는 현상이다. 당신이 공포를 유발하는 어떤 것에 반복적으로 노출이 된다면, 당신의 불안은 점차 줄어든다. 오랜 시간 같은 자극에 계속 노출이 되면 당신의 몸은 그것에 익숙해지고 지루해지기까지 한다는 것을 생각해보라. 신체 감각에 대해서도 마찬가지이다. 예를 들어 뜨거운 욕조에 처음 들어갈 때에는 너무 뜨거워서 피부가 델 것 같다고 생각했다가도 금방 물의 온도가 참을 만하고 오히려 좋은 느낌을 받게 된다. 반대로 차가운 수영장 물에 들어갈 때에도 처음엔 엄청 차갑다가도 금방 그 신체 감각에 적응이 되어 참을 만하게 느껴지는 것이다. 이렇게 신체 감각에 습관화되는 것처럼 우리는 불안한 감정에 대해서도 습관화가 된다. 즉, 당신이 스스로를 불안 유발 상황에 노출시키면 불안은 스스로 줄어들 것이다.

이제 어떻게 노출치료를 구체적으로 수행할지에 대해 배울 것이다. 먼저 노출치료의 기본 요소를 배울 것이고, 그 다음 공황장애에 대한 노출치료인 신체 감각 노출치료를 배울 것이다. 이는 불안과 연관되어 있는 신체 감각에 익숙해지게 해서 뇌가 이런 감각에 민감하게 반응하는 것을 막아주는 효과를 준다. 그 다음에 당신이 불안 때문에 회피하고 있는 외부 상황들에 대한 노출치료를 배울 것이다.

노출치료 수행 방법

처음으로 해야 할 일은 자신의 불안을 점수로 평가하는 것이다. 우리는 주관적 고통 단위 척도(subjective units of distress scale, SUDS)를 이용할 것인데, 이것은 자신의 불안 수준을 0에서 100 사이의 점수로 평가해보는 것이다. 다음은 SUDS의 사용례이다.

SUDS 점수	불안의 묘사
0	금방 잠이 듦, 전혀 불안이 없음
15	불안하지 않음, 편안한 기분 상태
25	일상생활의 스트레스로 인해 약간의 스트레스, 불편하지는 않음
35	불안 증가, 어느 정도 불편함
45	불안 감각이 늘어나서 많은 불편함을 야기하고 있음(예 : 심장 박동이 빨라지고, 불안을 유발한 상황에 대한 생각을 떨쳐버리기가 힘듦)
55	불안 때문에 어느 정도 기능에 문제가 생김(예 : 집중하기 힘듦, 걱정하는 생각, 식은땀을 흘림)
65	불안이 계속 증가해서 점점 더 불편해짐
75	불안 때문에 기능에 문제가 많이 생김(예 : 말을 더듬거림, 손발이 떨림, 심장 박동이 매우 빨라짐, 집중하기가 불가능)
85	불편감이 더 증가하여 불안, 식은땀, 얼굴 붉어짐 때문에 생각을 제대로 할 수가 없음
100	심한 공황발작(예 : 기절할 것 같은 느낌, 힘이 빠지는 느낌, 가슴이 꽉 막히고 숨이 찬 느낌, 토할 것 같은 느낌, 시야가 흐려지는 느낌)

당신이 공황장애를 겪고 있다면, 그것은 공황발작 그 자체에 대해 두려움을 가지고 있다는 뜻이므로, 먼저 신체 감각 노출을 시행하는 것이 좋다. (공황장애가 없다면 이 부분은 건너뛰어도 좋다.)

신체 감각 노출을 통해 공황장애 치료하기

공황장애는 공황 그 자체에 대한 공포라고 한 것을 기억할 것이다. 어떤 불안한 상황이 공포를 불러일으킨다기보다는 불안의 신체 감각이 공포를 유발하는 것이다. 신체 감각 노출은 당신이 두려워하는 감각을 일부러 스스로 만들어내서 그 감각에 자신을 노출시키고 자신의 뇌를 그 감각에 습관화시키는 것을 말한다. 이 연습을 하기 전에 물론 신체적 이상이 없는지 의사의 확인이 필요하다.

신체 감각 노출 기법

다음에 불안 감각을 만드는 방법의 목록을 제시하였다. 이 연습들은 하나 이상의 감각을 만들어낼 것이다. 아래 연습을 모두 시도해보고 어떤 연습이 자신이 두려워하는 감각과 가장 비슷한지 살펴보라.

'불안' 항목의 빈칸에는 그 연습을 한 후의 당신의 불안 수준이 0에서 10 사이에 몇 점인지 평가해보고, '유사성' 항목의 빈칸에는 유발된 신체 감각이 공황발작 때 경험한 감각과 얼마나 비슷한지를 평가해보라.

	불안	유사성
어지러움, 시각 변화		
머리를 좌우로 세게 흔들기	_____	_____
무릎 사이에 머리를 넣었다가 갑자기 머리를 들어올리기	_____	_____
30초 동안 숨 참기	_____	_____
과호흡(빠르고 깊게 숨쉬기) 혹은 빨대로 호흡하기	_____	_____
심장 박동 증가, 숨이 찬 느낌, 땀 흘림, 얼굴 붉어짐		
제자리 뛰기, 제자리에서 높이 뛰기, 줄넘기, 계단 오르기	_____	_____
땀 흘림, 숨 쉬기가 힘든 느낌		
후텁지근한 사우나에 앉아 있기	_____	_____
옷 여러 겹 껴입기	_____	_____
뜨거운 물로 샤워하기	_____	_____
몸 떨림		
1분 동안 온몸을 긴장시키기	_____	_____
눈앞이 깜깜해짐, 어른거림		
불빛을 시각이 이상해질 때까지 빤히 바라보기	_____	_____
현실이 아닌 느낌		
거울 속의 자신을 빤히 바라보기	_____	_____
자신의 손을 빤히 바라보기	_____	_____

일단 위의 연습을 하나하나 해보고 각각의 불안 정도와 유사성을 평가해서, 불안감이 높은 정도와 유사한 정도에 따라 각 연습의 순위를 정할 수 있다. 불안감을 유발하지 않았거나 공황과 유사성이 전혀 없는 연습은 목록에서 제외한다. 순위 목록의 제일 처음은 가장 적은 불안을 유발한 연습에서 시작해서 제일 마지막은 가장 심한 불안을 유발한 연습으로 만든다. 다음에는 가장 적은 불안을 유발한 감

각부터 시작하여 203쪽에 있는 '당신의 SUDS 점수 그래프로 만들기' 단락에 제시한 노출치료 지침을 따라 한다.

이 작업이 좀 힘들 것이라는 것을 미리 알아두는 것이 좋다. 공황발작 때 느낀 감각과 비슷한 감각을 느낄 수 있기 때문이다. 그러므로 할 일이 많거나 다른 일로 아주 힘든 날은 피해서 연습을 하는 것이 좋다. 이런 작업을 하기 싫고 회피하고 싶을 것이다. 당연하다! 하지만 이 노출치료를 잘 수행해야 다음에 여러 상황에 대한 노출치료도 진행할 수 있다는 것을 기억하라. 당신이 신체 감각을 계속 두려워한다면 그 자체로 불안이 계속 유발되기 때문이다.

불안 유발 상황에 대한 순위 목록 만들기

공황장애가 없거나 위의 신체 감각 노출치료를 통해 공황을 어느 정도 치료했다면, 당신의 불안을 일으키는 외부 상황에 대한 순위 목록을 만들 때가 된 것이다. 몇 페이지 전에 당신이 썼던 목표들을 다시 살펴보고 그중 하나를 골라라. 불안이 없다면 하고 싶은 것들 말이다. 다음으로 순위 목록을 만들고 SUDS 점수가 낮은 것에서 높은 것 순서로 불안 유발 상황들을 적어보라. 예를 들어 당신의 목표가 사교적 상황을 회피하지 않는 것이라면 불안을 유발하는 여러 사교적 상황을 생각해보고 각 상황이 어느 정도의 SUDS 점수에 해당될시를 예상해서 그에 따라 순위를 정하는 것이다. 아래에 두 가지 사례를 제시하였으니 참고해서 당신만의 순위 목록을 작성해보라.

목록을 작성할 때, 작은 불안은 시험을 보거나 발표할 때와 같은 상황에서는 아주 자연스러운 것임을 기억하고 이 목록에는 당신이 회피하는 상황을 모두 적어야 하는 것이므로 좀 더 강한 불안을 유발하는 상황을 쓰도록 노력하라. 보통은 SUDS 점수가 35 정도 되는 상황으로 목록을 시작하는 것이 좋은데, 이 정도가 어느 정도 불편함이 생기기 시작하는 정도이기 때문이다.

시간을 충분히 두고 당신 자신의 순위 목록을 최대한 정확하게 만들어보라. 각 SUDS 점수에 해당하는 상황이 여러 가지일 수도 있다. 순위 목록에 10~15개의 상황이 있는 것이 좋다.

노출치료가 모든 상황에서 다 가능한 것은 아니다. 예를 들어 비행기에 노출 및 습관화를 시키기 위해서 비행기를 필요도 없이 자주 탈 수는 없는 것이다. 그리고 으슥한 밤거리 혼자 걷기처럼 실제로 위험할 수 있는 상황에 노출하는 것은 당연히 좋지 않다. 순위 목록은 현실적이고 실제로는 안전한 상황들의 목록이어야 하는 것이다. 불안 때문에 논리적인 생각이 좀 어려울 수도 있으므로, 자신의 순위 목록에 대해 확신이 없다면 믿을 만한 사람에게 조언을 구하는 것도 좋다. 만일 당신이 실제

생활에서 노출시키기 어려운 것들에 대해 강한 두려움을 가지고 있다면, 사진이나 영상물, 역할극 상황에 노출을 시키든지, 상상 노출을 시도해볼 수 있다. 이런 기법들을 더 자세히 설명하는 것은 이 책의 범위를 넘어서는 것이다. 노출치료에 대해 더 많은 것을 익히고 싶다면 *The Anxiety and Phobia Workbook*(2000)을 참조하라.

순위 목록의 예시 : 사회불안

SUDS 점수	상황의 묘사
35	친구 집에서 열리는 지인들의 모임에 남편과 함께 간다.
45	친구 집에서 열리는 지인들의 모임에 혼자서 간다.
45	아는 사람이 거의 없는 작은 사교 행사에 남편과 친구와 함께 간다. 모르는 사람에게는 말을 걸지는 않는다.
55	아는 사람이 없는 작은 사교 행사에 가서 남편과 친구와 모르는 사람 몇 명과 함께 테이블에 앉는다. 모르는 사람과 대화를 시작하지는 않는다.
60	위와 같은 작은 사교 행사에 혼자 간다. 다른 사람과 대화는 하지 않는다.
65	위와 같은 작은 사교 행사에서 모르는 사람에게 먼저 대화를 시도한다.
75	우리 집에서 모임을 연다. 남편과 함께. 두세 명의 친구만 초대한다.
85	우리 집에서 모임을 연다. 나 혼자서 두세 명의 친구만 초대한다.
100	다른 사람들의 관심의 대상이 된다(어떤 발표를 하거나 이야기를 함으로써).

순위 목록의 예시 : 식료품점에 가기

SUDS 점수	상황의 묘사
35	혼자서 식료품점 방향으로 운전해 가서 그냥 지나친다.
40	친구와 함께 가서 식료품점 주차장에 차를 주차한다.
45	혼자 가서 식료품점 주차장에 차를 주차한다.
50	친구와 함께 식료품점으로 걸어 들어간다.

(계속)

55	혼자서 식료품점으로 걸어 들어간다.
65	카트에 식료품을 담고 식료품점에 어느 정도 머무른다.
75	계산대에 친구와 함께 줄을 선다.
85	계산대에 혼자서 줄을 선다. 내 뒤에 아무도 없게 가장 뒤에 선다.
90	계산대에 서서 계산원과 대화를 시작한다.
100	혼자 계산대에 줄을 서서 있는다. 내 앞뒤에 사람들이 있어서 그냥 서둘러서 가게를 나가버릴 수 없게.

나의 순위 목록

SUDS 점수	상황의 묘사
35	
40	
45	
50	
55	
60	
65	
70	
75	
80	
85	
90	
95	
100	

이제 당신은 노출치료를 할 수 있는 불안 유발 상황에 대한 목록을 갖게 되었다. 다음 단계는 시작할 상황을 고르는 것이다. 일반적 원칙은 SUDS 점수가 40점 정도 되는 상황부터 시작하는 것이 권장된다. 이 정도 점수의 상황으로 시작하는 것이 첫 성공을 위해 그렇게 힘들지 않은 불안 정도라서 좋

고, 또한 어느 정도의 불안은 있으므로 이것을 극복했다는 성취감과 자신감도 얻을 수 있는 것이다. 더 낮은 SUDS 점수의 상황으로 시작하면, 이것은 너무 쉬워서 도전이 될 수 없고, 너무 높은 점수의 상황으로 시작하면 처음부터 너무 어려운 느낌만을 받을 것이다.

만일 SUDS 점수 40에 해당하는 상황이 없다면 어떻게 할까? 그보다 한 단계 높은 상황을 고르고 (위의 예에서 55점에 해당하는 '혼자서 식료품점으로 걸어 들어간다'를 골랐다고 해보자.) 그 다음에 이 상황을 조금 변형시켜서 더 쉽게 만들 수 없는지 생각해본다. 식료품점에 걸어 들어가는 상황을 친구와 함께하는 것으로 변형하면 50점 정도가 될 것이고, 사람이 별로 없는 시간에 식료품점에 가는 것으로 변형하면 40점 정도로 만들 수 있는 것이다. 창의적으로 생각하라!

일단 시작할 상황을 정하면, 그 상황에 들어가기 위해 구체적인 계획을 세워야 한다. 시간도 충분히 가질 수 있도록 해야 한다. 노출치료에 있어 가장 중요한 점은 일단 그 상황에 들어가면, 불안이 감소될 때까지 도망가지 말고 그 상황에 머물러 있어야 한다는 점이다. 만일 불안이 아직 있는 상태에서 그 상황을 피한다면, 이것은 당신의 뇌에 이런 불안을 견딜 수 없고 이 상황에서 도망가지 않으면 불안은 계속될 것이라는 메시지를 계속 주는 셈이다.

당신의 SUDS 점수 그래프로 만들기

아래에 노출치료 기록지를 제시하였다. 이 기록지를 복사해서 노출치료를 할 때 많이 활용하기를 바란다. 처음에 불안한 상황에 노출이 되면, 생각한 것보다 더 강한 불안이 생길 수도 있는데 이것에 놀라지 마라. 불안은 회피하지 않으면 금방 그 강도가 줄어들 것이다. 불안이 시작될 때 기록지에 점을 찍고 5분마다 한 번씩 다시 점을 찍어서 그래프를 그려보자. 신체 감각 노출이나 빨리 진행되는 상황이라면 1분 혹은 2분마다 한 번씩 점을 찍어보자. 일반적인 가이드라인은 노출 상황에 계속 머물러서 SUDS 점수가 반으로 줄거나 30 이하로 내려갈 때까지 계속 그 감각을 느끼고 있어야 한다.

노출 치료 SUDS 그래프 : 예시

날짜 : 2008년 9월 4일

노출치료 상황 : 친구 집에서 열리는 지인들이 모임에 남편과 함께 간다.

세션 # __2__

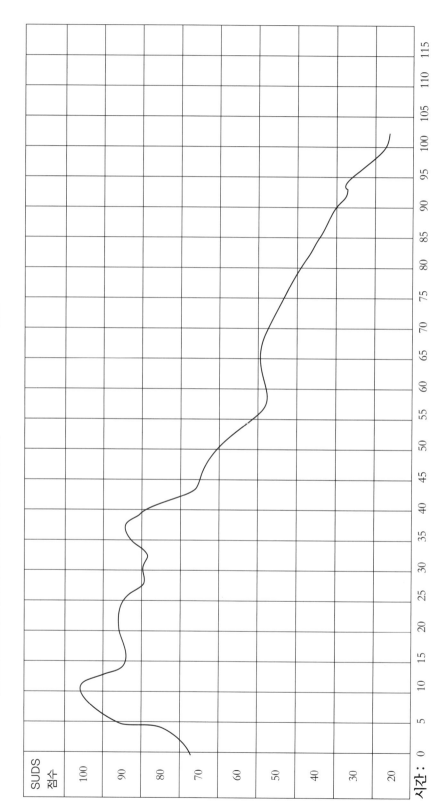

SUDS
점수

시간 :

노출 치료 SUDS 그래프

날짜 : _____

노출치료 상황 : _____

세션 # _____

SUDS 점수																							
100																							
90																							
80																							
70																							
60																							
50																							
40																							
30																							
20																							
시간 : 0	5	10	15	20	25	30	35	40	45	50	55	60	65	70	75	80	85	90	95	100	105	110	115

노출치료에 대한 몇 가지 도움말

노출치료를 시행할 때, 당신은 가능한 한 현재 순간에 머물러 있으려 노력해야 한다. 불안을 느끼지 않으려고 주의를 분산시켜서는 안 된다. 이것은 노출 훈련의 목표에 반하는 것이다. 기억하라! 당신은 당신의 뇌에게 이 상황에 실제 위협이 되는 것은 아무것도 없다는 것을 가르치려고 노출치료를 하는 것이다. 만일 당신이 그 상황에 대해 자꾸 주의 분산을 하면 당신의 뇌는 이 상황이 안전하다는 것을 배우지 못한다. 대신에 당신의 뇌는 이 상황이 주의 분산을 해야만 하는 불안한 상황이라고 더 생각하게 되는 것이다. 주의 분산을 하지 않으면 불안감이 다시 올라갈 것이다. 이 상황에서의 불안을 마음챙김으로 그대로 느끼고 그 상황에 그대로 머무르는 것이 중요하다. 그러면 점차 불안이 줄어들 것이다.

또한 노출치료를 할 때 항불안제를 먹는 것도 주의 분산의 일종이니 하지 않는 것이 좋다. 항불안제는 로라제팜(아티반), 클로나제팜(리보트릴), 알프라졸람(자낙스) 등이 있는데, 이 약물들은 빠르게 불안을 감소시켜주는 약물이고 보통 불안할 때만 먹는 경우가 많다. 불안할 때 이 약물을 복용해서 불안을 빨리 없애버리는 것은 노출치료와는 맞지 않다. 하지만 매일 일정하게 복용하는 항우울제는 노출치료와 큰 상관은 없다.

아래에 당신이 불안할 때 보통 주의 분산을 하는 방법들을 적어보라. 자신이 불안 감정을 어떻게 회피하고 있는지 더 잘 알게 되면 이런 행동에 빠지지 않는 능력이 조금씩 생긴다.

- 항불안제 복용
- 사람들을 쳐다보지 않고 회피
- _____
- _____
- _____

당신의 뇌가 이런 경험에 익숙해지게 하려면 매일 이런 노출을 반복하는 것이 좋다. 일주일에 5일간, 각 노출치료 세션마다 그래프를 그려보고 점검해보면, 5일 후에는 불안이 현저히 줄어들었을 것이다. 당신의 뇌가 습관화가 된 것이다. 이렇게 되면 순위 목록의 다음 상황으로 넘어가서 마찬가지로 수행한다. 5회 반복하기 이전에 불안이 줄어들더라도 이 습관화를 견고히 하기 위해 5일간은 계속 수행하는 것이 좋다.

5회 노출 세션을 수행했는데도 계속 불안이 높으면, 노출 중에 충분히 그 순간에 머무르고 마음챙김 상태로 있었는지, 아니면 주의 분산을 하거나 회피하지는 않았는지 다시 점검이 필요하다. 당신은 충분히 잘 머무르고 마음챙김 상태였는데도 불안이 줄어들지 않는다면, 다른 상황에 대해 다시 수행해보거나 전문가의 도움을 받는 것이 좋겠다.

당신의 조력자가 알아야 할 것

노출치료를 처음 시작할 때 당신을 도와주는 조력자가 있다면 큰 힘이 될 것이다. 물론 궁극적인 목표는 당신 혼자서 그 상황에 노출하는 것이지만 말이다. 여기서는 당신의 조력자가 알아야 할 것들을 살펴보자.

가장 중요한 것은 조력자가 당신의 불안 경험을 주의 분산시키지 않아야 한다는 점이다. 당신이 매우 불편해 보일 때 조력자가 당신에게 말을 걸어서 불안에서 주의를 분산시킨다면 그것은 노출치료의 목표에 맞지 않고 당신이 불안에 대처하는 능력을 방해하는 것이다. 안심시키기도 마찬가지이다. 당신이 불안할 때 당신은 자연스럽게 다른 사람으로부터 위안과 안심을 얻기를 바란다. 이런 안심시키기는 당신의 불안을 줄여줄 수 있다. 그러나 또 다시 이것은 당신의 뇌에 당신 스스로는 불안에 대처할 수 없다는 메시지를 보내는 것이 된다.

대신, 조력자는 당신에게 불안이나 지금 느끼고 있는 감각에 마음챙김을 하도록 도움을 주는 것이 더 효과적이다. 조력자는 대부분 조용히 있는 것이 좋다. 그러다가 당신의 불안이 감소하고 있는 것을 감지하면(얼굴 표정이나 몸짓을 보고), 이렇게 질문할 수 있다, "당신 지금 불안에 대해 계속 마음챙김하고 있는 거죠?" 혹은 "계속 이 상황에 집중하고 있는 것 맞죠?"

만일 그 상황에 들어갔을 때 불안이 생각보다 훨씬 크다면, 조력자가 함께 그 상황에 있어 주면서 잠시만 그 경험을 공유해서 불안을 낮추고 그 상황에 계속 머무르도록 도울 수 있다. 예를 들어, 내가 사회불안을 가진 아니타라는 내담자와 노출치료 세션을 한 것을 살펴보자. 5회 세션 중 첫 번째 세션이었고, 우리는 사람이 많이 없을 것이라고 생각하고 늦은 오전에 카페테리아에 들어갔다. 아니타는 SUDS 점수를 40점 정도라고 하였다. 그러나 우리가 그곳에 들어갔을 때 사람들이 아주 많았고, 아니타는 갑자기 불안해져서 SUDS 점수를 85점이라고 하였고, 금방 눈물을 글썽거렸다. 그녀의 갑작스러운 불안 상승을 진정시키기 위해 나는 카페 구석의 사람들 눈에 잘 안 띄는 의자에 함께 앉아 있자고 제안하였고, 아니타는 거기에 앉아서 출입문 쪽을 바라보며 점차 불안을 감소시킬 수 있었다. 아니타는 불안이 좀 견딜 만해질 때까지 카페 안의 다른 사람들 쳐다보기를 피하다가, 조금씩 사람들과 그 공간을 보기 시작하였고 그러면서 그 경험을 받아들이기 시작하였다.

조력자는 또한 시간 확인자로도 역할을 할 수 있다. 미리 정한 시간까지 그 경험에 머무르게 하고, 정확한 시간에 SUDS 점수를 물어보아서 그래프 그리기에도 도움이 될 수 있다. 이렇게 질문을 함으로써 당신이 그 경험에 집중을 유지하도록 돕는 효과도 있다. 그리고 조력자는 다음 단락에서 논의할 '불안에 대처하기' 문장을 상기시키는 역할도 할 수 있다.

불안에 대처하기

당신은 자신이 경험하고 있는 것을 대처 문장(coping statements)으로 만들어 노출치료를 잘 수행할 수 있도록 활용할 수 있다. 그 상황에 대한 당신의 해석이 보통 당신의 불안을 증가시킨다고 이야기했었다. 그러므로 대처 문장은 당신의 그 해석, 자동적 생각을 변화시키는 데 도움이 되는 문장이다. 아래에 예를 들어보았다. 이것을 보면서 당신 자신의 개인적인 불안 경험을 생각해보고 자신만의 대처 문장을 한번 써보라.

- 이 느낌은 많이 불편해. 하지만 난 대처할 수 있어.
- 나는 이런 감각들을 다룰 수 있어.
- 나는 이것을 극복할 수 있어.
- 나는 이것이 불안이라는 것을 알아. 이것은 정상이야. 그리고 이미 줄어들고 있어.
- _____
- _____
- _____

위에서 사례로 든 대처 문장들이 당신의 감정을 회피하는 내용은 아닌지 점검하라. 대처 문장을 사용할 때, 이것이 불안으로부터 주의 분산을 하는 것이 아니라 당신의 경험을 그대로 자신에게 이야기하는 것임을 기억하라.

마음에 기록하기 기법도 역시 불안 대처에 도움이 된다. 이 기법은 당신 자신과 자신의 감정 사이에 어느 정도 거리를 두도록 해서, 그 감정에 사로잡히지 않고 지혜로운 마음으로 상황을 보도록 하는 기법이라는 것을 기억할 것이다. 노출치료를 하면서 마음에 기록하기를 이용하는 예를 들어보면, "나는 식료품점에 들어가고 있다. 내 심장은 마구 뛰고 있고, 나는 불안을 느낀다. 내 가슴은 답답하고, 손에서는 땀이 나고 있다."라고 자신의 마음에 기록하듯이 자신에게 말하는 것이다. 이런 방식으로 자신에게 말하는 것은 그 불안 경험에 집중을 유지하는 데 도움이 되고, 동시에 그 순간에 경험하는 어떤 감각이든지 거부하지 않고 받아들이는 데 도움이 된다. 다음 장에서 우리는 이런 받아들임 혹은 수용에 대해 더 자세히 살펴볼 것이다.

이 장의 총정리

이 장에서는 불안에 대해 많은 것을 배웠다. 불안이 무엇인지, 왜 우리는 불안을 필요로 하는지, 일상생활 능력을 방해하는 불안을 어떻게 감소시키는지에 대해 배웠다. 당신이 여전히 어떤 상황을 회피하고 있고 그것을 해결하고 싶다면, 이 책의 나머지 기술들을 잘 익힌 다음 이 장으로 다시 돌아와 노출치료 작업을 수행할 것을 권장한다. 앞으로 살펴볼 기술들도 불안을 극복하는 데 도움이 되기 때문이다. 어떤 순서로 하든지 충분히 시간을 가지고 작업할 것을 권유한다.

　다음 장에서는 완전한 수용이라고 불리는 기법에 대해 더 깊게 살펴보려고 한다. 이것은 당신이 감정을 더 잘 견디고 쓸데없는 고통 감정의 수를 줄이는 데 도움이 될 것이다.

09

완전한 수용

당신은 과거의 일이 자꾸 다시 돌아와서 당신의 아픈 감정을 건드리는 경험을 한 적이 있는가? 혹은 때때로 현재 자신이 조절할 수 없는 상황에 파묻혀, 이것이 계속 부정적 감정을 커지게 만들고 있지는 않은가? 당신은 여전히 자신의 감정을 인정하지 못하고, 자신에게 "이런 감정을 느껴선 안 돼!"라고 되뇌면서 자신의 감정을 밀어내고 있지는 않은가?

조울병과 상관없이 인생에는 받아들이기 힘들거나 계속해서 감정적인 고통을 주는 일들이 있다. 그런데 조울병을 가지고 있다고 해서 꼭 감정적 고통을 더 경험해야 할까? 지난 여러 장에 걸쳐 우리는 감정이 무엇인지, 감정을 견디는 법, 감정을 변화시키는 법에 대해 살펴보았다. 이 장에서는 완전한 수용이라는 기법에 대해 배울 것인데, 이것도 역시 고통을 줄이는 것이 가능한 경우엔 그것을 줄이고, 가능하지 않은 경우엔 고통을 견디는 법에 대해 우리에게 도움을 준다.

현실과 싸우기

우리는 인생에서 고통스러운, 심하면 트라우마가 되는 상황들을 매우 자주 경험한다. 인간으로서 우리의 자연스러운 본능은 신체적, 감정적 고통을 피하거나, 그것을 떨쳐버리거나, 그것과 싸우는 것이다. 그래서 인생에서 어떤 힘든 일이 생기면 우리가 그것과 싸우려는 자동 반응을 보이는 것은 너무나 당연한 일이다. 이는 마치 우리가 고통을 충분히 오랫동안 외면하고 부정하면, 그 고통이 사라질 것이라고 믿는 것과 비슷하다. 잠시 생각을 더듬어서 당신이 인생의 현재 혹은 과거에서 계속 싸우고 있는 현실이 있는지를 숙고해보라. 그리고 아래에 써보자. 몇 가지 사례를 제시한다.

- 나는 조울병이 있어.
- 나는 매일매일 약을 복용해야만 해.
- 나는 어릴 때 학대를 받았어.
- 나는 조울병 삽화가 자주 생기기 때문에 제대로 일을 할 수가 없어.
- 나는 알코올 중독자야.
- 내 부부관계는 끝장났어.
- _____
- _____
- _____
- _____
- _____
- _____

우리 대부분은 인생에서 적어도 하나 이상의 상황과 싸우고 있다. 아래에는 당신이 그 현실과 싸우고 있을 때 당신은 자신에게 어떤 말을 하고 있는지 써보자. 역시 몇 가지 사례를 제시한다.

- 이런 일이 나에게 생기다니 이건 불공평해.
- 왜 나야?
- 나는 이걸 하지 말았어야 했어.
- _____
- _____
- _____
- _____
- _____
- _____

이제 위에 적은 상황 중 하나를 골라서 당신이 그 상황의 현실과 싸울 때 떠오르는 감정들에 대해 매우 상세히 생각해보기를 권한다. 당신이 위에 쓴 현실과 싸우는 문장들을 읽어보고 그 상황이 어떻게 불공평한 것인지를 잘 생각해보라. 자신에게 "이런 일은 생기지 말았어야 했는데", "이건 뭔가 잘못됐어." 이런 말들을 계속해보라. 그리고 아래 빈칸에 이때 떠오르는 감정들을 적어보라. 감정들의 강도를 0부터 100까지 평가해보는데, 0은 아무런 감정도 없는 상태, 100은 가능한 최대의 강한 감정 상태를 뜻한다.

감정	평가	감정	평가
_____	_____	_____	_____
_____	_____	_____	_____
_____	_____	_____	_____

아마 당신은 분노, 좌절, 비통, 후회, 고통 같은 부정적 감정들을 적었을 것이다. 이것이 우리가 현실과 싸울 때 나타나는 전형적인 감정들이다. 현실과 싸우는 것은 괴로움을 만든다. 이는 당신이 힘든 상황에 대해 감정을 느끼면 안 된다고 말하는 것이 아니다. DBT의 목표가 감정을 갖지 않거나 감정을 없애는 것이 아님을 기억하라. 다만, 당신이 현실과 싸움을 할 때, 당신은 쓸데없는 고통 감정들을 더 증가시키고 있고, 이것은 괴로움을 만드는 것이다. 고통(pain)을 그대로 수용하는 것, 그것이 실제로 인생에서의 괴로움(suffering)을 줄여주는 것이다(Hayes 2005). 고통은 인생에서 불가피한 것이다. 그러나 괴로움은 그렇지 않다.

괴로움이란 무엇인가

고통은 인간 존재의 자연적 일부이다. 우리는 고통에서 벗어날 수 없다. 우리 인생에서는 항상 고통을 유발하는 상황이 있을 수밖에 없다. 예를 들어 당신이 사랑하는 사람이 세상을 뜨면 당신은 애도와 슬픔의 감정적 고통을 느낄 수밖에 없다. 조울병으로 진단된다는 것은 여러 측면에서 고통을 유발한다. 아마 당신은 조울병 때문에 어떤 사람이나 어떤 것을 잃었을 것이고, 병이 없던 이전의 자기를 그리워할 수도 있다. 불안, 슬픔, 후회, 실망 등 다양한 힘든 감정들을 유발하는 수많은 상황이 있다. 이것을 우리는 고통이라고 부른다.

한편, 괴로움(suffering)이란 우리가 인생의 고통을 받아들이지 못하고, 고통을 유발하는 그 현실을 부정하려고 할 때 발생하는 것이다. 괴로움이란 고통을 수용하지 못해 증폭된 고통인 것이다. 예컨대 당신이 사랑하는 사람이 세상을 떴을 때, 당신이 이를 받아들이지 못한다면 당신의 고통은 괴로움이 된다. 당신은 애도와 슬픔만 느끼는 것이 아니라 분노, 절망, 이외의 많은 괴로운 감정을 더 느끼게 되는 것이다.

그러나 다행스러운 점은 이렇게 괴로움의 감정도 우리가 여러 기법을 이용해서 줄일 수 있고 특히 완전한 수용이라는 기법을 통해 줄일 수 있다는 점이다.

완전한 수용이란 무엇인가

완전한 수용은 어떤 것을 당신의 몸, 마음, 영혼으로 받아들이는 것, 마음의 일부로만 받아들이는 것이 아니라 온전히 그것을 받아들이는 것이다. 마음으로만 받아들이는 것이 아니라 자신의 모든 것으로 받아들이는 것, 자신의 존재 전체로 수용하는 것이어서 완전한 수용이라고 부른다(Linehan 1993b).

일단 수용이 무엇인지를 확실히 알아야 하겠다. 많은 사람이 수용이라는 단어 때문에 이 기법을 익히는 데 어려움을 느낀다. 수용이란 것이 무엇을 긍정적으로 인정한나는 것과 혼동되기 때문이다. 어떤 것을 수용한다는 것을 당신이 그것을 원한다는 것으로 착각하기 쉬운 것이다. 하지만 수용의 진정한 뜻은 비판단적인 것, 판단을 하지 않는 것이다. 당신이 어떤 것을 수용한다는 것은 그것을 좋다 혹은 싫다라고 말하는 것이 아니다. 수용이란 단순히 그 현실을 있는 그대로 받아들인다는 뜻이다. 그래서 완전한 수용은 "기꺼이 우리 자신과 우리의 인생을 있는 그대로 경험한다."라는 뜻이다(Brach 2003, 4). 사례를 한번 들어보자.

앤드류의 이야기

21세인 앤드류는 최근에 조울병 진단을 받았다. 첫 번째 세션에서 그는 이런 일이 자신에게 일어나다니 얼마나 불공평한 것인가에 대해 열변을 토하였다. 그는 계속 물었다. "왜 나인가요?" 그리고 이건 뭔가 잘못되었으며 자신은 이제 막 성인으로서 인생을 시작했는데 조울병으로 인해 자신의 목표가 모두 무너졌다고 말했다. 내가 조울병 진단과 조울병이 인생의 일부라는 사실을 받아들이는 것은 어떠냐고 물었을 때, 그는 어떻게 조울병인 것이 괜찮은 것일 수 있냐며 따져 물었다. 앤드류는 다른 많은 사람들처럼 수용이 긍정적 인정이라고 잘못 생각하고 있었다.

수용의 진정한 뜻은 당신이 현실을 인정한다는 의미이다. 앤드류의 경우에 조울병임을 수용한다는 것은 그가 조울병을 좋아한다는 뜻이 아니고, 조울병이어도 괜찮다는 뜻도 아니다. 다만 앤드류가 이것이 현실임을 인정한다는 뜻이다. 당신은 어떤 것을 매우 싫어하면서도 그것을 그냥 수용할 수 있다. 사실 우리의 체험을 완전히 수용한다는 것은 진정한 변화로 나아가기 위한 시작점이다(Brach 2003). 다른 말로 하자면, 우리가 무엇인가를 변화시키기 위해서는 그것을 일단 수용해야 한다. 생각해보자. 만일 당신이 그 현실(예 : 조울병이라는 현실)을 부정하거나 계속 싸우고 있다면, 당신은 조울병의 영향을 줄이기 위한 여러 가지 방법(수면 습관 조절, 치료약 복용)을 수행하지 않을 것이다. 현실과 싸우고, 조울병이 마치 없는 척하며 더 힘들게 에너지를 소모하는 것이다. 일단 당신이 그 상황을 받아들이면, 그 상황을 변화시킬 어떤 일을 할 수 있다. 병에 대해 잘 배우고, 필요한 치료약을 복용하고, 자신을 잘 돌보기 시작해서, 결국 삶의 질을 높일 수 있는 것이다.

수용이라는 단어가 싫고 어색하다면, 다른 단어로 바꾸어도 상관없다. 수용 대신에 '현실 인정하기'라고 생각해도 된다. 한 내담자는 "있는 그대로"라는 문구를 자주 사용하면서 현실을 수용하였다.

이제 수용의 뜻에 대해 잘 알았다면, 이전에 당신이 현실과 싸웠었던, 위에서 생각해 놓았던 그 상황을 떠올리면서 아래에 그 상황을 수용하는 문장을 써보라.

- 그것은 있는 그대로야.
- 나는 이런 일이 벌어진 것이 싫어. 하지만 이미 벌어졌어.
- 이것이 지금 내 삶의 모습이야.
- 나는 이것이 내 인생의 현실이라는 것을 인정해.

- _____
- _____
- _____
- _____
- _____

이제 또 다른 실험을 하나 해보자. 위에서 떠올렸던 같은 상황을 계속 생각하면서, 당신이 쓴 수용하는 문장을 자신에게 읽어주어라. 그 문장을 천천히 세심하게 읽고, 각 문장의 의미를 생각하면서 그 문장을 당신이 싸웠던 현실에 적용해보라. 그리고 이때 떠오르는 감정들을 아래의 빈칸에 쓰고 그 감정의 강도가 어느 정도인지 0부터 100까지의 점수로 평가해보라. 역시 0은 아무 감정이 없는 것, 100은 인생에서 느낄 수 있는 가장 강한 강도이다.

감정	평가	감정	평가
_____	_____	_____	_____
_____	_____	_____	_____
_____	_____	_____	_____

당신은 아마도 이 빈칸을 채우면서 여전히 부정적인 감정을 느꼈을 것이다. 당연하다. 고통은 자연스러운 것이며 어려운 상황에서는 당연히 생기는 것이다. 그러나 이번에 떠오른 감정들은 지난번에 비해서 그 강도가 낮아졌을 것이다. 이 장의 초반에 당신이 평가했던 부정적인 감정의 강도와 이번 것을 비교해보라. 어떤 차이가 있는가? 적은 감정들이 뭔가 달라졌는가? 지난번에 비해 부정적 감정의 수가 줄었다든지 강도가 줄었다든지 하였는가? 다시 강조하지만 부정적인 감정은 여전히 거기 있고, 마술처럼 저절로 사라지지 않는다. 하지만 일반적으로 당신이 그 상황을 수용하기 시작하면 감정들은 좀 더 견딜 만해진다. 만일 당신의 감정이 오히려 증가했거나 똑같은 정도라면 한 번 더 시도해보길 바란다. 당신이 그 현실을 진정으로 완전히 수용하려고 하고 있는지, 아니면 조금 뒤로 물러나 여전히 싸우고 있는 것은 아닌지 잘 살펴보라.

당신은 아마 인생 중에 너무 힘든 상황에 닥쳐서 처음엔 그것과 싸울 수밖에 없었는데, 점차 시간이 지나면서 받아들이게 된 상황을 지니고 있을 것이다. 이런 힘든 상황이란 사랑하는 사람의 죽음일 수도 있고, 중요한 인간관계의 단절일 수도, 직장을 잃는 것일 수도 있다. 잠시 멈추어 시간을 가지고, 당신이 인생에서 이미 받아들이고 있는 상황들을 아래에 써보라.

- _____
- _____
- _____

이 상황들에 대해 다시 생각해보면서, 당신은 그 상황이 막 생겨서 아직 받아들이지 못했을 때의 느낌과 일단 그 상황을 받아들이고 난 후의 느낌이 어떻게 달랐는지 기억하는가? 아마도 당신의 고통이 바로 마술처럼 사라지지는 않았을 것이다. 하지만 고통이 조금씩 줄어서 견딜 만해지고, 우울함과 슬픔도 점차 빈도가 줄고, 괴로워서 술 마시는 것도 감소하고, 분노도 줄어들었을 것이다. 아래에 당신이 그 상황을 수용한 것이 당신의 인생에 어떤 효과를 주었는지 써보라.

- _____
- _____
- _____

바라건대, 이제 완전한 수용이 당신의 인생에 작은 변화를 가져다줄 수 있다는 가능성이라도 당신이 인정하게 되었으면 한다. 그럼 이제는 이 기술을 실제로 어떻게 익힐 수 있는지에 대해 살펴보자.

완전한 수용 연습하기

완전한 수용은 익히기 쉽지 않은 기술이어서, 본격적인 시작에 앞서 몇 가지 알아두어야 할 것이 있다. 첫 번째, 상황이 더 고통스러울수록 수용하기가 더 어렵다는 점이다(Linehan 2003b). 당신의 배우자가 아주 먼 곳으로 직장을 구하게 되어 이사를 가야 하는 상황을 생각해보자. 당신도 함께 이사를 하기로 하였지만, 당신은 지금 사는 곳이 너무 좋다. 주변에 친구도 아주 많고, 집도 정이 많이 든 집이고, 아이들도 이곳의 모든 생활을 좋아하고 적응된 상태이다. 당신도 여기에서 직장을 다니고 있을 수도 있다. 그런데 이 모든 것을 두고 새로운 곳으로 이사를 해야 한다는 것이 쉬울까? 물론 당신의 배우자는 직장에서 승진을 해서 옮기게 된 것이어서 좋은 변화이긴 하다. 하지만 당신에게는 여기를 떠나야만 한다는 것이 많은 고통이기 때문에 수용하기가 쉽지 않을 것이다.

이제 반대의 경우를 생각해보자. 당신은 현재 사는 곳을 싫어하고 이웃들과도 친하지 않다. 주변에 우범지역도 많고 도둑이 들었다는 집들도 최근 있었다. 그 지역에서 당신이 특별히 하고 있던 활동도 없었다. 그런데 새 직장을 얻어 먼 곳으로 이사를 가야 하는 상황이 되었다. 당신이 이 상황을 받아들이기는 얼마나 어려운가? 아마도 별로 어렵지 않을 것이다. 왜냐하면 이사를 가는 상황이 별로 고통스럽지 않기 때문이다. 완전한 수용이란 것이 이렇다. 수용하려 하는 상황이 고통스러울수록 수용은 어렵고 시간도 많이 걸린다.

두 번째 알아두어야 할 점은 이 기술은 하루아침에 익힐 수 있는 것이 아니라는 점이다. 어떤 상황은 받아들이는 데 비교적 짧은 시간이 필요한 일도 있겠지만, 어떤 상황은 무척 긴 시간이 필요할 수도 있다. 또한 당신이 겨우 그 상황을 받아들이는 순간에 도달했는데, 뭔가 또 다른 일이 생겨서 당신을 다시 현실과 싸우게 만들 수도 있다. 예를 들어 당신은 조울병이 있다는 진단을 받고 이를 겨우 받아들이려는데, 다시 우울이나 조증 삽화가 재발해서 다시 입원을 해야 하는 상황이 되어 이것에 다시 괴로워하고 싸움을 벌이게 될 수 있다. 이것은 당연한 것이다.

이런 어려움은 매우 절망스럽지만, 그래도 이렇게 생각함으로써 격려를 얻을 수 있다. 고통스러운 상황을 수용하려고 애쓸 때, 하루에 단 30초만 이 상황을 수용할 수 있을지도 모른다. 그래도 다행인 것은 매일 이 30초 동안은 당신은 괴로움을 키우지 않는 것이다. 이제 점차로 시간을 늘려 매일 30초가 매일 30분이 되고, 3시간이 되어 당신이 이 상황을 완전히 수용할 때까지 계속할 수 있다. 시간이 얼마나 걸리든 당신이 완전한 수용을 수행하고 있으면 당신은 고통스러운 감정을 줄이고 있는 것이고 당신의 인생을 더 살 만한 인생으로 만들고 있는 것이다.

완전한 수용으로 나아가는 단계

이제 완전한 수용을 익히는 네 가지 단계를 소개한다. 첫째, 당신은 자신이 수용하기를 진정으로 원하는지를 결정해야 한다. 물론 이 기술은 당신에게 도움이 되는 것이다. 하지만 이것을 당신에게 강요할 수는 없다. 이 기술을 배워서 완전한 수용을 하는 것은 당신 자신이기에 당신 스스로 이것을 결정해야 한다.

일단 어떤 상황을 완전히 수용하기로 결정했다면, 두 번째 단계는 그것을 완전히 수용하는 데 자신의 전력을 다하는 것이다. 본질적으로 당신은 지금부터 이 상황을 완전히 받아들이는 데 최선을 다하겠다고 당신 자신과 약속하는 것이다. 이것을 확실히 하지 않으면 슬며시 당신은 현실과 또 다시 싸우고 있을 것이다. 이것은 불공평하다고 생각하고 도대체 왜 이런 일이 일어났고, 이것을 왜 받아들여야 하는지 고민하고 있을 것이다.

세 번째 단계는 자신이 다시 현실과 싸우기 시작하는 그 순간을 알아차리는 것이다(Linehan 2003b). 마지막 단계는 당신의 마음을 다시 수용으로 되돌려오는 것이다.

나는 이 DBT 기술을 연습하는 것을 우리가 가끔 우리 자신과 벌이는 내적 논쟁이라고 생각한다.

많은 사람들이 다이어트에 대해서 이런 종류의 내적 논쟁을 벌이므로, 이것을 비유로 이용해보자. 첫 번째 단계는 결정이다. 당신은 체중을 줄이기로 결정한다. 두 번째 단계로 당신은 전력을 다하기로 하고 지금 바로 다이어트에 전념한다. 더 이상 탄산음료나 정크 푸드는 안 된다. 그러나 이렇게 전력을 다하기로 한 지 얼마되지 않아 당신의 상사가 동료의 송별회를 한다며 케이크를 사들고 왔다. 여기서 내적 논쟁이 시작된다. "그래, 나는 딱 한 조각만 먹을 거야. 그 다음에 다이어트하지 뭐." 세 번째 단계는 당신이 원래의 결심에 대해 이렇게 자신과 논쟁을 벌이고 있다는 것을 깨닫는 것이다. 그리고 마지막 단계는 당신의 마음을 다시 그 결심으로 되돌려오는 것이다. "아니야. 나는 나 자신과 정크 푸드는 먹지 않기로 약속을 했어. 그리고 나는 그것에 전력을 다하고 있어. 나는 케이크는 먹지 않을 거야."

이것과 같은 과정이 완전한 수용에서도 일어난다. 당신은 상황을 완전히 받아들이겠다고 결정을 하고, 그런 다음 자신의 전력을 다해 그것을 완전히 수용하려는 작업에 지금 이 순간부터 매진한다. 조금 후에 당신은 자신에게 이렇게 말할 것이다. "도대체 왜 내가 이걸 받아들여야 하는 거야? 이건 불공평해!" 이렇게 다시 현실과 싸움을 시작하자마자, 당신은 마음을 다시 완전한 수용으로 되돌려와서 자신의 결심을 상기시켜야 한다. 마음이 자꾸 싸움으로 갈 때마다 반복해서 당신은 마음을 제자리에 돌려놓는다. 처음에는 몇 분만이라도 이것을 연습해보라.

다이어트보다 더 수용하기 어려운 상황에 대해 한번 살펴보자. 앙드레는 어릴 때 아버지에게 신체적 학대를 당했고, 이것은 성인이 되어서도 그가 항상 괴로워하는 문제였다. 앙드레는 이미 일어난 그 일을 받아들인다는 것이 그 일이 좋다거나 아버지를 용서해야 하는 것은 아니라는 것을 이해하였다. 그는 그 현실과 싸우는 것이 너무 많은 에너지를 소모시키고 자신에게 더 많은 분노와 아픔을 가져다주고 있다는 것을 알게 되었다. 그래서 그는 자신이 어린 시절 학대받았다는 그 사실을 받아들이기 위한 작업을 열심히 하기로 결정하였다.

그러나 받아들이겠다고 시작하자마자, 앙드레는 옛날처럼 현실과 싸우는 패턴으로 변하는 자신의 생각을 볼 수 있었다. "하지만 아버지는 나를 학대하지 말았어야 해. 그건 정말 나쁜 짓이야. 그리고 내가 그 일을 극복하기 위해 이렇게 노력해야 한다는 것도 정말 불공평해. 아버지가 그러지만 않았다면 이럴 필요도 없었잖아." 앙드레는 이런 익숙한 생각이 머리를 스쳐 지나가자마자, 자신의 마음을 다시 수용으로 되돌려와서 자신이 수용하기로 결정했음을, 그리고 왜 수용하기로 했는지를 다시 상기하였다. "이미 벌어진 일은 내가 수용하는 것이 결국 나에게 도움이 된다는 것을 나는 잘 알고 있어. 나는 이것을 완전히 수용해서 고통스러운 감정을 줄이겠어." 잠시 후 앙드레는 자신이 또 현실과 싸우고 있음을 알아차리고, 다시 마음을 되돌려오는 작업을 반복하였다.

지금까지 당신이 배웠던 기법들과 마찬가지로 완전한 수용도 다른 사람을 위해 하는 것이 아니라, 결국 자기 자신을 위해 하는 것이다. 이것은 가해자에 대한 용서가 아니다. 예컨대 당신은 다른 사람의 마음을 편하게 해주기 위해 완전한 수용을 하는 것이 아니다. 이것은 단지 당신이 바꿀 수 없는 일에 대해 계속 그렇게 많은 에너지를 소모하고 그렇게 많은 고통 감정을 가질 것인가 말 것인가에 대한 문제이다. 과거에 일어난 일은 당신이 바꿀 수 없다. 때로는 현재의 상황도 당신이 바꿀 수 없는 일일 경우가 많다(당신이 바꿀 수 없는 일일 때, 받아들이고 수용하기가 훨씬 쉽다). 그래서 계속 현실과 싸우는 것은 단지 당신을 소진시킬 뿐이다. 그것은 실제로 생산적인 것을 아무것도 만들지 못한다.

여기에 당신이 완전한 수용을 연습해볼 몇 가지 사례를 제시한다. 처음에는 너무 고통스럽지 않은 상황부터 연습을 시작하는 것이 좋다. 이렇게 시작해서 당신이 이 기술을 익힐 수 있다는 근거를 쌓고 자신감을 가지면 괴로움이 줄기도 한다. 이렇게 점차 더 고통스러운 인생 상황에 대한 연습으로 넘어갈 수 있다.

- 운전 중 교통체증에 걸렸을 때, 완전한 수용을 연습하라. "있는 그대로 수용하자."
- 자동차에 주유를 하러 갈 때 기름값이 비싸다고 불평하지 말고, 완전한 수용을 연습해보자.
- 긴 줄을 섰을 때 기다려야 한다는 것을 완전히 수용하자.
- 날씨가 좋지 않아서 나들이 계획을 바꾸어야 할 때 이것을 완전히 수용하자.

이 기술을 연습하기 시작할 때 수용하기 원하는 상황들의 우선 순위 목록을 만드는 것도 좋다. 아래에 당신이 현재 싸우고 있는 상황들을 생각나는 대로 모두 적어보자. 그 상황을 생각할 때 고통스러운 감정이 유발되는 상황들을 써보면 된다.

- _____
- _____
- _____
- _____
- _____

다음에는 당신이 쓴 각 상황들 옆에 그것을 생각하면 생기는 고통의 강도를 1에서 10까지의 점수로 평가해보라. 1은 가장 적은 고통, 10은 가장 강한 고통의 강도이다. 이제 가장 적은 고통으로 평가된 상황에 대해서 완전한 수용을 연습해보라. 이 첫 상황을 성공적으로 진행했다면, 좀 더 힘든 상황에 대한 연습으로 점차 넘어간다. 이런 방법으로 당신은 자신이 완전한 수용을 수행할 수 있다는 사실을 알게 되어 강해질 것이고, 어떻게 이 기술이 도움이 되는지 경험을 통해 깨달을 것이다. 자신에게 시간을 좀 주고 기다릴 수 있어야 한다. 수용이란 얻기까지 오랜 시간이 걸릴 수 있다는 것을, 하지만 그만한 가치가 있다는 것을 기억하라!

상황을 완전히 수용하는 것이 어떻게 도움이 되는지에 대해 많은 것을 이야기하였다. 하지만 하나 더 이야기할 것이 있다. 당신의 감정이 변하지 않아서, 그냥 그 감정을 받아들여야 할 때에 대한 기술이다.

감정에 대한 완전한 수용

완전한 수용은 당신이 바꿀 수 없는 고통 감정들을 겪고 있을 때에도 도움이 많이 된다. 자신의 감정을 수용한다는 것은 고통에 저항하지 않고, 고통을 겪는 자신을 비난하지 않고, 감정에 따른 행동 충동을 따르지 않고, 그저 그 고통을 느끼는 것을 의미한다(Brach 2003). 당신이 어떤 현실의 상황과 싸우는 것과 마찬가지로, 감정과 싸우는 것도 당신을 더 고통스럽게 만든다. 불안을 예로 들어보자. 당신이 지금 불안 감각을 느끼기 시작했다면, 당신의 심장은 빠르게 뛰기 시작하고 호흡은 가빠진다. 습관적으로 당신은 그 감정과 싸우기 시작하면서 이렇게 생각한다 "아니야, 더 이상 불안해지면 안 돼. 빨리 불안을 물리쳐야 해." 하지만 이런 저항은 당신의 불안을 더 심하게 만들 뿐이다. 반대로, 불안을 완전히 수용하면 불안은 더 견딜 만하게 줄어든다. 물론 불안은 여전히 존재한다. 그러나 당신이 불안을 수용하면 불안은 최소한 더 심해지지는 않는다. 당신이 불안과 싸우고, 불안을 떨쳐버리려고 하면 오히려 불안은 더 심해진다.

사람들은 마찬가지로 우울한 감정과도 싸우면서 이렇게 생각한다 "내가 이렇게 우울함을 느끼고 있으면 안 돼.", "이건 멍청한 짓이야.", "왜 난 이런 우울을 극복하지 못하는 거야?" 이런 종류의 생각들은 당신의 기분에 어떤 영향을 줄까? 아마도 당신이 자신의 감정을 비판했기 때문에, 당신은 자신이 이런 감정을 느끼고 있다는 것에 화가 날 것이다. 혹은 당신은 더 불안해지거나 더 슬퍼질 수도 있다. 요점은 이런 방식으로 자신의 감정과 싸움으로써, 당신이 스스로의 감정을 더 나쁘게 만들고 있다는 점이다. 이전에 자신의 감정을 인정하는 것의 중요성에 대해 논의했던 것을 기억하는가? 완전한 수용은 이런 점에서 도움이 된다. 감정과의 싸움을 멈추고, 지금 느끼고 있는 감정이 무엇이든 그것을 수용하라. 감정들은 좋은 것도 아니고 나쁜 것도 아니다. 감정은 그냥 감정일 뿐이고, 거기에 있을 뿐이다. 한 연구에서는 공황장애를 가진 사람들에게 10분 동안의 수용 훈련을 제공한 결과, 생각과 감정을 억제하거나 외면했던 사람들에 비해 불안을 직면하는 능력이 늘어났다고 보고하였다(Levitt et al. 2004).

그러면 완전한 수용이 경조증이나 조증 삽화에 대해서도 어떤 도움이 될지 한번 살펴보자. 이 책의 초반에 언급한 대로 모든 사람이 자신이 조증 삽화를 겪고 있다는 것을 인지하고 있지는 않다. 만일 당신이 이런 인식이 있고, 자신이 경조증 상태에 있음을 알아차린다면, 당신은 이 현실과 이런 싸움을 할 것이다. "아, 안 돼! 이런 일이 다시 일어나선 안 돼! 이건 불공평해. 나는 그동안 잘해 왔잖아." 또 다시 이런 종류의 생각들은 불안, 분노, 슬픔과 같은 감정을 자극하여 당신의 감정 상태를 더 심하게 만든다. 기억하라! 당신이 조증이나 경조증 상태에 있을 때 당신은 자극을 줄여야 하고, 불안이나 분노 같은 자극적 감정을 더하는 것은 매우 좋지 않다는 것을. 그러므로 당신은 그저 당신의 감정 상태, 이 현실을 있는 그대로 인정하고, 더 자극받지 않도록 할 수 있는 일이 무엇이 있을까 찾아보는 것이 해결책인 것이다.

스테판은 조울병 그룹 모임에서 완전한 수용 기술을 배운 후, 조증과 연관된 환시 증상이 있었을 때 이것을 완전한 수용 기술을 통해 성공적으로 대처했다고 이야기해주었다. 스테판은 환시 증상과 싸우는 대신 이것이 자신의 현실임을, 자신이 조증 삽화 중에 있다는 것과 실제로는 없는 물체를 보고 있다는 것을 받아들였다. 이렇게 하자 그는 비교적 침착하게 있을 수 있었고, 다른 때에는 쉽게 발생하던 불안과 같은 추가적 감정을 발생시키지 않을 수 있었다.

당신이 싫어하는 감정을 느끼거나 경조증 상태에 있을 때, 당신이 자기 자신에게 할 수 있는 수용 문장(accepting statements)들을 천천히 생각해서 아래에 써보자. 이것이 어렵게 느껴진다면, 지난 제7장에서 당신이 만들었던 인정하는 생각 문장들(validating thoughts statements)을 다시 한 번 참고하는 것이 좋다. 도움이 되도록 아래에 몇 가지의 사례도 들었다.

- 이건 단지 불안일 뿐이야. 난 이 감정을 견딜 수 있어.
- 나는 지금 환각을 경험하고 있어. 이전에도 경험해본 적이 있고, 지금까지 큰 문제없이 잘 극복해 왔잖아.

● 난 지금 화가 났어. 이런 감정이 불편해. 하지만 화가 날 이유가 있었고 나는 이 감정을 조절할 수 있어.

● _____

● _____

● _____

● _____

● _____

이런 기술이 좋은 효과가 있지만 어떤 사람들은 이 기술을 실제로 수행하기를 무척 어려워한다. 그래서 실제 수행하는 데 도움이 되는 마음가짐을 하나 더 소개하려고 한다. 그것은 바로 수용에 대해 열린 마음을 가지는 태도, 수용을 기꺼이 실행하려고 하는 마음 자세이다.

기꺼이 하는 마음 : 열린 태도 취하기

때때로 어떤 사람들은 완전한 수용이 어떻게 도움이 되고 이것을 연습하는 것이 효과적이라는 것도 알지만, 여전히 완전한 수용에 전력을 다할 수가 없다고 말한다. 이것은 종종 고집(willfulness) 때문이다. 고집은 우리가 자신을 삶의 근본적 핵심에서 멀어지게 하는 것이며, 효과적인 일을 거부하는 것이며, 미래의 가능성에 대해 열린 태도를 보이지 못하는 것이다(May 1987). 이는 우리가 두 손을 들고, "난 이제 더 이상 상관 안 해.", "나는 포기야.", "어떻게 되든 상관없어."라고 말하는 것이다. 이것은 인생이라는 게임에서 더 이상 카드를 받지 않겠다는 것이고 당신에게 주어진 일을 하지 않겠다는 것이다. 어떤 일이 힘들수록(완전한 수용이나 기타 기술들을 연습하는 것처럼), 이런 고집을 더 많이 보이는 경향이 있다.

이런 고집의 반대가 기꺼이 하는 마음(willingness)이다. 이것은 인생에 대해 열린 태도를 취하는 것이고 삶에 자신을 온전히 참여시키는 것이다(May 1987). 이것은 당신에게 가장 좋은 것을 하기 위해 최선을 다하는 것, 문제를 풀 수 없을 것 같더라도 풀어보려고 노력하는 것, 매우 고통스러워도 어떤 것을 완전히 수용하려 애쓰는 것이다. 기꺼이 하는 마음은 더 융통성 있게 하려고 노력하는 것이며 어떤 가능성에 자신을 열어두는 것이다.

당신이 고집 상태에 있을 때에는 어떤 일을 하는지 생각해보라. 예를 들어, 아마 당신은 감정이 몹시 상해서 혼자서 틀어박혀 있거나 사랑하는 사람을 욕할 수도 있다. 또는 아마 당신은 술을 과하게 마시거나 자해 같은 좋지 않은 대처를 할 수도 있다. 당신이 미래의 가능성에 대해 자신을 닫아놓은 것은 아닌지 생각해보고, 아래에 고집스러운 행동 몇몇을 써보라.

- _____
- _____
- _____

이제 당신은 고집이 당신 속에서 떠오를 때 이를 조금 더 파악할 수 있을 것이다. 그러나 당신이 이렇게 고집을 느끼고 있을 때, 어떻게 하면 기꺼이 하는 마음을 가질 수 있을까? 첫 번째 단계는 당신이 고집을 느끼고 있다는 것을 그저 알아차리는 것이다. 고집이 떠오를 때 그것에 대해 자신을 비난하지 말고, 대신 그것을 알아차리고 이것이 당신의 현재 경험이라는 것을 완전히 수용하면 된다.

다음은 기꺼이 하는 마음으로, 자신을 경험에, 배움에, 가능성에, 세상에 열어놓는 것이다. 이런 태도를 몸으로 표현하는 것도 고집을 기꺼이 하는 마음을 바꾸는 데 도움이 된다. 즉, 당신이 열린 태도를 취하면 이런 태도를 몸의 언어로 표현할 수 있다. 하지 않으려고 움츠러든 자세를 기꺼이 하려는 열린 자세로 바꾸어라. 팔을 쭉 벌리고 주먹도 펴서, 손바닥을 위로 향하고 열린 자세를 취해보라. 얼굴의 찡그림도 펴고, 턱의 긴장도 풀고, 표정도 미소로 바꾸려 노력해서 양쪽 입꼬리를 약간 올려보라 (Linehan 1993b). 한 연구는 얼굴 표정을 변화시키는 것이 어떤 감정을 느끼고 있다는 것에 대한 신호를 실제로 뇌로 보낸다고 하였다(Ekman and Davidson 1993). 그래서 당신이 얼굴에 약간 미소를 지으면, 이것은 실제로 당신이 열린 태도를 갖는 데 도움이 되는 것이다.

기꺼이 하는 태도의 언어를 사용하는 것도 역시 당신의 고집을 줄이는 데 도움이 된다. 당신이 고집을 느낄 때에는 당신의 태도는 "안 돼!"라고 말하는 불수용, 거부, 부정의 태도이다. 이것과 반대로 자신에게 "그래"라고 이야기하는 것은 당신을 더 기꺼이 하는 태도로 만들어준다(Linehan 1993b). 눈을 감고, 숨을 깊게 쉬면서 기꺼이 하는 태도 언어를 사용해보라. "나는 이것을 할 수 있어.", "나는 괜찮아.", "나는 한번 해볼 거야."

고집은 완전한 수용에서는 함께 생길 수가 없다는 것을 기억하라. 고집은 인생에서 자주 일어나기 때문에 고집에 대해 많이 알아놓는 것이 도움이 된다. 고집이 생길 때 빨리 알아차릴수록, 더 빨리 고집을 기꺼이 하는 마음으로 변화시킬 수 있고, 그럼으로써 당신은 필요한 것을 효과적으로 할 수 있다.

완전한 수용에 대한 오해와 어려움

우리는 완전한 수용 기술을 시행할 때 겪는 몇 가지 어려움에 대해 이미 살펴보았다. 이런 어려움은 이 기술을 익히고 연습하는 데 큰 장해물이다. 일단 이 기술 자체가 숙달하기 쉽지 않은 기술이란 것을 염두에 두고, 완전한 수용을 방해하는 몇 가지 오해들을 살펴보자.

"내가 완전히 수용한다는 것은 내가 포기하고 진다는 의미야."

어떤 것을 완전히 수용한다는 것은 당신이 그 상황에 대해 수동적이 된다는 뜻이 아니다. 사람들은 그 상황을 받아들인다는 것을 더 이상 그것을 바꾸려는 시도를 하지 않고 포기한다는 것으로 생각하는 경향이 있다. 예를 들어, 조울병 모임에 참여 중인 리사는 20세 딸을 둔 엄마인데, 딸도 몇 년 전부터 감정 조절에 문제가 생겼다. 리사는 그동안 딸이 이런 어려움을 겪지 말아야 한다고 계속 생각하고, 자신의 딸도 이런 일을 겪는다는 것에 화를 내고, 자기에게 왜 이런 일들이 계속 생기는지 너무 불공평하다는 생각에 많은 에너지와 시간을 쏟아부었다는 것을 알게 되었다. 내가 그녀에게 고통스러운 감정을 줄이기 위한 기술로 완전한 수용을 소개했을때, 리사는 이것을 수용한다는 것이 자신의 딸을 포기하는 것이 아니냐며 두려워하였다. 하지만 이것은 딸을 포기하는 것이 절대 아니다! 완전한 수용은 그 현실과의 싸움을 그만함으로써 부정적 감정을 포기하는 것이지, 딸을 포기하는 것이 아니다. 오히려 받아들인 후에야 그 문제를 제대로 해결할 수 있는 방법을 찾을 수 있게 된다.

또 하나의 예를 보면, 타냐의 오빠는 코카인에 중독되었다. 그녀는 이것을 완전하게 수용한다는 것이 그녀의 오빠를 포기하는 뜻은 아닌가 걱정하였다. 하지만 완전한 수용이란 현실과의 싸움을 그만두는 것을 의미한다. 그 현실을 받아들임으로써 이전에는 현실과의 싸움에 소모하던 에너지를 이제는 그 문제를 해결하기 위한 노력에 쓸 수 있는 것이다. 이렇게 말하는 것이다. "그래, 나는 오빠가 마약에 중독되었다는 현실을 인정해. 이제는 내가 어떤 일을 하는 것이 오빠에게 도움이 될까?"

"남은 인생을 계속 우울하게 지내야 한다는 것을 내가 어떻게 받아들일 수가 있어요?"

프레드는 지난 몇 달간 잘 지냈고 이제 우울증이 다시 오지는 않을 것이라며 긍정적으로 내게 이야기했었다. 그래서 다시 기분이 우울해지기 시작하자, 그는 자신에 대한 자신감이 더욱 상실되었다. 내가 프레드에게 기분이 우울해진 사실을 받아들여야 한다고 말하자, 그는 그럴 수 없다고 말했다. 그는 우울증이 계속되는 것이 자기 인생이라는 것을 받아들이면 이것은 자신에게 희망이 없다는 것이며 더 절망적이 될 것이라고 생각했다. 나는 프레드에게 아직 일어나지 않은 미래의 일을 받아들이라는 것이 아니고, 미래의 일은 받아들일 수도 없다고 설명해주었다. 완전한 수용은 단지 지금 현재 그가 우울하다는 것을 받아들이는 것이다.

만일 당신의 마음이 자꾸 미래로 가서 생길지도 모르는 우울이나 그 밖의 것들에 대해 걱정을 하고 있다면, 이것은 완전한 수용을 해야 할 일이 아니고, 마음챙김을 하는 것이 좋다. 마음챙김이란 것이 미래가 아닌 현재 순간을 살도록 하는 기술이니까. 사실 미래에 어떤 일이 생길지 알 수 있는 방법은 없다. 조울병은 다음 삽화가 언제 어떻게 나타날지 쉽게 알 수 있는 병이 아니다. 다음 삽화가 생길 가능성이 많은 경우라도 꼭 생긴다는 보장은 없다. 3주 후, 3개월 후, 3년 후에 어떤 일이 있을지 알 방법은 없는 것이다.

당신이 지금 우울증 삽화를 겪고 있고, "나는 이제 다 극복했다고 생각했었는데. 이것은 불공평해!"라고 생각하면서 현실과 싸움을 벌이고 있다면, 당신은 지금 현재 당신이 우울증을 겪고 있다는 것만 받아들이면 되는 것이다. 이것을 받아들이는 것도 충분히 어렵다. 그런데 여기에 앞으로 남은 인생 동안 힘들 것이라는 생각으로 또 다른 압박과 고통을 더할 것인가?

또 다른 예를 하나 들어보자. 폴은 그의 아들이 조울병이 있을 수도 있다는 생각을 받아들이기가 무척 어려웠다. 그는 조울병이 어느 정도 유전적 영향이 있다는 것을 알기에 자신의 책임이라고 생각했고, 그가 겪었던 어려움을 아들도 똑같이 겪는다는 것을 생각조차 하기 싫었다. 나는 폴에게 아들의 증상에 걱정을 하고는 있지만, 아직 그의 아들이 조울병이라고 확실히 진단되지 않았으므로, 이것은 받아들여야 할 사실은 아니라고 지적해주었다. 하지만 그가 조울병의 증상으로 의심했던 아들의 행동은 받아들여야 할 사실이다. 그의 아들은 감정 기복이 있었고 학교에서 문제를 자주 일으켰고, 화를 많이 내서 친구들이나 가족들과 멀어졌었다. 이것들은 사실이다. 앞으로 언젠가 아들이 조울병으로 확실히 진단이 되면, 그때에는 이것도 역시 폴이 수용해야 할 사실이 될 것이다. 하지만 아직까지는 그렇지 않다.

"어떻게 내가 나쁜 사람이라는 것을 받아들여요?"

위에서와 마찬가지로 우리는 어떤 판단 혹은 비난을 받아들일 수는 없다. 판단이란 것은 사실이 아니기 때문이다. 줄리는 어느 날 어떤 것을 받아들이기가 너무나 힘들다고 말을 꺼냈다. 어떤 것이 그렇게나 힘든지 물었더니, 그녀는 자신이 나쁜 사람이라는 것을 받아들이려 노력하고 있는데 어렵다고 답하였다. 완전한 수용을 다른 말로 하면 '현실 인정하기'란 것을 잘 기억하라. 판단은 현실이 아니다. 판단은 현실에 대한 우리의 인식이지, 현실도 아니고 사실도 아니다. 그래서 줄리에게 자신이 나쁜 사람이라고 생각하는 이유에 대해 서술해보라고 요청하였다. 그녀는 이전에 했었고 마음이 안 좋았던 행동들의 목록을 가져왔다. 그녀는 술을 심하게 마시고 중독되었었고, 자신을 도우려던 사람들에게 욕설을 퍼부으며 내쳤고, 이전에 가게에서 물건을 슬쩍 가지고 나온 적도 있었다. 나는 줄리에게 이것들이 그녀가 완전히 수용해야 할 사실들이라고 설명하였다. 판단은 몰아내고 사실에 대해서만 수용해야 한다.

"어떤 것은 수용하기에는 너무 이상하다."

가끔 어떤 사람들은 그 상황이 그냥 너무 고통스럽기 때문에, 수용하기를 원치 않기 때문에, 수용하기가 어렵다고 말한다. 인생 중에 학대를 경험한 적이 있는 사람들에게서 이런 경우가 많다. 그들은 나에게 어떻게 그런 끔찍한 일을 받아들일 수 있냐고 되묻는다. 첫째, 당신에게 이를 받아들이라고 강요할 수 있는 사람은 아무도 없다. 다만, 지금까지 당신이 그 일을 다룬 방식이 자신에게 도움이 되지 않았으므로 그 방식을 한 번 재고해볼 수 있다는 말이다. 둘째, 당신은 당신 자신을 위해서 완전한 수용을 연습하는 것이라는 것을 기억해야 한다. 이 기술을 다른 사람을 위해서 연습하는 것이 아니다. 만일 다른 사람이 원하기 때문에 당신이 이 작업을 하고 있다면, 이것은 효과도 없고 반드시 실패할 것이다.

만일 당신이 스스로 받아들이려고 노력하는데도 계속 이런 주저함이 생긴다면, 당신에게 완전한 수용이 무엇을 뜻하는지에 대한 당신의 생각을 좀 더 자세히 다시 살펴보아야 한다. 당신은 여전히 언어의 어려움이나 혼동에 빠져 있을 수도 있다. 아마 당신은 수용의 뜻을 그 상황을 긍정해야 한다거나 당신에게 상처 준 사람을 용서해야 한다는 의미로 착각하고 있을 가능성도 많다.

그게 아니라면 그 상황이 너무 고통스러워서 그냥 그 상황을 생각하기도 싫어서 수용이 안 될 수도 있다. 그러나 불행하게도 원하건 원하지 않건 간에 그 상황은 생각나기 마련이다. 당신이 어떤 것을 받아들이지 못하면, 당신의 마음은 당신을 자꾸 반복해서 그 상황으로 데리고 가는 고통스러운 버릇을 갖게 된다. 그래서 시간을 가지고 완전한 수용 연습을 계속하면, 그 상황에 대한 생각을 실제로 줄이는 데 도움이 된다. 그리고 더 중요한 것은 당신이 그 상황을 받아들이려 노력하면, 마음이 당신을 그 상황으로 데려가더라도 고통스러운 감정의 강도나 빈도가 훨씬 줄어 있을 것이란 점이다.

힘들고 잘 안 될 때는 이 결정이 결국 오직 당신에게 달려 있다는 것을 기억하라. 당신이 스스로 하지 않는다면 당신은 완전한 수용을 절대 익힐 수 없다. 당신이 그냥 이것이 좋다는 말만 듣고 끄덕이기만 한다면 별로 효과가 없을 것이다. 그리고 이 기술이 도움이 될 것이라는 믿음이 있어야 한다. 그렇지 않으면 당신은 최선을 다하지 못할 것이다.

세바스찬의 이야기

세바스찬은 조울병을 겪고 있는 내담자인데, 어린 시절에 성적인 학대를 받은 경험이 있다. 그가 경험한 우울증 삽화는 너무 심해서 자주 입원을 했었다. 그는 24세가 될 무렵 벌써 6차례 입원을 했었고 몇 번의 심한 자살 시도도 했었다. 세바스찬에게 계속 고통을 주는 것 중의 하나는 어린 시절의 성적인 학대의 기억과 이것이 얼마나 불공평한 일인가에 대한 생각이 자꾸 떠오르는 것이었다. 세바스찬의 마음은 과거에 벌어진 끔찍한 일들로 자꾸 그를 데려갔고, 그는 이런 현실과의 싸움에 계속 사로잡혀 있었다.

몇 달간 함께 작업을 하였으나 세바스찬은 어딘가 꽉 막혀서 진척이 없었다. 세션마다 그는 어린 시절 경험한 그 일이 얼마나 불공평했었는지, 어떻게 아무도 도와주지를 않았는지에 대해 반복해서 이야기하였다. 나는 이것을 세바스찬에게 말했고, 그도 자신이 계속 그 일로 돌아가는 것을 멈출 수가 없다고 인정하였다. 그는 꼭 자신이 고장난 녹음기처럼 그 일만을 반복해서 말했다는 것을 알게 되었다. 그래서 나는 그에게 완전한 수용 기술을 가르쳐 주었고, 세바스찬도 그 기술을 한번 연습해보기로 동의하였다. 그는 이 기술을 수행하기 어려워하였고, 우리는 과거의 일을 수용하는 것이 학대한 사람을 용서한다거나 학대를 긍정하는 것은 아니라는 점을 반복해서 강조하였다. 그리고 이것은 그에게 아주 큰 고통을 준 사건이었기에 완전한 수용을 한다고 해서 이에 대한 감정들이 모두 사라지는 것은 아니라는 것도 논의하였다.

세바스찬은 이 기술을 계속 연습하였고, 시간이 지나면서 그는 자신의 마음이 자기를 학대 기억으로 데려가는 빈도가 이전에 비해 줄어들었음을 발견하였다. 그는 또한 그의 마음이 거기에 갔을 때, 감정들이 이전의 현실 투쟁 모드에 사로잡혀 있을 때보다 덜 강하게 느껴진다는 것도 발견하였다. 세바스찬은 또한 마음이 거기에 갔을 때에도 이전처럼 그 괴로움에 계속 머무르지 않고 생각을 그냥 흘러가게 내버려두거나 다른 생각을 할 수 있게 되었다고 보고하였다. 전체적으로 그는 이런 과거의 사건들이 이

전에 비해서 자신에게 영향을 덜 미친다는 것을 발견하였고, 아주 기뻐했다.

물론 세바스찬은 오랜 시간을 통해 이런 노력을 해야 했다. 특히 감정이 많이 실려 있는 상황에 대해서는 완전한 수용이 더욱더 어렵고, 그만큼 많은 시간이 소요된다. 세바스찬의 마음은 여러 번 그 사건으로 돌아갔고, 그는 이전의 생각 패턴에 빠졌다. 하지만 그가 다시 마음을 그 생각으로부터 빼내어 수용으로 돌아올 수 있는 경우가 훨씬 많아졌다.

세바스찬은 자신의 행동에 주의를 집중하는 것이 제일 큰 도움이 되었다고 말했다. 그는 자신이 수용하지 못하고 현실과 싸울 때에는, 특정한 자기파괴 행동에 빠지는 경향이 있다는 것을 깨달았다. 그는 혼자 틀어박혀서 고통스러운 감정과 생각을 없애려 술을 많이 마셨다. 또한 감정적 고통에서 벗어나기 위해 자해 행동을 하기도 했는데, 이런 노력이 실패하면 자살 기도를 하게 되는 것이었다.

이 장의 도입부에서 당신이 현실과 싸울 때 드는 생각들을 파악해보는 시간을 가졌었다. 이제 다시 시간을 좀 가지고, 당신이 현실과 싸울 때 하게 되는 행동에는 어떤 것들이 있는지 생각해보자.

_____

_____

_____

_____

_____

자신이 이런 행동들을 하고 있는 것을 알아차렸다면, 당신은 지난 제5장의 마지막에서 만든 고통 감내 기술 목록을 꺼내어 이 위기를 극복해보라. 자신이 그 상황을 악화시키는 생각을 하고 있다면, 그 생각에서 주의를 돌려 그냥 그 상황을 마무리하라. 하지만 가지고 있는 문제가 많은데, 일시적인 대처 기술만으로는 진정한 도움이 되지 않는다. 일단 당신이 위기 상황에서 벗어나면, 다시 완전한 수용 기술로 돌아와 이것을 정기적으로 수행해야 한다.

이 장의 총정리

이 장에서는 완전한 수용이라고 불리는 DBT 기술에 대해 배웠다. 이것은 일반적으로 당신이 가지고 있는 고통 감정의 수를 줄이고 이 감정의 강도를 줄여서, 당신이 감정에 압도당하지 않게 하고 자기파괴 행동 같은 건강하지 못한 행동을 줄여준다. 완전한 수용은 매우 중요한 기술이고, 또한 배우기 매우 어려운 기술이다. 그래서 당신 자신이 인내심을 가지고 꾸준히 수행하는 것이 무엇보다도 중요하다. 시간이 걸릴 수는 있지만 완전한 수용은 가능하다.

이 기술이 어떻게 고통 감정을 줄여주는지를 이해하는 것도 매우 중요하다. 그래서 당신이 이미 받아들인 과거의 일들을 기억해보라고 요청했었다. 수용에 진척이 없어서 좌절감이 들 때 자신이 이전에 받아들였던 과거의 일들을 상기해보라. 당신이 이전에 했던 것처럼 이번에도 할 수 있다. 그리고 당신은 이 기술이 어떤 변화를 가져다주는지 알고 있다. 그러므로 포기하지 말고 붙잡고 있어라!

그리고 우울증, 조증, 경조증 삽화와 같은 조울병 상태에 대해서도 완전한 수용을 연습하는 것을 잊지 마라. 이런 기분 삽화가 발생할 때 그냥 그대로 받아들여야, 추가적인 고통 감정이 유발되어 증상이 악화되는 것을 방지할 수 있다.

마지막으로 완전한 수용이나 다른 기술을 익힐 때에도, 열린 태도를 가지려 노력하는 것이 매우 중요하다는 것을 배웠다. 이 기술들이 당신에게 도움이 된다는 가능성을 믿고 여기에 열린 자세를 가져야 이 기술에 대한 저항을 줄이고 열심히 연습할 수 있다. 저항하는 것은 매우 큰 에너지가 소모되고 힘든 일이다. 당신이 고집을 느낄 때 이를 알아차리고, 고집을 기꺼이 하는 마음으로 바꿀 수 있다면, 당신이 기술을 효과적으로 연습하는 데 매우 큰 도움이 될 것이다.

마음챙김은 완전한 수용을 수행하는 데 있어 매우 중요한 부분이다. 왜냐하면 현재의 순간에 잘 머무르는 것이 결국 자신의 생각을 더 잘 인식하고 자신이 현실과 싸울 때 이를 빨리 알아차리는 것을 의미하기 때문이다. 완전한 수용을 더 숙달하려면, 지난 제2장으로 다시 돌아가서 자신의 생각을 관찰하는 마음챙김 연습을 복습하고 이를 정기적으로 연습하는 것도 좋다.

다음 장에서는 대인관계에 대해서 더 깊이 살펴보려고 한다. 그리고 대인관계 상황에서 더 효과적으로 대처하는 기술들을 배울 것이다.

10

대인관계를 더 잘하는 방법

조울병은 대인관계에 심각한 후유증을 남길 수 있다. 만일 당신이 조울병이라면 이를 이미 잘 알고 있을 것이다. 당신이 우울해서 혼자 틀어박혀 있을 때에는 가까운 사람들과도 멀리하게 되어 대인관계가 손상된다. 당신이 조증이어서 과음이나 과도한 돈쓰기같이 주변 사람들이 싫어하는 행동을 하면 대인관계가 손상된다. 꼭 조증 삽화가 아니더라도, 당신이 감정적 마음에 사로잡혀서 주변 사람들에게 화를 내고 욕을 한다면 이것도 역시 대인관계를 손상시킨다.

반대로 당신의 대인관계는 당신 자신에게도 영향을 준다. 당신이 인생에서 충분한 대인관계를 맺지 못하면, 당신은 외로움을 느낄 것이고 이는 우울증의 단초가 된다. 당신이 불건전한 대인관계를 맺고 있다면 이것은 고통스러운 감정을 유발할 수 있다.

이 장에서는 당신의 대인관계를 향상시키기 위한 기술들을 배울 것이다. 인생에서 중요한 대인관계에 대해 가장 많이 다룰 것이지만, 일상에서 만나는 사람들과 더 효과적으로 교류하는 방법도 배울 것이다. 먼저 당신 인생에서의 대인관계는 어떤지 살펴보고 어떤 목표를 세우는 것이 좋은지 살펴보도록 하자.

대인관계 평가하기

사람들은 자신의 인생에서 대인관계로 인해 고통을 많이 받으면서도, 대인관계에 대해서는 생각을 하지 않는 경우가 많다. 우선 당신 인생의 대인관계를 평가하기 위해 다음의 기록지를 작성해보자.

대인관계 평가지

당신이 위기 상황에 처했을 때 도움을 청할 만한 사람이 있는가? 있다면, 누구인가?

_____

당신은 친구나 가족과 갈등상황에 자주 처하는가?

_____

당신은 얼마나 자주 다른 사람과 함께 모임을 갖는가? (예 : 극장을 간다든지, 저녁을 함께 먹는다든지, 클럽에 간다든지, 함께 친구 집에 간다든지) 이런 활동에 대해 당신은 만족하는가, 아니면 뭔가 부족한 것이 있어 더 자주 하고 싶은 것이 있는가?

_____

당신은 자신이 뭔가 잘못한 것을 알았을 때 쉽게 다른 사람에게 사과를 하는가?

_____

당신은 필요할 때 다른 사람의 도움을 요청할 수 있는가?

_____

당신은 다른 사람이 당신에게 원치 않는 부탁을 하였을 때 거절을 쉽게 할 수 있는가?

_____

당신은 다른 사람과 의사소통하는 데 어려움이 있는가? (예 : 당신의 의견이나 감정을 표현하는 것)

_____

당신은 끝내고 싶은데 끝내지 못하고 있는 불건전한 대인관계를 맺고 있는가?

_____

당신은 자신의 대인관계가 균형이 잡혀 있다고, 즉 당신과 다른 사람이 서로 적절하게 주고받는 관계라고 생각하는가?

_____

당신의 인생에서 아래 카테고리에 해당되는 사람들을 생각해보고, 당신이 현재 교류하고 있는 사람들의 이름을 써보자.

가족

_____   _____   _____

_____   _____   _____

_____   _____   _____

친구

_____   _____   _____

_____   _____   _____

_____   _____   _____

멘토

_____   _____   _____

_____   _____   _____

_____   _____   _____

전문적 조력자

_____   _____   _____

_____   _____   _____

_____   _____   _____

영적 혹은 종교 모임

_____   _____   _____

_____   _____   _____

_____   _____   _____

위의 사람들과의 관계를 생각해보았다면, 이제 이런 대인관계에서 당신의 목표는 무엇인지 생각해보라. 예를 들어, 당신은 관계를 더 증진시키고 싶은 사람들이 있는가, 그렇다면 어떤 방식으로 증진시키고 싶은가? 당신은 친밀한 친구들을 충분히 사귀고 있는가? 타인과의 의사소통을 증진시키기 위해 노력할 생각은 있는가? 이제 시간을 좀 갖고, 아래에 당신의 목표 혹은 떠오르는 생각들을 써보라.

_____

_____

_____

_____

이 장을 쭉 진행해 나가는 동안 위에 적은 목표들을 잘 기억해두라. 앞으로도 새로운 목표가 생각날 수도 있다. 그럴 때에는 목표를 꼭 적어두라. 그리고 대인관계 기술을 증진시키면 모두에게 도움이 된다는 것을 기억하라.

대인관계의 중요성

당신은 관계를 잃은 적이 있는가? 당신 스스로 관계를 끊었거나 상대방이 그랬거나. 그런 후에 이를 후회한 적이 있는가? 때때로 대인관계는 우리 노력으로 안 될 때가 있다. 예를 들어 연인관계는 서로 맞지 않아서 또는 서로 다른 것을 원하기 때문에 깨지기도 한다. 하지만 꼭 그럴 필요가 없는데도 성숙하지 못해서 관계가 끝나는 경우도 많이 있다.

이런 이유 중 하나는 많은 사람들이 자신의 대인관계를 당연하게 생각하고 이를 잘 유지하기 위해 노력을 하지 않기 때문이다. 대인관계를 자동차 같다고 생각해보자. 당신이 자동차를 갖고 있다면, 고장나지 않게 관리를 하고 있을 것이다. 오일을 갈아주고, 타이어도 교체하고 정기 점검도 해야 한다. 차에서 이상한 소음이 나면 당신은 차를 정비소에 맡기고 점검할 것이다. 관계도 마찬가지로 관리가 필요하다. 당신은 관계를 건강하게 유지하도록 노력을 기울여야 한다. 그렇지 않으면 관계는 고장이 난다.

대인관계를 잘 관리한다는 것에는 두 가지 의미가 있다. 첫째, 자동차와 마찬가지로 당신은 관계에서 생길 수 있는 문제점들을 예방하기 위한 일들을 하는 것이다. 친구가 당신에게 먼저 전화하기를 기다리기보다는 당신이 정기적으로 친구에게 전화를 한다. 친구와 어떤 일을 함께하자고 초대한다. 이것은 유지 전략이다. 관계가 고장나지 않도록 잘 유지하는 것이다.

두 번째는 뭔가 파열음이 들릴 때 이것을 빨리 알아차리고 관리하는 것이다. 당신이 차에 시동을 걸

때마다 뭔가 큰 소음이 난다면, 이것을 놔두면 저절로 괜찮아질 것이라고 생각하지는 않을 것이다. 더 악화되기 전에 문제를 찾아서 가능한 한 빨리 점검해야 한다. 관계에서도 문제를 알아차리자마자 점검을 해야 한다. 저절로 좋아지지는 않는다. 오히려 이런 문제들은 너무 오래 놔두면 곪아서 더 심해지는 경우가 많다.

예를 들어보자. 칼레브와 크리스는 몇 년간 단짝 친구였다. 크리스는 최근에 새로운 친구들을 만났고, 칼레브는 크리스의 소식을 듣는 것이 점점 뜸해졌다. 칼레브는 크리스와 마지막으로 이야기를 한 것이 자신이 크리스에게 전화를 걸었을 때라는 것을 알고는, 이 관계에서 자신만이 신경을 쓰고 있다는 생각이 들어 기분이 상했다. 이렇게 몇 달이 지나고 칼레브는 이런 그의 기분을 크리스에게 말하지 않았기 때문에 이 문제는 지속되었고 그의 분노도 점점 쌓여만 갔다. 어느 날, 칼레브는 자신은 할 만큼 했으니 더 이상 크리스와의 관계를 위해서 아무것도 하지 않겠다고 결심했다. 몇 달이 또 지나고, 그는 크리스로부터 문자 메시지를 받았으나 답장을 하지 않았다. 만일 문제가 생긴 즉시 칼레브가 이것을 크리스와 상의했다면, 두 친구는 관계를 유지할 수 있었을 것이다. 하지만 아무것도 없이 관계가 보장되지는 않는다.

불건전한 관계 끝내기

때때로 당신은 인간관계를 맺고는 있으나 당신에게 도움이 안 되고 해가 되는 사람을 알고 있을 것이다. 예를 들어, 칼레브가 크리스에게 자기 기분을 말했으나, 그들의 관계는 아무것도 변하지를 않았고 칼레브는 계속 분노를 느끼는 경우라면, 크리스는 칼레브에게 해가 되는 관계인 것이다. 만일 당신이 아는 어떤 사람이 공격적이거나 수동-공격적이어서, 반복적으로 당신을 괴롭히는 행동을 한다면 이런 관계도 해로운 관계이다. 아마 당신에게 알코올 문제가 있는 친구가 있어서 만날 때마다 금주 결심을 한 당신에게 억지로 술 마시기를 강요한다면 그 관계도 해로운 관계이다. 때로 관계란 학대적이 될 수 있고 그런 관계를 유지하는 것은, 당신이 그 사람을 사랑하고 좋아한다고 해도 당신에게 해로운 관계이다.

시간을 갖고 대인관계 기술을 연습하고 자신감을 증진시킨다면, 당신은 이런 사람들이 변화할 준비나 의지가 있는지 없는지 판단할 수 있게 되고, 이 관계를 자신의 뜻대로 끝낼 수 있게 된다. 이런 관계의 단절은 무척 어렵지만, 모든 관계가 항상 살아남아야 하는 것은 아니라는 것을 기억하라. 당신은 자신에게 도움이 되고 당신을 위한 행동을 할 권리가 있다.

이제 당신을 불편하게, 화나게, 슬프게 만드는 상황에 대해 친구와 어떻게 이야기할 것인지를 곰곰이 생각해보라. 관계에 문제가 있다고 이야기하는 것이 쉬운 일은 아니고, 그래서 우리는 이런 이야기를 회피한다. 이런 이야기를 어렵게 만드는 이유 중 하나는 많은 사람들이 문제 제기를 하는 것을 갈등이나 싸움으로 생각하기 때문이다. 당신이 관계에서 문제를 발견했을 그 순간에는, 그것은 갈등도 아니고 싸움도 아니다. 이것은 단지 문제일 뿐이다. 하지만 당신이 이것을 갈등이라고 생각하고 대화를 시작하면, 당신이 스스로 대화를 갈등으로 만들 수도 있다. 상의나 토론을 갈등으로 만들지 않고 토론이 잘 유지되도록 하는 대화의 방법과 기술이 있다. 하지만 이 기술들을 배우기 전에, 먼저 당신의 대화 방식은 어떤 상태에 있는지 살펴보자.

대화 방식

당신은 주로 어떤 방식으로 대화를 하는지 살펴보자. 나는 전형적인 대화 방식(communication style) 네 가지를 설명할 것인데, 당신의 대화 방식은 어디에 속하는지 생각해보라. 여러 방식에 속한다고 대답할 수도 있다. 개인적인 대화인지, 일에 관한 대화인지, 누구와 대화를 하는지 등에 따라서 각각 다른 대화 방식을 사용할 수도 있기 때문이다. 이것은 당신을 어떤 사람이라고 규정하려는 것이 아니라 단지 당신의 대화 패턴을 알기 위한 것이다.

수동적

수동적인 대화를 하는 사람은 자신의 의사를 별로 말하지 않는다. 당신이 수동적 대화 방식을 가지고 있다면, 당신은 자신의 감정을 표현하기보다는 숨기거나 외면하는 경향이 있을 것이다. 아마 당신은 다른 사람에게 상처를 주거나 그들을 불편하게 할까 봐 두려워서 그럴 것이다. 아니면 당신은 자신의 감정이나 의견이 다른 사람의 의견보다 중요하지 않다고 생각하기 때문에 그럴 것이다. 수동적 대화자는 보통 직면하는 것을 두려워하고, 자신의 생각이나 감정을 입 밖에 내면 뭔가 갈등이 생길 것이라고 생각한다. 이들의 목표는 일반적으로 문제를 안 만드는 것이기 때문에, 뒤로 물러나 의사 표현을 매우 적게 한다. 이렇게 수동적 방식은 종종 다른 사람들이 당신의 권리를 침해하는 결과로 이어지고, 당신 자신의 욕구는 존중받지 못하게 된다. 이런 대화 방식은 열등감으로 비쳐지기도 한다. 이는 다른 사람에게도 부정적인 영향을 줄 수 있다. 예를 들어, 당신의 이런 태도에 아무렇지도 않은 사람도 있겠지만, 불편함을 느끼는 사람도 있을 것이다. 어쨌든 이런 수동적 대화는 장기적으로 당신에게 부정적 영향을 주는 것이 확실하다. 당신은 결국 자신의 욕구를 만족시키지 못한 것에 대해 화가 나게 되고, 이것은 결국 관계의 어려움을 초래한다.

당신은 어떻게 수동적 방식으로 의사소통을 하는지 적어보라.

_____

_____

_____

공격적

공격적인 대화는 다른 사람을 지배하고 조종하려는 태도이다. 이는 다른 사람이 손해를 보더라도 당신이 원하는 대로 하는 것을 뜻한다. 당신의 대화 방식이 공격적이라면 당신은 직설적이고, 공격적이고, 요구하는 말투이고, 심하면 폭력적인 방식으로 대화를 하는 것이다. 당신은 독선적인 경향이 있어서, 다른 사람들에게 상처를 주고 화나게 하여 그들은 보통 당신을 무서워한다. 당신은 자신이 원하는 것을 하는 것이지만, 그것이 다른 사람의 희생이 동반된 경우가 많다. 공격적인 대화자는 자신의 욕구가 충족되는 결과를 위해서는 그 과정은 별로 신경 쓰지 않는다. 그러므로 다른 사람의 권리와 욕구가 희생되더라도 자신에게 유리하면 그렇게 하는 경향이 있다. 이런 대화 방식은 분명히 대인관계에 부정적인 영향을 주는데, 왜냐하면 당연히 다른 사람들이 이런 결례와 취급을 오래 참지 않기 때문이다.

당신은 어떻게 공격적 방식으로 의사소통을 하는지 적어보라.

_____

_____

_____

수동-공격적

수동-공격적 대화자는 자신을 직접적으로 표현하지는 않는다. 이들은 수동적 대화자처럼 직면에 대한 두려움을 가지고 있다. 그러나 간접적인 방법으로는 자신의 욕구를 채우려는 노력을 한다. 만일 당신이 수동-공격적 대화 방식을 가지고 있다면, 당신의 목표는 직접적으로 나서서 말하지는 않고서 자신의 욕구를 채우는 것이다. 직접적으로 표현하는 대신 당신은 미묘한 방법으로 감정을 표현하는데, 빈정댄다든지, 다른 사람을 은근히 괴롭힌다든지, 문을 쾅 닫고 나간다든지, 어떤 일을 하겠다고 약속해 놓고서 그것을 '깜빡' 까먹는다든지 하는 것이다. 당신은 이런 방식으로 직접 말을 하지 않고서도 당신의 메시지를 다른 사람에게 전달하는 것이다. 이런 수동—공격적 행동은 태도가 명확하지가 않고 직접적이지 않고, 하나를 이야기하면서 반대되는 메시지를 주는 것이기 때문에, 다른 사람들을 헷갈리게 만드는 경향이 있다. 이런 행동들은 결국 다른 사람들을 은밀히 조종하려 한다는 느낌을 주기 때문에 대인관계에 악영향을 미치게 된다.

당신은 어떻게 수동—공격적 방식으로 의사소통을 하는지 적어보라.

_____

_____

_____

자기주장적

자기주장이란 자신의 생각, 감정, 믿음을 직접적이고, 정직하고, 적절한 방식으로 표현하는 방법을 말한다. 이것은 당신이 자신의 욕구도 존중하고 대화 상대방의 욕구도 존중하여, 서로에게 가장 좋은 결과를 얻으려는 태도를 말한다. 만일 당신이 자기주장적이라면 당신은 상대방의 이야기를 세심히 듣고, 잘 타협해서, 상대방이 당신과 기꺼이 협력하도록 만들 수 있다. 무엇보다 상대방은 낭신과 서로 협력해서 함께 무엇인가를 한다는 느낌을 받는다. 이런 방식으로 다른 사람들과 대화를 하면, 그들은 자신들이 존중받고 대우받는다는 느낌을 받기 때문에 그들도 당신을 존중하고 대우해줄 것이다.

자기주장적 대화는 우리가 자신에 대해 좋은 기분을 느낄 때 자연스럽게 자신을 표현하는 방법이기도 하다. 우리가 좋은 자존감을 가지고 있을 때, 우리는 자신에 대한 확신이 있고, 그래서 우리 자신의 의견과 감정을 표현할 권리가 있다고 느낀다. 물론 자존감이 낮다고 해서 이 대화 방식을 익힐 수 없다는 것은 아니다. 사실, 당신이 자기주장적 대화를 연습하면 자존감도 함께 증대된다. 그리고 이 연습을 통해 당신의 대인관계가 전반적으로 향상되어 다시 자신에 대한 자신감도 향상될 수 있다.

당신은 어떻게 자기주장적 방식으로 의사소통을 하는지 적어보라.

_____

_____

_____

자기주장의 어려움

그럼 왜 우리는 자기주장을 하기가 어려운가? 때로 사람들은 자신이 자기주장을 할 권리가 없다고 느낀다. 자존감이 낮을 때 이런 현상이 나타나고, 조울병과 같은 정신과적 문제가 있을 때도 그럴 수 있다. 잠시 생각해보라. 당신은 자신의 의견을 소리 높여 주장할 권리가 있다고, 당신의 감정을 사람들에게 이야기할 권리가 있다고 생각하는가? 아니면 당신은 이런 것들을 표현할 권리가 있다고 생각하지만, 자신의 생각이나 감정이 올바른 것인지 두려워서 표현하지 못할 수도 있다. 이미 말했듯이 조울병이 있는 사람은 자신의 판단과 감정을 믿지 못하는 경우가 많아 이럴 때 특히 어려움을 겪는다.

사람들이 자기주장을 잘 못하는 또 하나의 이유는 자기주장을 하면 다른 사람들이 자기를 싫어할까 봐, 자기주장을 하면 다른 사람들에게 상처를 입힐까 봐 두려워하기 때문이다. 당신이 자기주장적 방식에 익숙하지 않다면(아니 익숙하다고 하더라도), 자기주장적으로 말하는 것은 분명히 좀 불편할 수 있다. 당신은 기존에 자신이 하던 대화 방식대로 하는 것이 훨씬 쉬운 것이다. 그래서 어떤 사람이 당신에게 상처되는 말을 했을 때, 당신이 수동적이라면 그 상황을 회피하고 아무 일도 없었던 것처럼 할 것이고, 당신이 공격적이라면 자신을 보호하기 위해 그 사람을 말로써 공격할 것이며, 당신이 수동−공격적이라면 그 사람에게 말 한마디 안 하고 조용히 괴롭힐 것이다.

이런 모든 것은 단기적으로는 어느 정도 효과가 있는 해결책일 수 있다. 하지만 장기적인 결과를 생각해보라. 수동적 방식의 결과는 자신의 감정을 말하지 못함으로써 분노가 점점 쌓이고 자신감은 추락하는 것이다. 공격적 대화 방식은 당신이 말한 것을 후회할 경우에는 죄책감과 후회를 초래한다. 그리고 상대방이 당신의 무례한 행동에 질려서 관계를 깨버리는 결과를 가져온다. 수동−공격적 방식의 결과는 위에서 이야기한 모든 것이 될 수 있다.

자기주장 방식은 단기적으로는 불편할 수 있다. 특히 당신이 자신을 표현하는 것에 익숙하지 않다면 더 그렇다. 하지만 장기적으로는 자신의 영역을 존중함으로써 자기에 대한 좋은 느낌이 늘고 자존감도 높아진다. 그리고 상대방의 자존감도 높여주는 것이다.

대화 방식은 어디서 비롯되었나

지난 제6장에서 감정에 대해 이야기할 때 우리는 지난 경험에 기초해 감정에 대한 어떤 태도를 가지게 된다고 이야기하였다. 대화 방식도 마찬가지다. 우리는 주변의 다른 사람들이 대화하는 것을 보면서 대화 방식을 배우게 된다. 만일 당신이 자란 환경에서 당신이 수동적, 공격적, 수동−공격적인 방식으로 대화할 필요가 있었다면, 이제와서 자기주장적이 되는 것은 매우 어려운 것이다. 예를 한 번 들어보자.

윌리엄의 이야기

윌리엄은 아버지를 존경했고, 인생의 중요한 롤 모델로 생각하며 자랐다. 윌리엄 아버지의 대화 방식은 공격형이어서, 윌리엄은 아버지처럼 존경을 받으려면 자신이 원하는 것을 강하게 추구하고 남을 지배 해야 한다고 배웠다. 윌리엄은 남들에게 미치는 영향에는 상관없이 자신의 욕구와 필요에 집중해야 한 다고 생각했다. 한편 윌리엄의 동생인 나이젤은 아버지의 분노 폭발을 매우 무서워했기 때문에 수동적 대화 방식을 갖게 되었는데, 아버지의 분노를 피하려면 그저 조용히 있고 문제를 일으키지 않는 것이 좋다고 생각했기 때문이었다. 그래서 형제는 같은 환경에서 자랐지만, 각자의 특유의 성격과 기질에 따 라 서로 다른 대화 방식을 익히게 되었다.

잠시 시간을 갖고 자신이 자랄 때의 대화 방식에 대해 생각해보라. 그리고 아래 질문에 대답해보라.

가족의 대화 방식

당신의 가족 구성원들 중 각 사람들의 대화 방식이 어떤 쪽이었는지 생각해보라.

수동적인 사람 _____

공격적인 사람 _____

수동–공격적인 사람 _____

자기주장적인 사람 _____

당신 가족 구성원 중 당신이 문제를 일으키지 않게 스스로 노력하도록 만드는 사람이 있었는가? (당 신이 수동적으로 되도록 만드는 사람이 있었는가?)

_____

당신 가족 구성원 중에 자기 의견이나 감정을 잘 이야기하지 않는 사람이 있었는가(수동적)? 어디에서 외식을 할 것인지 어떤 게임을 할 것인지 정할 때 그들은 주로 이렇게 이야기한다. "아무래도 괜찮아", "나는 신경 쓰지 마." "너희들 원하는 대로 해."

당신 가족 구성원 중에 자주 분노 폭발을 일으켜서 다른 사람들에게 소리를 지르는 사람이 있었는가(공격적)?

당신 가족 구성원 중에 항상 자기가 원하는 대로 해야 하고 다른 사람에게 화내고 윽박질러서 자기 말을 듣게 만드는 사람이 있었는가(공격적)?

당신과 가까운 사람 중에 어떤 일로 기분이 안 좋으면, 당신이나 다른 사람들을 은밀히 괴롭히는 사람이 있었는가(수동-공격적)?

당신 가족 구성원 중에 자신의 감정을 말하는 대신, 문을 쾅 닫거나 다른 행동으로 자신이 기분 나쁘다는 것을 표현하는 사람이 있었는가(수동-공격적)?

당신 가족 구성원 중에 자신의 감정을 다른 사람에게 잘 말하는, 가령 다른 사람의 어떤 행동에 대해 기분이 좋지 않다고 말하는 사람이 있었는가(자기주장적)?

당신 가족 구성원 중에 소리를 지르지 않고 자신이 화가 났다고 말할 수 있어서, 그 문제에 대해 토론을 할 수 있고 해결책도 도출해내는 사람이 있었는가(자기주장적)?

이제 당신이 왜 이런 대화 방식을 갖게 되었는지에 대해 더 많이 알게 되었기를 바란다. 당신이 살아온 이야기를 돌아보는 것은 당신의 문제에 대해 책임이 있는 누군가를 찾아내 비난하려고 하는 것이 절대 아니다. 그저 당신의 현재 행동을 조금 더 이해하기 위한 작업인 것이다. 당신의 인생을 앞으

로 어떻게 변화시킬 것인가는 온전히 당신이 책임져야 할 일이다. 당신의 대화 방식이 어디서 비롯되었나를 확실히 정리할 수 있다면, 자신의 좋지 않은 대화 방식을 탈피하고 변화시킬 수 있을 것이다. 이제 아래 질문에 답하여 자신의 현재의 대화 방식을 알아보자.

자신의 전형적인 대화 방식

당신 주변에서 어떤 사람이 아래와 같은 대화 방식을 각각 사용하는지 써보라.

수동적인 사람 _____

공격적인 사람 _____

수동–공격적인 사람 _____

자기주장적인 사람 _____

당신은 자신이 어떤 상황에서 주로 자기주장을 잘하는지(개인적 대화, 직업적 대화, 혹은 전화 통화에서) 알고 있는가?

_____

_____

당신의 대화 방식은 생활에 어떻게 부정적으로 작용하는가?

_____

_____

당신의 대화 방식의 긍정적 영향은 무엇인가?

_____

_____

사람들이 당신의 대화 방식에 대해 조언을 하는가(예 : 당신은 너무 조용하다, 당신은 너무 공격적이고 타인을 힘들게 한다, 당신이 함부로 하는 것이 싫다 등)? 사람들이 먼저 자발적으로 말해주지 않는다면, 당신이 믿을 만한 주변 사람들에게 이에 대해 물어보는 것도 좋다.

_____

_____

　　이제 당신은 아마 자신의 대화 방식에 대해 확실히 파악했을 것이다. 우리는 처한 상황에 따라 여러 대화 방식들을 사용할 수도 있다는 것을 기억하라. 당신이 자신과 자신의 대화 방식을 깊게 이해하면 할수록 더 많은 대인관계의 목표를 이룰 수 있을 것이다. 이 장의 맨 앞으로 돌아가서 마음속에 떠오른 대인관계의 목표를 추가적으로 더 써보는 것도 좋다. 이 목표들을 기억하면서, 이제 자기주장이 필요한 시점과 자기주장적이 되기 위한 방법들을 배워보자.

언제 자기주장이 필요한가

언제 자기주장이 필요한가라는 질문에 대한 답은 '항상!'이다. 자기주장적인 태도는 당신이 당신 자신과 상대방을 모두 존중한다는 것을 보여주는 것이기에 관계에 도움이 된다. 이것은 또한 관계를 해치지 않고 갈등을 조정하고, 효과적으로 자신의 한계를 정할 수 있게 해준다. 이전의 효과적이지 못한 대화 방식을 버리고 더 건전한 방법으로 대화함으로써 자신의 욕구를 만족시킬 수 있고 자존감도 증가하게 된다.

　　하지만 대인관계와 상관없이 자기주장적인 태도는 자신을 명확하고 간결하게 표현함으로써 의사소통에 효과적인 것이다. 그래서 당신이 가게의 점원이나, 정신과 의사, 가까운 친구, 배우자, 동료와 이야기할 때에도 자기주장적 태도를 유지하면, 당신이 말하고 싶은 것을 잘 말하고, 잘 이해되도록 할 수 있어서 당신이 원하는 상호작용을 할 수 있다.

자기주장적 대화를 하는 방법

이제 당신은 자기주장적 방식이 좋은 이유에 대해서 이해하게 되었을 것이다. 그럼 "어떻게 자기주장적 대화를 할 수 있는가"라는 의문이 들 것이다. 매튜 맥케이(Mathew McKay)와 동료들(2007)은 관계에서 더 자기주장적 행동을 할 수 있는 여섯 가지 대인관계 기술을 다음과 같이 제시하였다.

자신이 원하는 것 알기

첫째, 당신이 처한 상황에서 당신이 가장 원하는 것이 무엇인지 결정할 필요가 있다. 예를 들어보자. 당신의 동료 한 명이 공격적인 방식으로 대화를 한다고 가정해보자. 그녀와 이야기한 후 돌아설 때면, 당신은 자신을 충분히 변호하지 못하여 마치 그녀가 자신을 무시하게 놓아둔 것 같은 기분이 들어 항상 찜찜했다. 이런 사람과 대화를 할 때면 당신은 무엇이 가장 중요한지를 정해놓을 필요가 있다. 당신은 이 대화를 통해 그녀가 당신 일을 돕도록 하는 것이 목표인가? 당신은 이 대화를 통해 그녀와의 관계를 증진시키려고 하는 것인가? 당신은 그냥 이 대화의 결과에 상관없이 자신이 자기를 얼마나 잘 조절하는지 시도해보는 것인가? 아니면 당신은 이 대화를 통해 그녀가 당신에게 요청한 것을 거절하기를 원하는가?

이런 목표들 중에서 하나 이상의 목표가 있어서, 이 여러 목표를 한꺼번에 이룰 수도 있다. 그러나 어떤 경우에는 목표들이 서로 상충되기 때문에, 하나만 정하는 것이 중요한 경우도 있다. 당신이 어떤 결정을 하든 간에, 자신의 목표 중 가장 중요한 것이 무엇인지를 명확히 하는 것이 매우 중요하다. 그래야 상대방과 이를 명확히 소통할 수 있다. 만일 당신이 자신이 가장 원하는 것이 무엇인지에 대해 확신이 없다면 그것을 얻기는 매우 힘들다. 일단 가장 원하는 것을 정해야 그 목표를 이루기 위해 어떤 기술을 이용할 것인지도 정할 수 있다.

관계를 해치지 않는 방식으로 당신이 원하는 것 요청하기

다음은 자기주장적 대화를 위한 레시피 같은 것이다. 요리를 할 때 좋은 레시피가 훌륭한 요리를 보장하는 것은 아니듯이, 이것을 무작정 따른다고 해서 당신이 원하는 목표를 다 이룰 수 있는 것은 아니다. 레시피를 따라 해도 여전히 실수를 많이 할 수도 있는 것이다. 자기주장 기술도 마찬가지이다. 때로는 해야 할 일을 잘했는데도, 방해물이 생겨서 당신이 원하는 결과를 얻지 못할 때가 있다. 레시피를 따라 하다 보면, 당신은 레시피에 쓰여 있는 것보다 더 좋은 방법을 스스로 찾아서 해볼 수도 있다. 자, 여기에 자기주장을 위한 레시피를 소개한다.

1. **비판단적으로 그 상황을 서술하라.** 일단 그 상황에 대한 당신의 첫째 목표를 정했다면, 당신은 상대방에게 그 상황을 사실에 입각해 명확히 서술할 필요가 있다. 당신이 대화에 자신의 판단을 개입시키면, 당신의 목표를 이룰 가능성이 줄어들게 된다. 예를 들어, 당신 친구가 당신에게 심한 말을 했다면, 당신은 이 상황을 이렇게 서술할 수 있다. "이전에 우리가 이야기를 나누었을 때, 너는 내 동생을 싫어한다고 나에게 말했었어." 이 상황에 대한 서술은 길어야 할 필요가 없다. 보통 한 문장이면 된다. 중요한 점은 당신이 말하는 것이 명확하고 구체적이어야 한다는 것이다. 여기서 또 기억해야 할 것은 당신이 논의하고 있는 문제가 갈등도 아니고 다툼도 아니라는 점이

다. 이것은 단지 해결이 필요한 문제일 뿐이다.

2. **그 상황에 대한 당신의 생각과 감정을 서술하라.** 다음으로 당신은 상대방에게 그 상황에 대한 당신의 의견은 무엇인지, 무엇을 느꼈는지에 대해 말해주어야 한다. 위의 예에서 당신의 생각과 감정은 아마 이럴 것이다. "나는 네가 내 가족을 싫어한다고 말한 것에 대해 기분이 좋지 않았어."

3. **자기주장을 하라.** 지금까지 당신은 비판단적으로 상황을 서술하였고, 그 상황에 대한 당신의 생각과 감정을 말하였다. 다음으로 할 일은 자기주장적인 태도로 당신이 원하는 것을 명확히 요청하는 것이다. 예를 들면, "나는 네가 앞으로는 내 가족에 대해서 그런 말을 하지 않아주었으면 고맙겠어."

예를 또 하나 들어보자. 어니의 상사는 그를 자주 비난하기 때문에, 상사와의 대화를 마칠 때면 어니는 자기 의견을 충분히 말하지 못하고 자신에 대해 자괴감을 느끼는 때가 많다. 어니는 상사와 그다지 좋은 경험을 갖지 못했으니, 다가오는 업무 평가에서 좋지 않은 결과가 있을 것이라고 믿고 있다. 이런 상황에서 어니는 그의 첫째 목표를 대화가 끝날 때 자괴감을 갖지 않도록 하는 것으로 정했다.

업무 평가날이 되자 어니는 대화를 잘하기 위한 준비를 했다. 그는 이날이 올 것을 이미 알았었고, 상사와의 대화는 이전처럼 진행되어 자신은 당한 느낌이 들고 자신의 의견을 더 말했어야 했다는 생각을 하게 될 것이라고 확신했다. 그래서 어니는 상사가 평가를 마치고 그의 성과가 실망스럽다고 말했을 때, 준비를 하고 있다가 이렇게 자기주장적으로 대답하였다. "부장님은 이번 업무 평가에서 제게 나쁜 점수를 주셨습니다(비판단적으로 상황 서술하기). 저는 제가 그 정도로 못했다고는 생각하지 않는데, 부장님과 제가 이것에 대해 생각이 다르다는 것이 아쉽고 속상합니다(자신의 생각과 감정 표현하기). 저는 제 업무와 부장님이 기대하시는 업무에 대해 부장님과 다시 잘 상의해보기를 원합니다. 그래서 제가 부장님이 원하는 바를 이해하고 그에 따라 어떻게 변화할지를 모색했으면 합니다(자기주장 하기). 결국, 어니는 자기주장적으로 대화를 함으로써 상사와의 대화에서 오랜만에 자괴감을 느끼지 않고 자신에 대해 좋은 느낌을 가질 수 있었다.

서로 원하는 것이 상충될 때 타협하기

자기주장적 태도에는 상대방에 대한 존중이 내재되어 있다. 그리고 그 상황에 있는 모든 사람의 욕구에 대해서도 가능하다면 모두 존중하려는 태도이다. 그러므로 자신이 원하는 것을 얻기 위해 상대방이 원하는 것은 기꺼이 주는 태도를 갖는 것이 좋다. 당신 자신의 목표만 생각하는 것이 아니라, 상대방도 동의할 수 있는 해결책을 찾으려고 노력해서, 모두가 어느 정도는 원하는 것을 얻을 수 있도록 당신의 관점을 바꾸어야 한다.

정보 얻기

상대방이 원하는 것을 알고 그들의 생각과 감정을 이해하는 것은 자기주장적 대화를 하는 데 아주 중요한 도움을 준다. 당신이 자기주장적이라면, 당신은 자신뿐 아니라 상대방에 대해서도 신경을 쓰고 있는 것이다. 그러므로 당신은 상대방을 존중과 배려로 대하기 위해 상대방의 생각과 감정을 알 필요가 있다. 우리는 사실 상대방에 대해 섣부른 지레짐작, 즉 가정을 매우 자주 한다. 그리고 이런 지레짐작은 관계를 해치고 성공적인 의사소통을 망친다. 다른 사람이 어떻게 느끼고 어떤 생각을 하는지 지레짐작을 하기보다는 상대방에게 직접 원하는 것과 생각, 감정이 어떤지를 물어봐서 정확한 정보를 얻는 것이 중요하다.

관계를 해치지 않는 방식으로 거절하기

기절히기는 여러 가지 이유로 매우 어려운 일이다. 당신은 거절을 할 때 죄책감을 느끼지는 않는가? 당신은 상대방의 요청에 항상 따라야 한다고 느끼는가? 즉, 당신은 자신을 평가하고 비판하는가? 당신은 거절을 하면 상대방이 당신에게 화를 낼까 봐 걱정하는가? 때로는 거절을 하더라도 자신만의 원칙을 만들고 그것을 지키는 것이 자기 자신을 존중하는 것이다. 덧붙이자면 타인의 요구에 싫어도 무조건 들어주는 것보다는 자기주장적으로 거절을 하는 것이 관계를 유지하는 데도 더 도움이 된다. 왜냐하면 원하지 않는데도 계속 타인의 요구를 들어주어야 한다면 당신에게는 분노가 점차 쌓일 것이고, 이것은 언젠가 폭발하여 관계를 해칠 것이기 때문이다.

자신의 가치에 따라 행동하기

당신의 가치관과 도덕관이 무엇인지 잘 알고, 이것을 지켜야 한다. 사람들이 당신에게 당신의 가치관에 어긋나는 요청을 할 때 이것을 들어준다면 당신은 스스로에게 기분이 매우 좋지 않을 것이다. 당신 자신과 상대방에게 모두 진실해야 하는 것도 이 항목에 해당한다. 예를 들어 많은 사람들은 자신이 원치 않는 일을 요청받았을 때 핑계를 대려는 강한 충동을 느낀다. 하지만 당신이 원하지 않으면 요청을 거절하고 그 이유를 솔직히 말하려고 노력해야 한다. 당신이 자신에게 진실하고 상대방에게 자기주장적으로 그 일을 하고 싶지 않다고 말할 수 있다면, 당신의 자기존중감은 상승될 것이다.

자기주장을 위한 추가적 기술

대인관계 상황에서 당신의 목표가 무엇인가에 따라, 효과적으로 사용할 수 있는 추가적인 기술들이 있다. 여기에 관계를 해치치 않으면서도 당신의 목표를 이룰 수 있는 몇 가지 자기주장 기술들을 더 소개한다. 이를 통해 대화 후 자신에 대한 느낌도 더 좋게 만들 수 있을 것이다.

상대방의 말을 마음챙김으로 듣기. 다른 사람의 이야기를 들을 때, 마음챙김을 이용하면 아주 큰 차이를 느낄 수 있다. 마음챙김은 상대방이 말하려는 것을 훨씬 더 잘 이해할 수 있게 해주고, 상대방이 느끼기에 당신이 매우 집중해서 듣고 있다는 인상을 주기 때문에, 상대방은 당신이 자신의 이야기를 아주 좋아한다고 느끼게 된다.

인정 이용하기. 어떤 상황에 대한 당신 자신의 감정이나 생각을 스스로가 인정(validation)하는 것은, 자신의 생각이나 감정이 틀렸다고 자신을 비난하는 것보다 당신의 자존감을 높이는 데 큰 도움이 된다. 또한 인정하기는 당신이 상대방의 견해를 이해하려고 노력하고 있고, 상대방의 이야기를 잘 듣고 있으며, 신경 쓰고 있다는 점을 상대방이 알게 하는 좋은 방법이다. 당신이 자신의 감정을 인정할 때와 마찬가지로, 인정이란 것이 그 상황에 동조한다거나 긍정한다는 것은 아니다. 단지 당신이 그것을 인정하고 이해한다는 것이다. 다음은 상대방과의 상호작용에 도움이 되는 인정 문장들(validating statements)이다.

- 나는 당신이 화가 난 것을 이해합니다.
- 나는 당신이 ~라고 생각한다는 것을 알고 있어요.
- 나는 당신의 기분이 ~라고 생각해요.
- 나는 왜 당신이 그런 기분인지를 이해해요.
- 당신이 ~라고 생각하는 이유를 나는 알 것 같아요.

인정은 상대방이 당신에게 화가 났을 때 특히 도움이 되는 기술이다. 당신이 왜 화가 났는지 이해한다고 말하는 사람에게 계속 화를 낸다는 것은 매우 어려운 일이다. 이런 인정하는 말은 문제점에 대한 생산적인 대화로 이어질 수 있고, 이것은 관계를 증진시킬 수 있다.

상황에 대해 변증법적으로 생각하기. 변증법적으로 생각하기 기법은 DBT에서 비롯되었고(Linehan 1993b), 더 큰 그림을 보고자 노력하는 기법이라고 할 수 있다. 즉, 당신은 자신의 관점, 당신이 하는 행동과 생각의 이유를 알고 있고, 변증법적으로 생각하여 그것을 다른 사람의 관점에서도 보려고 노력하는 것이다.

아마 '흑백논리'라는 용어를 들어보았을 것이다. 변증법적으로 생각하기는 흑백논리의 반대이다. 이것은 흑과 백의 스펙트럼 사이에 놓인 많은 회색을 보려고 노력하는 것이다. 이것은 더 큰 그림을 보려고 하는 것이다. 이런 방식으로 생각하면 상대방이 생각하고 느끼고 행동하는 방식에 대한 이해가 넓어져서, 상대방을 인정하기가 쉬워진다. 변증법적으로 생각하기는 또한 서로 간의 힘 겨루기를 해결하는 데 도움이 된다. 변증법적으로 생각하기를 통해 내가 옳고 상대방은 틀렸다는 생각이 아니라, 둘 다 맞을 수도 있고 둘 다 틀릴 수도 있다는 것도 고려해볼 수 있기 때문이다. 변증법적으로 생각하기는 독선에서 벗어날 수 있게 해주고 세상에 진실이 꼭 하나만은 아니라는 것을 보여준다 (Linehan 1993b).

열린 태도 취하기. 상대방과 함께 기꺼이 문제 해결에 참여하면, 열린 마음을 유지하고 타인의 견해를 듣고, 타인과 함께 작업하는 것이 가능해진다. 당신이 기꺼이 하는 태도는 당신의 몸짓과 말에 드러나기 때문에, 상대방의 마음도 열리게 한다. 반대로 당신이 억지로 인간관계를 한다면 이것도 상대에게 그대로 전달되므로, 좋은 결과를 얻지 못할 가능성이 크다. 그리고 당신이 열린 태도를 취하면, 문제에 대해서도 마음을 가볍게 할 수 있다. 당신의 목표가 관계를 증진하는 것이라면, 문제가 심각해도 당신은 상대방에게 친절하게 웃어주고 농담을 하며 상대방을 편안하게 만들어주는 것이 좋다. 이럴 때에는 열린 태도를 취하면 더 쉽게 목표를 달성할 수 있다.

당신이 정말로 사과할 일을 했을 때에만 사과하기. 우리들은 우리에게 책임이 없는 일에도 사과해야 할 것 같다고 느낄 때가 많고, 이것은 자기존중감을 떨어트린다. 이것은 이미 당신이 자존감이 낮다는 것을 나타내는 신호일 수도 있다. 생각해보라. 당신이 자주 사과를 하는 편이라면, 당신은 자주 잘

못된 일을 한다고 스스로 생각하고 느끼고 있는 것이다. 그러므로 당신이 진짜 책임이 있을 때에만 (예 : 누군가에게 상처가 되는 말이나 행동을 했을 때) 사과를 하도록 하라.

자기주장을 하기 위해서는 그 상황에서 당신의 목표가 무엇인지 알고 있어야 한다는 점을 다시 한 번 강조한다. 당신이 확실하게 거절하기를 원하지 않으면 다른 사람의 요청에 자기주장적으로 거절할 수가 없다. 마찬가지로 당신이 필요로 하는 것이 무엇인지 명확히 알지 않으면, 상대방에게 어떤 말을 할지를 정확히 알 수가 없다. 다음 부분에서는 주로 갈등이 되는 상황에 대해 이야기하려고 한다. 우리가 원하는 것과 상대방이 우리에게 원하는 것이 달라서 갈등이 될 때에는 어떻게 할까?

즐거운 활동 대 해야 하는 일(의무)

사람 사이의 갈등은 우리가 하기를 원하는 것과 다른 사람들이 우리에게 하기를 기대하는 것/원하는 것과의 차이에서 주로 발생한다(Linehan 1993b). 이것을 '내가 원하는 것-그들이 원하는 것' 비율이라고 할 수도 있겠다(McKay, Wood, and Brantley 2007). 여기서는 당신이 하기를 즐기고 당신에게 중요한 것들을 '즐거운 활동'이라고 부르겠다. 이것은 당신에게 즐거움과 기쁨을 주고, 자신이 원하기 때문에 하는 활동이다. 일례로 나에게는 이 책을 쓰는 것이 즐거운 활동이다. 이것은 나에게 즐거움을 주고 나는 내가 하고 싶어서 이 책을 쓴다. 해야만 해서 하는 것이 아니다. 다른 즐거운 활동으로는 책 읽기, 산책하기, 영화 보기, 요가 수업에 참여하기 등이 있다.

한편, 내가 '해야 하는 일'이라고 명명한 것은 다른 사람이 우리에게 부과한 것, 즉 우리가 해야 하고, 다른 사람들이 우리가 하기를 바라는 일이다. 이것에는 대금 결제하기, 잔디 깎기, 청소하기, 출근하기 등이 있겠다. 결국 당신이 해야만 하는 일들이다. 가끔은 이 두 가지가 겹치는 경우도 있다. 어떤 것은 즐거운 활동이면서 해야 하는 일이기도 하다. 알코올 중독자 모임에 참석하기는 즐거운 활동일 수도 있다. 그곳에서 사람들을 만나고 즐길 수 있는 동시에 술을 끊는 데 도움이 되고 필요한 모임이기도 하다. 당신의 주치의가 더 이상 술을 마시면 간경화가 될 수 있다고 말했고, 당신 아이들은 당신이 다시 술을 마시면 이제는 아무것도 함께하지 않을 것이라고 말했으니, 이것은 의무이기도 하다.

직장일을 하는 것도 즐거운 활동이면서 해야 하는 일이 될 수 있다. 우리 대부분에게는 직장 일은 돈을 벌어 먹고 살기 위해 해야 하는 의무이지만, 당신이 당신의 일을 정말로 좋아하고 거기서 많은 만족을 얻는다면 이것은 즐거운 활동도 되는 것이다.

이제 시간을 좀 가지고 당신의 생활에서 당신이 원해서 하는 일들과 해야 하기 때문에 하는 일들을 생각해보고 아래에 써보자.

즐거운 활동

_____   _____
_____   _____
_____   _____
_____   _____
_____   _____
_____   _____
_____   _____
_____   _____
_____   _____

해야 하는 일

_____   _____
_____   _____
_____   _____
_____   _____
_____   _____
_____   _____
_____   _____
_____   _____

즐거운 활동과 해야 하는 일의 수가 균형이 맞는 것이 가장 이상적이다. 당신이 인생에서 그저 재밌는 일만 하고 해야 하는 일은 충분히 하지 않고 있다면, 당신은 자기가 사회에 필요한 사람이라는 느낌을 갖기 힘들 것이고 지난 제4장에서 언급한 숙달감을 느끼기 어려울 것이다. 해야 하는 일이 너무 적으면 자존감이 낮아지고, 자유 시간이 너무 많아져 불건전한 행동에 빠지게 되는 경우도 많다.

반대로 당신의 인생에서 해야 하는 일이 너무 많고, 당신이 원해서 하는 일이 충분치 않은 것도 문제를 야기한다. 때로 우리는 너무 많은 시간을 의무나 책임을 다하는 데 사용하고, 즐거움을 위해서는 시간을 쓰지 않는다. 이것은 아주 높은 스트레스를 유발할 수 있고, 술이나 약물 남용과 같은 불건전한 스트레스 대처 방법들로 귀결되기도 한다. 그러므로 모든 DBT 기법들에서와 마찬가지로 여기서의 비결도 균형을 찾아야 한다. 여기가 바로 갈등이 생기는 지점이고, 우리가 배운 자기주장 기술이 필요한 시점이다.

우리는 주로 즐거운 활동을 하기 원하고 다른 사람들은 우리에게 의무를 지우고 싶어 하기 때문에 (예 : 당신은 축구하러 나가고 싶어 하고, 당신 부인은 집안일을 돕기를 원함) 갈등은 발생한다. 아니면 당신이 원하는 즐거운 활동과 다른 사람이 원하는 즐거운 활동이 다를 때(당신은 축구하러 가고 싶은데, 당신 친구는 골프를 가자고 한다면), 또한 갈등이 발생할 수 있다. 이런 경우에 당신은 그 상황에서 어떤 것이 가장 중요한지를 결정해야 한다. 당신이 자신의 즐거운 활동이 가장 중요하다고 결정하면, 그 다음에는 대인관계 상황에서 당신의 목표는 무엇인지 정해야 한다. 즉, 당신은 당신이 원하는 것에 반대하는 그 사람과의 관계에 있어 가장 중요한 것은 무엇인지를 정할 필요가 있다. 관계를 고려한 뒤에도 당신의 목표가 그 사람의 요청을 거절하고 당신이 좋아하는 활동을 하는 것인가? 모든 것을 희생해서라도 관계를 증진시키고 잘 유지하는 것이 목표인가? 아니면 대인관계 후에 자신에 대해 좋은 느낌을 주는 것이 목표인가? 당신이 원하는 것이 정해지면 이를 자기주장 방식으로 잘 대화할 기술 레시피를 따르면 된다.

당신이 누군가에게 무엇을 요구할 때에는, 그가 당신의 요청에 응하면 어떤 좋은 결과가 생길지에 대해 말해주는 것이 도움이 된다. 어니의 경우 그는 상사에게 협력해서 얻을 이점을 제시해주었다. 그들이 어니의 업무 능력과 상사의 기대 사이에서 절충점을 찾는다면, 어니는 회사에서 편안함과 존중받는 느낌을 받을 수 있어서 더 생산적이 될 것이다. 이것은 직장일에 대한 그의 믿음도 향상시켜 줄 것이다.

당신은 이 사례에서 긍정적인 결과가 항상 눈에 보이는 것만은 아니라는 점을 알 수 있다. 직장일에 대한 믿음이라는 것은 측정할 수 있는 성과는 아니다. 하지만 이런 성과가 분명한 경우도 많다. 예를 들어, 어떤 엄마가 아이에게 집안일을 더 도와주면 용돈을 줄 것이라고 했다면, 여기서 돈은 눈에 보이고 측정 가능한 긍정적 결과이다. 그러나 긍정적 결과는 단순히 우리가 다른 사람에게 느끼는 감정일 수도("정말 감사합니다."), 관계에 긍정적인 영향일 수도 있다("내가 원하는 일을 할 시간을 좀 더 가질 수 있다면 우리가 훨씬 적게 싸울 것이라고 생각해.").

마찬가지로 당신은 부정적인 결과를 지적할 수도 있다. 어니는 상사에게 그들이 협력하지 못한다면, 그는 다른 직장을 알아볼 수밖에 없다고 말할 수 있다(어니가 좋은 직원이고 상사가 그를 잃는 것을 원치 않는다고 가정한다면). 하지만 이런 부정적인 결과를 이야기할 때는 자칫 위협처럼 들리지 않도록 주의해야 한다. 즉, 그 부정적인 결과는 당신이 조절할 수 있는 정도이고, 마음먹으면 해결을 할 수 있는 것이어야만 한다. 이상적으로는 이런 말이 그를 움직여 당신이 원하는 것을 주도록 하는 것이면 좋겠다.

하나의 사례를 더 들어보자. 낸시는 즐거운 활동에 쓰는 시간을 늘리고 싶어 했다. 하지만 그러기 위해서는 그녀가 해야 할 일을 도와줄 사람이 필요했다. 낸시가 남편에게 도와달라고 자기주장적으로 말했지만 남편은 그녀의 뜻에 따라주지 않았다. 그래서 낸시는 남편이 그녀의 요청을 어느 정도 들어주지 않으면 생기는 부정적인 결과(일주일에 하루 저녁은 아예 나가서 시간을 보낼 것이므로 저녁을 혼자 알아서 해결하라고)를 이야기하였다.

일반적으로 부정적인 결과보다는 긍정적인 결과를 제시했을 때 상대방은 당신의 요청을 더 열린 마음으로 받아들일 가능성이 높다. 당신은 당신이 요청한 것을 그들이 기꺼이 할 수 있게 그들이 원하는 긍정적인 결과를 찾아서 제시할 필요가 있다.

당신은 자신이 원하는 것을 할 만한 자격이 있다고 믿는가? 효과적인 자기주장을 방해하는 큰 걸림돌 중의 하나는 이런 믿음이 없는 것이다. 이것은 즐거운 활동과 해야 하는 일을 써보면 드러난다. 많은 사람들은 그들이 해야 할 일이 많이 있기 때문에 자신을 위한 즐거운 활동을 할 만한 자격이 없는 것처럼 느끼고 있다. 아니면 당신은 자신을 희생하더라도 다른 사람들이 원하는 것을 다 들어주어야 한다는 습관에 빠져 있을 수도 있다. 우리 모두는 실제로 자신을 위해 행동을 할 권리도 있고 필요도 있다는 것을 기억하라. 당신이 자신의 즐거움과 안위를 전혀 추구하지 않는다면 다른 사람들은 당신의 욕구를 무시하면서 자신들의 욕구를 채울 것이고 이는 당신의 분노를 점점 쌓이게 만든다. 이것은 어느 시점에는 분명히 관계에서 문제점을 야기한다. 당신이 원하고 즐거운 활동을 하는 것이 자신을 돌보는 중요한 방법이다. 그러므로 다음의 기록지를 작성해보라.

즐거운 활동

위에서 작성한 즐거운 활동과 해야 할 일들의 목록을 볼 때, 양쪽의 균형을 위해 어느 한쪽의 활동을 늘려야 될 필요가 있는가?

_____

_____

위 질문에 '예'라고 답했다면, 즐거운 활동 혹은 해야 할 일을 늘리기 위해서 당신은 무엇을 할 수 있는가? 즐거운 활동 쪽을 늘리는 것은 취미나 흥밋거리를 찾아보는 것이 해당되고, 해야 할 일을 분담하도록 주변 사람들에게 요청하는 것도 한 가지 방법이다. 해야 할 일 쪽을 늘리는 것은 주변 사람들의 일을 도울 것이 있는지 살펴서 도와주는 것이 해당된다.

_____

_____

이 목표를 달성하기 위해서 어떤 종류의 대화 기술이 필요할까?

_____

_____

당신이 원하는 것을 이야기하려면, 상대방에게 무슨 이야기를 할 것인지 미리 원고를 써보고, 이를 연습하는 것이 큰 도움이 된다. 모든 대화를 다 완벽히 원고로 만들 필요는 없고, 당신의 목표를 위해 이야기하고 싶은 말들을 준비하고 이것에 익숙해지도록 하면 된다. 자, 이제 시간을 좀 가지면서, 이런 만남을 예상해보고 아래에 상대방에게 하고 싶은 말들을 한번 써보라. 사례도 제시하였다.

사례 상황

당신의 목표 : 부모님에게 지금까지처럼 매일 방문하지 않고, 이틀에 한 번 방문드리겠다고 말하기

대화할 상대방 : 아버지와 어머니

비판단적으로 상황 서술하기 : "부모님이 연세가 드셔서 이전에 하시던 일도 어려워하시고 도움이 필요하기에, 제가 작년부터 지금까지 많은 시간을 부모님과 함께 보냈습니다."

당신의 의견 표현하기(가능하면 감정도 표현하기) : "제가 부모님 댁에 매일 와서 시간을 보내느라고 저희 집에서

해야 할 일들을 많이 못했어요. 그래서 좀 스트레스를 받고 힘이 들어요."

당신이 원하는 것을 명확히 자기주장적으로 말하기 : "하지만 저는 정말 계속 부모님을 도와드리고 싶기도 해요. 그래서 지금처럼 매일 오는 대신에 이틀에 한 번 정도 올 수 있을 것 같아요. 다른 일도 많고 힘도 많이 들고 해서 그렇게 하고 싶어요."

다른 기술 혹은 이야기하고 싶은 다른 것들 : "저는 부모님과 시간을 보내는 것을 아주 좋아하고 앞으로도 계속 그렇게 하고 싶다는 것을 분명히 말씀드리고 싶어요. 하지만 나 자신을 위한 시간도 좀 갖고 부인과 아이들과도 좀 더 시간을 보내야겠어요."

상황 # 1

당신의 목표 : _____

대화할 상대방 : _____

비판단적으로 상황 서술하기 : _____

_____

당신의 의견 표현하기(가능하면 감정도 표현하기) : _____

_____

_____

당신이 원하는 것을 명확히 자기주장적으로 말하기 : _____

_____

_____

다른 기술 혹은 이야기하고 싶은 다른 것들 : _____

_____

_____

상황 # 2

당신의 목표 : _____

대화할 상대방 : _____

비판단적으로 상황 서술하기 : _____

_____

당신의 의견 표현하기(가능하면 감정도 표현하기) : _____

_____

_____

당신이 원하는 것을 명확히 자기주장적으로 말하기 : _____

_____

_____

다른 기술 혹은 이야기하고 싶은 다른 것들 : _____

_____

_____

　자기주장적 대화를 하는 것에 익숙해지기까지, 당신은 이런 종류의 원고를 미리 써서 그 상황에 대비하는 것이 좋다. 이 원고를 연습하는 것(원고를 읽고, 도와주는 사람과 함께 역할연기를 해보고, 여러 가지 다른 말들로 크게 말해보고)도 역시 자기주장적 대화에 익숙해지는 데 큰 도움이 된다.

　당신이 자기주장을 할 때 명심해야 할 것은 비판단적이어야 하고, 명확해야 하고, 구체적이어야 하고, 가능한 한 숙련된 솜씨로 해야 한다. 그러나 그 대화에서 꼭 성공한다는 보장은 없다. 당신이 아무리 자기주장적 대화를 잘해도, 사람들은 그냥 당신이 원하는 것을 해주기 싫어할 수도 있고, 또는 거절도 승낙도 없이 유보하고 있을 수도 있다. 상대방이 그냥 싫어서 반대하는 경우에는 계속 자기주장을 하는 것이 오히려 갈등을 더 심하게 할 수도 있다. 그리고 거절하지는 않고 유보하고 있을 경우에는 당신이 조금 더 자기주장을 해보는 것이 좋다. 어쨌든 자기주장적 대화란 것은 당신 자신과 상대방을 모두 존중하는 방식으로 당신이 자신의 욕구와 목표를 이루려고 하는 것이고, 그렇지 못하더라도 최소한 대인관계 상황에서 자기에 대해 창피하지 않고 자기에 대한 좋은 느낌을 가질 수 있도록 해주는 것이다.

이 장의 총정리

대인관계는 우리 인생에서 엄청나게 중요하다. 우리는 사람들의 지지와 사랑을 필요로 하고, 사람들과 함께 즐거움을 나누고 싶어 한다. 우리가 인생에서 충분한 대인관계를 맺지 못하면, 이는 우리의 기분 상태에 큰 영향을 끼치고, 위기 상황을 극복하는 데도 큰 장해가 된다. 이 장에서 우리는 당신의 대인관계의 양과 질을 평가하고 어떻게 대인관계를 효과적으로 증진시킬 수 있을지에 대해 논의하였다. 그리고 대인관계에서 더 자기주장적이 되기 위한 기술을 배웠다. 자기주장적 대화는 관계를 해치지 않으면서도 대인관계의 효율성을 높일 수 있는 좋은 기술이다. 또한 자기주장적 태도를 연습하면 대화 상황에서 숙련된 모습을 보일 수 있어서 자기 자신에 대한 효능감도 높아질 수 있다.

당신은 또한 대인관계에서 목표의 우선 순위를 정할 필요성이 있다는 것도 배웠고, 즐거운 활동과 해야 할 일의 균형을 잘 맞추는 것이 중요하다는 것도 배웠다.

이 책에서 배운 많은 다른 기술들은 대인관계에도 역시 도움이 된다. 예를 들어 당신의 감정에 대해 더 잘 인식하는 것은 감정적 마음으로 타인을 심하게 공격하지 않는 데 도움이 될 것이다. 감정을 감내하는 방법과 위기 상황에 슬기롭게 대처하는 방법도 당신의 주변 사람들을 지치지 않고 당신을 잘 도울 수 있도록 해줄 것이다.

다음 장은 당신의 가족과 친구들을 위한 것이다. 당신의 가족들과 친구들이 당신과의 관계를 어떻게 증진시킬 것인가에 대해 배울 수 있다. 하지만 여기에서도 당신은 아주 큰 역할을 하는 것이기에 당신도 다음 장을 계속 잘 읽어 나갔으면 한다.

11

조울병이 있는 사람의
가족들을 위한 기술

조 울병이 있는 사람의 가족들도 사랑하는 사람이 조울병으로 고통받고 있기에 많은 어려움을 겪는다. 이와 더불어 가족들은 조울병으로 인한 혼란을 보고 견뎌야 한다. 그래서 이 장은 가족들에게 지식과 지침을 제공해서 도움을 주려는 목적으로 구성되었다.

가족들과 친구들이 줄 수 있는 도움 목록 만들기

이 장은 가족들을 위한 것이지만 조울병을 겪는 당사자 자신이야말로 어떻게 가족들이 자신을 도울수 있는지에 대한 가장 좋은 가이드가 될 수 있으므로, 당신도 이 다음을 계속 읽어 나가길 바란다. 내가 여기에 제안과 지침을 제공하지만 당신 가족과 친구들은 어떻게 당신을 효과적으로 도울 수 있는지를 당신으로부터 듣는 것이 좋다. 우선 당신 가족이나 친구가 당신에게 어떻게 도움이 될 수 있는지에 대한 당신의 생각을 묻고 싶다. 예를 들어 그들이 당신의 조증 증상을 감지해줌으로써 도움이 될지, 아니면 약 먹으라는 말을 계속하는 것이 짜증나니까 그런 말을 하지 않는 것이 도움이 되는 것인지 등등. 아래에 이런 생각들을 적어보라. 아마 당신 가족이나 친구들은 당신에게 도움이 되는 일을 이미 하고 있을 것이다. 이미 하고 있는 일도 아래에 모두 적어보자. 이를 통해 그들도 어떤 도움이 더 효과적이고 어떤 일을 계속 하는 것이 좋은지에 대해 확실히 알게 된다.

당신 가족이나 친구들은 어떤 방법으로 당신을 도울 수 있을까?

- _____
- _____
- _____
- _____
- _____
- _____
- _____
- _____
- _____
- _____

이제 우리는 당신 가족이나 친구가 당신을 도울 수 있는 것들에 대해 알았으니, 몇 가지 제안을 더 할 것이다. 다른 사람들이 자신을 도울 수 있는 방법에 대해 지금 생각이 나지 않는다면, 일단 계속 읽 어 나가고, 나중에 생각날 때 다시 돌아와 위의 빈칸을 채우면 된다. 이 책의 맨 마지막에 당신과 가족 들에게 도움이 되는 자료와 자원들을 소개할 것이니, 조울병과 여러 장애들에 잘 대처하는 방법들에 대해 꾸준히 익혀 나가길 바란다.

지금부터는 당신 가족이나 친구들에게 하는 말투로 몇 가지 도움이 되는 제안과 지침을 제공할 것 이다. '사랑하는 사람'이란 말은 조울병이 있는 사람, 당신을 지칭하는 것이다.

조울병과 기타 질병들 이해하기

아는 것이 힘이다. 당신이 조울병에 대해 더 많이 알수록(당신이 사랑하는 사람이 겪고 있는 기타 질 환도) 당신은 그를 더 잘 도와줄 수 있다. 조울병은 매우 복잡한 질병이어서 조울병이 있는 사람은 다 른 사람이 자신의 질병을 이해할 수 없다고 생각하고 그래서 많이 외로움을 느끼게 된다. 사실 조울병 을 가진 사람이 겪는 것들을 우리가 잘 알기는 힘들다. 하지만 조울병에 대한 지식을 배우면 이해의 폭이 좀 더 넓어진다.

당신이 조울병을 겪는 사람의 가족이나 친구라면, 이 책 전체를 읽어보는 것도 조울병에 대한 이해를 높이고, 당신이 사랑하는 사람이 배우고 익혀서 생활 중에 적용시키고 있는 여러 기술들에 대해 알게 되어 도움이 될 것이다. 사실 이 책에 제시된 많은 기술들은 조울병을 가진 사람뿐 아니라 어느 누구에게나 더 좋은 삶을 사는 데 도움이 되는 것이다. 그러므로 이 책의 기술들을 당신 스스로 연습한다면 사랑하는 사람에게 도움이 되는 측면뿐 아니라 당신 자신의 삶도 더 풍요롭게 만들 수 있다.

당신이 사랑하는 사람이 겪고 있는 다른 질병에 대해서도 잘 이해하는 것이 무척 중요하다. 조울병은 불행하게도 동반되는 질환들이 많다. 여러 가지 불안장애, 인격장애, 물질남용문제, 주의력결핍/과잉행동장애, 섭식장애와 같은 많은 문제들이 조울병에 동반될 수 있다. 그러므로 이런 질병들에 대해서도 알고 있는 것이 도움이 되는데, 때로 가족들이나 친구들이 문제에 결부되어 그 동반 질환이 지속되는 데 일조를 하는 경우도 있기 때문이다. 예를 들어, 강박장애는 불안을 줄이려고 어떤 의식이나 강박행동을 하게 되는 장애인데, 강박증상이 있는 친구가 요청해서 당신이 불안을 줄이는 역할을 하고 있다면, 이것은 그 친구의 강박증상이 계속 유지되는 것에 당신이 일조를 하고 있는 것이다.

이런 양상은 다른 불안장애에서도 비슷하게 나타난다. 친구가 불안해서 당신에게 계속 안심시켜주기를 요구할 때, 안심시켜주면 그의 불안은 줄어들 것이다. 혹은 친구가 혼자서 외출하기 불안하다고 요청하면 당신은 그와 함께 외출을 해줄 수도 있다. 혹은 친구가 사회불안이 있다면, 여러 사람이 모이는 상황을 피할 것이고 당신 없이는 그런 곳에 가려고 하지 않을 것이다. 이런 경우 당신은 친구의 불안 작용에 속해 있는 것이다. 친구는 당신의 안심을 계속 요구할 것이고 이것이 단기적인 대처에는 도움이 될 것이다. 하지만 이는 불안에 직면해서 불안이 스스로 없어지도록 해야 하는 불안의 근본적인 치료에는 방해가 되는 것이다.

물질남용문제에서도 마찬가지이다. 조울병을 가진 친구가 술 문제가 있고, 너무 취해서 출근을 못한 경우에 당신이 그의 일을 대신 해주고 있을 수도 있다. 아니면 당신은 조울병을 가진 그가 가족으로서의 역할을 전혀 못하고 때로 행동 조절이 안 되어 문제를 많이 일으키고 있어도 그냥 용서하고 넘어가 주고 있을 수도 있다. 이런 상황은 당신이 그 사람이 그러는 것을 도와주고 있는 것밖에 안 된다. 당신은 그에게 이득이 아닌 손해를 입히고 있는 것이다. 이런 방식으로 그를 보호하는 것은 문제에 직면하지 못하고 임시 방편으로 문제를 피하기만 하는 것이다.

이렇게 사랑하는 사람이 어떤 질병을 겪고 있고 당신이 그를 돕고 싶다면, 당신은 질병에 대한 교육 프로그램이나 가족치료에 참여하여, 병에 대해 자세한 것을 알고 어떻게 그를 도울 수 있는지를 배워야 한다.

효과적인 의사소통이 매우 중요하다

그 사람에게 도움을 주기 위해서는 그 사람과 당신이 효과적으로 의사소통을 할 수 있는지가 무척 중요하다. 지난 제10장에서 배운 자기주장적 대화가 큰 도움이 되므로 제10장을 읽어보기를 권장한다. 당신은 이미 자기주장적 태도로 대화하고 있다고 생각하더라도, 계속 연습하고 더 노력하는 것이 좋다. 대화에는 항상 더 향상시킬 부분이 있기 때문이다. 다음은 조울병을 가진 사람과 대화할 때 내가 가장 중요하다고 생각하는 점이다.

그 사람의 감정을 인정하라(불인정하지 마라)

사람들은 조울병이 있는 사람에게는 항상 감정이 어떠냐고 물어보게 된다. 이는 물론 또 조울병 삽화가 발생하지는 않을까 하는 사랑과 걱정에서 나오는 것이다. 하지만 그는 이런 질문을 너무 자주 받고, 이로 인해 그는 자신이 불인정되는 느낌을 계속 받게 되어 화를 점점 쌓아두게 된다. 또한 불인정되는 느낌은 그 사람으로 하여금 자신의 감정 경험을 믿지 못하게 하는 효과를 주고, 이는 매우 파괴적인 효과를 줄 수도 있다. 그는 조울병을 가지고 있을지라도, 대부분 사람들이 느끼는 전형적인 감정들을 경험한다.

  조울병을 겪는 사람에게 자신의 감정이 정상인지 조울병의 증상인지를 구분하는 것은 매우 큰 과제 중 하나이다. 당신은 그가 이것을 배우는 것을 도와줄 수 있다. 첫째, 도움을 주어도 좋은지를 물어보고, 둘째, 그의 감정에 대해 추측을 하기보다는 그의 감정이 어떤지 직접 질문을 한다. 아래에 어떤 말을 하지 말아야 하고, 어떤 말을 하는 것이 좋은지 제시해보았다. 빈칸에 당신의 경우에 적절한 말들을 써보라. 어떤 말들이 그를 불인정하는 방식의 말이고, 이것을 어떤 말로 바꾸는 것이 좀 더 인정하는 방식일지 생각해보라.

하지 말아야 할 말	해야 할 말
당신은 진정해야 해요. 당신 지금 조증으로 가는 것 같아요.	내가 보기에 당신 말이 좀 빨라지고 있는 것 같아요. 지금 기분은 괜찮아요?
당신 우울해보여요. 약은 먹었어요?	당신 지금 조금 슬퍼 보여요. 기분이 좀 어떤가요?

당신은 요즘 너무 많이 자는 것 같아요. 병원 진료를 좀 앞당겨 볼까요?

당신은 좀 많이 자는 것 같아요. 당신은 어떻게 생각하나요?

당신 이렇게 화내선 안 돼요. 이건 확실히 조울병 때문인 것 같아요.

아, 당신 지금 화가 많이 났네요. 무슨 일인가요?

_____

_____

_____

_____

_____

_____

그의 말이나 행동을 보고 당신이 그의 감정을 짐작해서 이야기하면 안 되고, 위와 같은 방식으로 그냥 어떤 감정인지를 묻는 것이 좋다. 이는 두 가지 좋은 점이 있는데, 일단 그의 경험과 감정을 인정하는 것, 그리고 그가 미처 인식하지 못했던 것(그가 말을 빠르게 하고 있다는 사실)에 그가 주의를 기울일 수 있게 하는 것이다. 이는 그에게 자신의 경험을 다시 점검해서 이 감정이 현재 상황에 맞는 적절한 것인지 아니면 조울병 증상과 연관될 수 있는 과장된 것인지를 스스로 판단할 기회를 제공한다.

그 사람이 당신의 도움을 기꺼이 받아들인다면, 이런 질문들은 그가 자신의 감정, 말, 몸짓, 기타 행동들을 더 잘 인식하는 데 도움이 된다. 이렇게 인식이 증가되면 자신의 감정을 더 잘 이해하게 되고, 이것이 보통의 감정인지 조울병과 연관된 감정인지 구분하는 것도 더 잘할 수 있게 된다.

비판단적인 태도를 가져라

가족들이나 친구들은 사랑하는 사람이 우울증 삽화에 있을 때에 쉽게 판단적이 되어버린다. 당신은 아마 우울증을 경험한다는 것이 얼마나 끔찍한 경험인지 이해하기 어려울 것이다. 우울증에 빠졌던 사람들은 우울증 상태를 '심연'이나 '블랙 홀' 같다는 말로 표현한다. 당신과 가까운 사람이 이런 우울증에 빠져 있을 때, 우울증에서 빠져나오려면 이렇게 해야만 한다고 말하는 것은 아무런 도움이 안 된다. 그는 이미 어떻게 하는 것이 자신에게 도움이 되는지를 알고 있다. 문제는 그것을 어떻게 하게 하느냐이다. 당신이 그가 3일 동안 샤워를 하지 않은 것에 대해 비판을 한다면, 이것은 그의 기분과 우울 상태를 더욱 나쁘게 할 뿐이다. 당신은 그에게 큰소리로 비난을 한 것은 아니지만, 비판적인 생각은 당신의 태도에서 나와서 그에게 전달이 된다. 그러므로 비판적인 생각을 모두 다 치워버리기 위해 노력해야 한다.

또한 당신이 할 수 있는 가장 효과적인 것은 그에게 어떻게 도와줄까 하고 물어보는 것이다. 당신의 걱정을 표현하는 것이다. 예컨대 "당신은 요 며칠 동안 정말로 쳐져 있어요, 1주일째 직장도 못 나가고 있고, 내가 도울 수 있는 일이 없을까요?" 그를 가르치거나 비난하지 않으면서 공감과 도움을 제공하는 것을 목표로 삼아야 한다.

당신과 가까운 사람이 경조증이나 조증 상태일 때도 마찬가지가 적용된다. 그의 행동은 파괴적이어서 당신도 화가 나고 힘이 들 것이다. 당신이 그를 비판하거나 비난하면, 이는 갈등을 불러일으켜서 그의 경조증을 더 상승시키는 효과를 가져온다. 이는 그의 상태가 악화될까 봐 두려워서 그의 모든 행동을 다 참아야 한다는 말은 아니다. 당신이 그 상황을 떠나야 할 필요가 있다면 떠나라. 당신도 자신을 보호하고 돌봐야 할 필요가 있다! 만일 그의 조증 행동이 점점 심해져서 그의 안전이 걱정될 정도라면, 그는 자신을 입원시켰다며 화를 낼 수도 있겠지만, 어쩔 수 없이 그의 안전을 위해 당신이 해야 할 일(입원시키기)을 해야 한다.

우리는 지금 우리와 가까운 사람들이 기분 삽화를 겪고 있을 때, 그들을 비판하지 말아야 한다는 이야기를 하고 있다. 그렇다면 그들이 기분 삽화 상태가 아닐 때는 어떤가? 연구에 따르면 비판적인 말과 같은 부정적인 대화가 자주 있으면 조울병의 증상이 심한 경향이 있다고 한다. 즉, 그에게 비판적이고 비난하는 투의 말을 많이 하면 실제로 이것이 그의 우울증 증상을 더 심하게 만들고, 조증 증상에도 좋지 않은 영향을 준다는 것이다. 비판적인 말은 전혀 도움이 안 된다! 나는 지난 제4장을 다시 천천히 잘 읽어보기를 강력히 권유한다. 거기에서 나는 판단과 비판에 대해 많은 이야기를 하였고, 비판단적인 태도를 취하는 방법에 대해서도 많이 논의하였다. 아래에 몇 가지 사례를 제시했는데, 그 사람을 판단하거나 비판하지 않으면서 당신의 감정과 의견을 어떻게 표현하는지 참고했으면 한다.

- 나는 당신이 옷을 사서 매우 신나는 것은 알겠어요. 하지만 나는 당신이 이렇게 많은 돈을 쓴 것에 대해서는 화가 납니다. 그리고 나는 당신이 지금 경조증 상태인 것은 아닌지 걱정이 돼요.
- 나는 당신의 결정이 우리 가족에게는 큰 도움이 되지 않는다고 생각해요. 그리고 나는 당신이 먼저 나랑 상의하지 않았다는 것에 실망했어요. 그 결정은 우리 모두에게 영향이 있는 것이잖아요.
- 나는 당신이 지금 잠을 너무 많이 자는 것이 걱정이 돼요. 그리고 당신이 집에 있을 때에도 집안일을 하나도 도와주지 않아서 속이 상해요.
- 나는 당신의 기분이 지금 우울하다는 것을 알아요. 하지만 나는 무슨 일인지 당신이 내게 말해주

지 않고, 내 도움도 원하지 않는 것에 상처를 받았어요.

이 사례들에서 볼 수 있듯이, 비판단적인 태도라고 해서 자신의 의견과 감정을 표현하지 말아야 한다는 것은 절대 아니다. 오히려 비판단적인 태도는 상대방의 특정한 행동에 대한 당신의 생각과 감정을 자기주장적으로 말하는 데 도움이 된다. 당신은 그와 함께 논의해서 당신이 그에게 판단적이었던 경우를 찾아보고, 그와 같은 상황에서 그 표현을 어떻게 비판단적으로 표현할 수 있는지 생각해보라. 비판단적인 태도를 유지하면서도 당신은 그 상황에 대한 자신의 의견과 감정을 표현할 수 있다는 것을 꼭 기억하라. 물론 이런 표현도 모두 비판단적인 언어여야 하겠다.

1. **판단** : ＿＿＿＿＿＿＿＿＿＿＿＿＿＿＿＿＿＿＿＿＿＿＿＿＿＿＿
   비판단적인 말 : ＿＿＿＿＿＿＿＿＿＿＿＿＿＿＿＿＿＿＿＿
   ＿＿＿＿＿＿＿＿＿＿＿＿＿＿＿＿＿＿＿＿＿＿＿＿＿＿＿＿＿

2. **판단** : ＿＿＿＿＿＿＿＿＿＿＿＿＿＿＿＿＿＿＿＿＿＿＿＿＿＿＿
   비판단적인 말 : ＿＿＿＿＿＿＿＿＿＿＿＿＿＿＿＿＿＿＿＿
   ＿＿＿＿＿＿＿＿＿＿＿＿＿＿＿＿＿＿＿＿＿＿＿＿＿＿＿＿＿

3. **판단** : ＿＿＿＿＿＿＿＿＿＿＿＿＿＿＿＿＿＿＿＿＿＿＿＿＿＿＿
   비판단적인 말 : ＿＿＿＿＿＿＿＿＿＿＿＿＿＿＿＿＿＿＿＿
   ＿＿＿＿＿＿＿＿＿＿＿＿＿＿＿＿＿＿＿＿＿＿＿＿＿＿＿＿＿

4. **판단** : ＿＿＿＿＿＿＿＿＿＿＿＿＿＿＿＿＿＿＿＿＿＿＿＿＿＿＿
   비판단적인 말 : ＿＿＿＿＿＿＿＿＿＿＿＿＿＿＿＿＿＿＿＿
   ＿＿＿＿＿＿＿＿＿＿＿＿＿＿＿＿＿＿＿＿＿＿＿＿＿＿＿＿＿

5. **판단** : ＿＿＿＿＿＿＿＿＿＿＿＿＿＿＿＿＿＿＿＿＿＿＿＿＿＿＿
   비판단적인 말 : ＿＿＿＿＿＿＿＿＿＿＿＿＿＿＿＿＿＿＿＿
   ＿＿＿＿＿＿＿＿＿＿＿＿＿＿＿＿＿＿＿＿＿＿＿＿＿＿＿＿＿

죄책감 일으키지 않기

때로는 관계에서 어떤 노력도 효과가 없고, 어떤 것도 당신이 원하는 목표를 채워줄 것 같지 않을 때, 당신은 상대방의 죄책감에 기대려 할 수도 있다. 사이먼의 부인인 앤이 자주 그랬는데, 특히 사이먼이 우울증을 겪고 있을 때 이런 현상이 더했다. 앤은 사이먼을 돕기 위해 그를 집 밖으로 나오게 하려고 애썼다. 하지만 이런 노력을 하면서 앤은 이런 말을 했다 "당신이 나를 정말로 사랑한다면, 오늘 저녁에 나랑 극장에 가요." 앤의 마음은 사이먼을 도우려 하는 것이고 올바른 것이지만, 이렇게 상대의 죄책감을 일으키는 방법은 역풍을 맞을 수 있다. 사이먼은 앤을 달래기 위해 극장에 가기로 결정했지만, 앤의 말에 화가 났고 그녀가 원하는 대로 해야만 하는 덫에 걸린 느낌이었다. 이것은 관계를 더 악화시켰고 사이먼의 화는 점점 쌓여갔다.

죄책감을 일으키는 방법은 단기적으로 효과가 있을 수 있지만, 장기적으로는 역시 부정적인 결과를 낳는다. 처음에는 그 사람을 움직여 당신이 원하는 행동을 하게 할 수 있지만, 나중에 그 사람은 당신이 요구하는 대로 자신이 움직이는 느낌을 들게 한 당신에게 분노를 표출할 것이다. 단기적인 효과도 없는 경우가 있다. 예를 들어, 그 사람이 당신이 원하는 일을 하는 대신, 말싸움이 일어나 그 사람이 당신으로부터 더 멀어질 수도 있다.

그러므로 대화는 분명히 매우 중요하다. 그리고 당신은 여기에서 대화를 증진시킬 수 있는 방법들에 대해 많은 것을 읽었다. 시간을 갖고 당신과 그 사람이 현재 어떻게 대화를 하고 있는지 생각해보고 이야기를 나누어보라. 둘이 협력해서 현재의 대화 방식에서 잘하고 있는 점을 찾아보고, 좀 더 개선시켜야 할 점도 찾아서 아래에 써보자. 역시 몇 가지 사례를 들었다.

우리가 대화하는 방식에서 긍정적인 점

- 우리는 서로 소리 지르지 않는다.
- 우리는 서로를 인정하려고 노력한다.
- _____
- _____
- _____
- _____
- _____

우리가 대화하는 방식에서 개선할 수 있는 점

● 인정이 더 필요하다.

● 짐작하는 것을 줄여야 한다.

● _____

● _____

● _____

● _____

● _____

완전한 수용

당신이 이 책을 처음부터 읽었다면, 제9장에서 다룬 완전한 수용에 대해 이미 알고 있을 것이다. 때로는 당신이 사랑하는 그 사람이 정신장애가 있다는 것을 받아들이기가 무척 어려울 것이다. 부모는 자식에게 바라던 미래가 불투명해졌다는 현실을 받아들이기 힘들고, 배우자는 꿈꿔왔던 부부관계와 가정의 모습이 이제 달라졌다는 현실을 받아들이기 힘들 것이다. 어떤 사람들은 자기가 알고 사랑하던 사람이 병으로 뭔가 변했다는 현실을 받아들이기 힘들 것이다.

어떤 사람들은 환자의 증상 그 자체도 받아들이기 힘들어한다. 예를 들어 그 사람이 알코올 중독이 있다는 것을 부정하기도 하고, 그 사람이 조증 시기에 보이는 이상한 행동을 외면하기도 한다. 많은 사람이 조울병의 현실을 받아들이지 못하고 이것과 싸우려는 다양한 태도를 보인다. 하지만 이렇게 받아들이지 못하고 현실과 싸울 때, 당신은 많은 에너지를 소모하고 있는 것이며 스스로 많은 감정들을 만들어내고 있는 것이다.

완전한 수용이란 수동적이 되는 것도, 포기하는 것도, 지금 상황을 더 나아지게 하려는 노력을 그만두는 것도 아니다. 당신이 사랑하는 그 사람을 돕기 위해, 당신은 우선 그 사람에게 병이 있다는 것을 수용해야 한다. 일단 당신이 이 현실을 인정해야만, 현재 상황에서 그 사람과 어떻게 최선의 인생을 꾸려나갈 것인지 열린 마음으로 배울 수 있게 된다. 어떻게 당신은 남편을 잘 도와서 그가 다시 병원에 입원하지 않도록 할 수 있을까? 당신의 아들이 대학을 무사히 졸업할 수 있게 하기 위해 당신은 무엇을 해야 할까? 만일 당신이 해결해야 할 문제가 있는 것을 계속 부정하기만 한다면, 어떻게 당신의 삶과 그 사람의 삶이 좋아질 수가 있을까? 예를 한번 들어보자.

샤년의 이야기

샤년은 고등학교 졸업반인 17세 때 조울병 진단을 받았다. 그녀의 증상은 입원할 정도는 아니었지만, 기분이 너무 우울해서 학업을 제대로 수행하지 못했다. 샤년의 부모는 그녀를 정신과 의사에게 데려갔지만 조울병이라는 진단을 듣자, 이를 받아들이지 못하고 부정하였다. 그들은 자신의 집안에 조울병 병력이 있는 사람이 없고, 샤년은 단지 사춘기나 청소년기의 어려움을 겪는 것이라고 주장했다. 샤년의 성적은 추락했고, 우울과 불안이 심한 날에는 학교에 나가지 못했다. 샤년의 부모님은 너무 바빴고 샤년이 만성적인 정신장애를 가지고 있다는 것을 부정하고 있었기 때문에 샤년에게 필요한 충분한 지지를 해주지 못했다.

이제 어떤 것이 달랐을 수도 있었는지 생각해보자. 샤년이 조울병 진단을 처음 받았을 때, 그녀의 부모는 엄청난 충격을 받았다. 하지만 만일 부모가 샤년의 진단을 빨리 받아들이고, 그녀에게 도움이 되는 일을 하려고 애썼다면 어떻게 되었을까? 부모가 샤년의 학교에 함께 가서 그녀의 선생님에게 조울병 진단에 대해 설명하고 그녀가 학교 생활을 할 때 어떤 도움을 줄 수 있을지에 대해 상의했다면 어떻게 되었을까? 이런 도움이 잘 마련되었다면, 샤년은 학교에서 불안이 높아지면 자극을 줄이고 진정시킬 수 있는 조용한 공간에 갈 수도 있을 것이다. 샤년의 우울이 너무 심해서 며칠 학교에 못 간다면, 부모는 학교 선생님과 상의해서 병가 처리를 할 수도 있을 것이다. 정리하자면 샤년의 진단을 받아들였다면 쓸데없는 에너지를 소모하지 않고, 그녀를 위해 훨씬 많은 일을 해줄 수 있었을 것이다.

완전한 수용은 배우고 실행하기가 쉬운 기술은 아니다. 수용의 순간에 다다르기 위해서는 많은 시간이 필요하다. 하지만 일단 그 수용의 순간에 다다르면, 고통스러운 감정은 줄어들고, 당신은 더 많은 시간과 에너지를 문제를 해결하고 상황을 호전시키는 데 쓸 수 있게 된다. 현실을 수용하지 않고 현실과 싸우는 것은 다루기 힘든 더 부정적인 감정만 유발할 뿐이다. 사랑하는 그 사람의 문제에 대해 당신이 받아들이지 못하고 싸우고 있는 것들이 있는가? 그런 상황이 잘 생각나지 않는다면, "이건 불공평해!", "이런 식으로 되어서는 안 돼!", "왜 나한테 이런 일이?"라는 생각이 들었을 때를 떠올려보라.

- _____
- _____

- _____
- _____
- _____

당신이 사랑하는 그 사람이 자신의 상황에 대해 완전한 수용을 연습하고 있다면, 당신은 당신이 받아들이기 힘든 상황들에 대해 그 사람과 함께 이야기해볼 수도 있다. 겹치는 상황이 있을 수 있으므로 서로 도움이 될 것이다. 당신은 실제로 그 사람과 그의 병에 대해, 그 병이 그 사람과 당신의 인생에 어떤 의미인가에 대해 함께 토론하면서 완전한 수용을 연습할 수도 있다. 위에 쓴 상황들을 생각하면서, 이 상황을 완전하게 받아들이도록 도움이 되는 문장을 적어보자. 혼자서 해도 좋고 그 사람과 함께 해도 좋다.

- _____
- _____
- _____
- _____
- _____

그러므로 완전한 수용은 당신이 그 사람을 더 잘 도울 수 있도록 해준다. 그런데 만일 당신이 그 사람을 돕는 데 너무 많은 것을 바쳐서, 오히려 이것이 당신 자신의 인생에 부정적인 영향을 주고 있다면 어떻게 해야 하나?

살얼음판 걷기를 그만두어라

당신은 아마 이런 말을 들어봤을 것이다. "나는 지금 살얼음판을 걷는 기분이야." 종종 조울병을 가진 사람의 가족과 친구들은 그 사람을 자극하지 않고 문제를 만들지 않으려고 초조해하고 눈치를 보기 때문에, 살얼음판을 걷는 기분을 느낀다고 호소한다. 조울병을 가진 사람에게 맞추어 주려는 이런 노력은 오히려 관계를 해치고, 친구나 가족에게도 해가 될 수 있다. 이렇게 주위 사람들이 모든 것을 맞추어 주려고 노력하는 한, 그 사람은 자신의 삶을 잘 가꾸기 위한 방법들을 배우지 못할 것이다. 예를 하나 들어보자.

트루디의 이야기

트루디는 조울병 진단을 받은 24세 여성인데, 병 때문에 장애 연금을 받고 있고, 여전히 부모님 집에서 함께 살고 있다. 그래서 트루디는 집세도 낼 필요가 없고, 부모님이 그녀의 자동차와 생활비를 비롯해 모든 비용을 대고 있다. 트루디의 부모도 트루디가 장애 연금을 받고 있기 때문에 지금처럼 모든 비용을 부모가 내는 것이 탐탁지는 않다고 말했다. 하지만 트루디가 돈을 요구했을 때 이를 주지 않으면 그녀는 이성을 잃고, 욕을 퍼부으며, 물건을 던지고, 심지어 자살하겠다고 위협하기까지 했다. 부모님이 트루디에게 집안일을 좀 시키려고 할 때에도 비슷한 일이 벌어졌다. 트루디의 부모님은 이제 자신들은 그녀가 원하는 것은 무엇이든 해줄 수밖에 없는 함정에 빠져 괴롭힘을 당하고 있는 것 같다고 말했다.

당신은 그 사람에게 맞추어 주기 위해 무진장 애를 쓰거나 살얼음판을 걸어야 했던 비슷한 사례가 있는가?

_____

_____

_____

_____

_____

조울병을 가진 사람들은 분노 조절에 어려움을 겪는 경우가 많고, 일반적으로 감정을 조절하는 데 문제를 많이 겪는다. 하지만 그렇다고 해서 가족들이나 친구들이 계속 그 사람에게 맞추어 주면서 살얼음판을 걷는 것 같이 행동하면, 그 사람은 어떻게 자신의 감정을 조절하는지를 배울 기회가 없을 것이다. 오히려 그 사람은 자신의 감정을 조절할 필요가 없다고 생각하게 된다. 사실 그 사람은 자기가 원하는 것을 쉽게 얻고 누군가가 돈도 대주고 집안일도 해주고 여러 책임을 다 해준다는 것에 만족하고 익숙해질 것이다. 이런 현상의 나쁜 점은 물론, 가족들이나 친구들이 해주는 일이 점점 당연시되면서, 가족들이나 친구들은 점점 힘들어지고, 조종당하는 느낌을 받게 된다. 이런 역동은 분명히 언젠가 가족들과 친구들에게 분노를 불러일으키게 된다. 이는 관계를 손상시킨다. 당신이 살얼음판을 걷고 있을 때 당신은 어떤 기분이 들까?

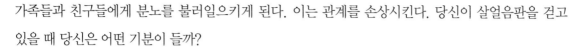

나는 당신이 위에 쓴 감정 목록들을 그 사람과 함께 나누고 상의해보기를 권장한다. 이런 방법을 통해 그 사람은 당신이 그를 자극하지 않기 위해 살얼음판을 걷고 있을 때 당신이 갖는 감정에 대해 명확히 알 수 있다.

그 사람 주변에서 살얼음판 걷듯이 행동하는 것은 그 사람에게 필요한 건강한 기술들을 배우지 못하게 하는 것이다. 트루디가 집에서 자신의 책임을 다하는 것에 익숙하지가 않고 다른 사람과 적절히 상호작용하는 것에 서툴다면, 그녀는 직업을 가질 가능성이 점점 줄어든다. 계속 직업이 없다면 그녀는 자존감과 자신감이 점점 떨어질 것이다. 마찬가지로 트루디는 혼자 살 수 있는 능력을 키우지 못해서 독립을 하지 못할 것이고 계속 가족에 의존해 살아야 할 것이다.

그러므로 당신은 그 사람을 어른으로 계속 대해야 한다는 것이 매우 중요하다. 물론 그 사람은 조울병이라는 어려움을 가지고 있다. 하지만 그 사람은 돌봐야 할 아이들을 데리고 있을 수도 있고, 계속 다녀야 할 직장이 있을 수도 있고, 마쳐야 할 학업이 있을 수도 있고, 계속 가꾸어 나가야 할 대인관계도 있을 수 있다. 즉, 그 사람이 조울병이 있다 하더라도 다른 책임질 일도 있는 것이다. 그리고 그 사람은 자신의 기분이 좋지 않다고 해서 세상이 멈추지는 않는다는 것도 배워야만 한다. (가끔 입원해야만 할 때, 그 사람은 세상이 멈추는 것 같은 느낌을 받을 것이다. 하지만 항상 그렇지는 않을 것이다.) 그러므로 그 사람은 비록 기분 상태가 좀 우울해지거나 혹은 좀 들뜰 때라도, 자신의 잠재력을 최대한 발휘할 수 있도록 돕는 기술들을 배우고 사용할 필요가 있다.

트루디와 그녀의 부모님의 경우를 다시 보자면, 그들의 관계는 도움을 받은 후 점차 좋아졌다. 나는 트루디에게 이 책에 나오는 감정 조절 기법을 많이 가르쳤고, 트루디의 부모님에게는 관계를 천천히 변화시켜서 더 균형 잡힌 관계가 되도록 하고 세 사람이 모두 만족하는 관계 쪽으로 만들도록 도움을 주었다. 트루디는 책임을 지는 일을 점점 늘려갔고, 부모님은 이에 따라 책임을 점점 줄이면서 그들이 즐거워하는 활동을 좀 더 할 수 있게 되었다.

증상이 생기기 시작할 때

지금까지 당신은 대화 기법에 대해서 살펴보았다. 여기서 논의해야 할 또 하나의 중요한 점은, 그 사람이 증상이 있을 때 당신은 어떻게 그 사람을 도와줄 수 있는가이다. 조울병은 증상을 겪는 그 사람에게만 영향을 주는 병이 아니고, 그 사람의 주변 사람들에게도 많은 영향을 준다. 친구들과 가족들은 그 사람을 도와주려 최선을 다하고 상호작용을 많이 할 때, 특히 병의 영향을 많이 받게 된다. 이 병은 아주 다양한 증상들을 보이기 때문에 당신이 이런 양상을 다룰 수 있는 계획을 가지고 있다면 적절한 대처를 하는 데 큰 도움이 된다. 그 사람이 이전에 겪었던 증상들에 집중해서 이런 계획을 세우면 아주 좋을 것이다. 그 사람과 함께 이 작업을 하고 의견을 나누어서 아래에 아이디어를 적어보자. 역시 몇 가지 사례를 들겠다.

- 그 사람이 믿는 어떤 사람에게 그의 은행계좌나 신용카드 정보를 맡겨서, 그가 증상이 생겨 과소비를 하려고 할 때 이를 방지할 수 있게 한다.
- 경조증 증상이 생기면 믿는 사람에게 그 사람의 약물 복용 상태를 점검하게 해서, 그 사람이 약 복용을 중단하지 않도록 한다.
- 우울증 증상이 분명해지면 운동 모임을 빠지고 있지는 않은지 점검해서, 다시 잘 나가도록 격려한다.
- 우울증 증상이 생기기 시작하면 담당 정신과 의사에게 이야기해서, 약 처방을 좀 더 단기간으로 하고 자주 진료를 볼 수 있도록 하여 약물 과다 복용을 예방하고 증상 점검을 더 세심히 하도록 한다.

- _____
- _____
- _____
- _____
- _____
- _____

희망은 있다

조울병이 있다고 해서 인생이나 세상이 끝난 것은 아니다. 새로운 치료약들이 계속 개발되고 있다. 물론 약물치료가 조울병치료의 전부는 아니지만. 그리고 당신과 당신이 사랑하는 그 사람이 책에 나온 여러 기술들을 배우고 익혀서 함께 작업해 나간다면, 분명히 조울병의 영향을 줄이고 삶의 질을 높일 수 있는 희망이 존재한다.

당신은 여기 제시된 기술들을 이용해서 조울병의 악영향을 줄이고, 그 사람을 도울 수 있다. 이 장 다음에, 당신과 그 사람에게 도움이 되는 자료와 자원들의 목록을 제공하였다. 이를 이용해서 꾸준히 작업을 계속한다면, 조울병에도 불구하고 인생을 멋지게 충만하게 살 수 있을 것이다.

부록

조울병에 대한 자료와 자원

조울병에 대한 추가 자료

조울병에 대해 더 많은 것을 이해하고, 조울병에 더 효과적으로 대처할 수 있는 여러 기술들을 배우고 싶다면, 다음 자료들을 참고하는 것이 유용할 것이다.

책

Miklowitz, David. 2002. *The Bipolar Disorder Survival Guide: What You and Your Family Need to Know.* New York: Guilford Press.

역주 : 한글 번역본, **조울병 치유로 가는 길**(시그마프레스), 조울병에 대한 가족중심치료를 개발한 Miklowitz 박사의 책으로 조울병을 겪는 사람과 가족들이 함께 보면 좋은 책

Ramirez Basco, Monica. 2006. *The Bipolar Workbook: Tools for Controlling Your Mood Swings.* New York: Guilford Press.

Redfield Jamison, Kay. 1995. *An Unquiet Mind: A Memoir of Moods and Madness.* New York: Random House.

역주 : 한글 번역본, **조울병, 나는 이렇게 극복했다**(하나의학사), 조울병을 직접 겪고 있으며, 심리학자이자 대학병원 정신과 교수로서 조울병에 대해 많은 연구를 하고 있는 Jamison 박사의 조울병에 대한 수기

웹사이트

Bipolar News
Bipolar Network News의 온라인 홈페이지. 이 사이트는 조울병에 대한 최신 연구들도 제공한다.

www.bipolarnews.org

The Mood Disorders Society of Canada
조울병에 대한 정보를 제공하는 캐나다의 웹사이트
www.mooddisorderscanada.ca

Pendulum.org
조울병에 대한 정보와 최신 연구결과를 제공하는 방대한 웹사이트. 조울병에 효과적인 정신/심리 치료에 대한 정보도 찾아볼 수 있고, 여러 행사와 학술회의, 추천 도서와 영화, 개인 수기, 온라인 지지 모임도 제공한다.
www.pendulum.org

Bipolar Significant Others
조울병을 겪는 사람들의 가족과 친구들로 이루어진 비공식 단체. 이 단체의 회원들이 돌아가면서 이메일 질문에 답변도 하고 토론회도 연다. 조울병이 가족과 대인관계에 끼치는 영향에 대한 토론이 좋다.
www.bpso.org

Bipolar.com
조울병과 치료 방법들, 조울병과 함께 살아가는 방법들에 대한 광범위한 정보를 제공하는 또 하나의 방대한 웹사이트. 조울병을 겪는 사람의 친구나 가족들을 위한 정보도 많다.
www.bipolar.com

변증법적 행동치료(DBT)에 대한 추가 자료

DBT는 조울병과 함께 현명하게 살아가기 위한 아주 좋은 도구이다. DBT 자체도 매우 방대한 주제이므로 이 치료법에 대해 더 배우고 싶다면 아래 자료들을 참조하라.

책

Fruzzetti, Alan E. 2006. *The High-Conflict Couple: A Dialectical Behavior Therapy Guide to Finding Peace, Intimacy, and Validation*. Oakland, CA: New Harbinger Publications.
역주 : 한글 번역본, **커플 연습**(한겨레출판사)

Linehan, Marsha M. 1993. *Skills Training Manual for Treating Borderline Personality Disorder*. New York: Guilford Press.
역주 : 한글 번역본, **경계선 성격장애 치료를 위한 다이얼렉티컬 행동치료**(학지사)

Marra, Thomas. 2004. *Depressed and Anxious: The Dialectical Behavior Therapy Workbook for Overcoming Depression and Anxiety*. Oakland, CA: New Harbinger Publications.

McKay, Matthew, Jeffrey C. Wood, and Jeffrey Brantley. 2007. *The Dialectical Behavior Therapy Skills Workbook: Practical DBT Exercises for Learning Mindfulness, Interpersonal Effectiveness, Emotion Regulation, and Distress Tolerance*. Oakland, CA: New Harbinger Publications.
역주 : 한글 번역본, **알아차림명상에 기반한 변증법적 행동치료 워크북**(명상상담연구원)

Spradlin, Scott. 2003. *Don't Let Emotions Run Your Life*. Oakland, CA: New Harbinger Publications.
역주 : 한글 번역본, **감정조절설명서**(지상사)

웹사이트

DBT Self-Help

DBT에 대해 자주 나오는 질문과 대답을 제공하고, DBT와 마음챙김에 대한 자료와 논문을 제공하는 DBT 자조 웹사이트

www.dbtselfhelp.com

TrueRecovery

DBT에 대한 읽을거리, 질문과 대답, 그리고 질문을 올리고 기법들에 대한 소감을 올리는 포럼을 제공하는 DBT 자조 웹사이트

www.truerecovery.org

우울과 불안에 대한 추가 자료

조울병은 우울과 불안에 자주 관련되므로 당신은 우울과 불안 상태에 대한 추가적인 정보를 얻고 싶을 것이다.

책

Bourne, Edmund J. 2000. *The Anxiety and Phobia Workbook.* 3rd ed. Oakland, CA: New Harbinger Publications.
역주 : 한글 번역본, **불안 공황장애와 공포증 상담워크북**(학지사)

Greenberger, Dennis, and Christine A. Padesky. 1995. *Mind Over Mood.* New York: Guilford Press.
역주 : 한글 번역본, **기분다스리기**(학지사)

Knaus, William J. 2006. *The Cognitive Behavioral Workbook for Depression.* Oakland, CA: New Harbinger Publications.

McKay, Mathew, Martha Davis, and Patrick Fanning. 2007. *Thoughts and Feelings: Taking Control of Your Moods and Your Life.* Oakland, CA: New Harbinger Publications.

Strosahl, Kirk D., and Patricia J. Robinson. 2008. *The Mindfulness and Acceptance Workbook for Depression.* Oakland, CA: New Harbinger Publications.
역주 : 한글 번역본, **우울증 치료를 위한 마음챙김과 수용 워크북**(시그마프레스)

마음챙김에 대한 추가 자료

마음챙김을 연습하는 것은 조울병의 증상과 감정을 조절하는 데 큰 도움이 될 수 있다. 물론 증상이 있건 없건 간에 일상생활에도 많은 도움이 된다.

책

Kabat-Zinn, Jon. 1990. *Full Catastrophe Living: Using the Wisdom of Your Body and Mind to Face Stress, Pain, and Illness.* New York: Random House.
역주 : 한글 번역본, **마음챙김명상과 자기치유**(학지사)

Kabat-Zinn, Jon. 1994. *Wherever You Go, There You Are: Mindfulness Meditation in Everyday Life.* New York: Hyperion.
역주 : 한글 번역본, **존 카밧진의 마음챙김명상**(물푸레)

Williams, Mark, John Teasdale, Zindel Segal, and Jon Kabat-Zinn. 2007. *The Mindful Way Through Depression.* New York: Guilford Press.
역주 : 한글 번역본, **우울증을 다스리는 마음챙김명상**(사람과책)

참고문헌

Altman, S., S. Haeri, L. J. Cohen, A. Ten, E. Barron, I. I. Galynker, and K. N. Duhamel. 2006. Predictors of relapse in bipolar disorder: A review. *Journal of Psychiatric Practice* 12(5):269–282.

American Psychiatric Association. 2000. *Diagnostic and Statistical Manual of Mental Disorders.* 4th edition, text revision. Washington: American Psychiatric Association.

Beck, A. T. 1976. *Cognitive Therapy and the Emotional Disorders.* New York: Plume Books.

Beck, A. T., G. Emery, and R. Greenberg. 1985. *Anxiety Disorders and Phobias: A Cognitive Perspective.* Cambridge: Basic Books.

Benazzi, F. 2007. Bipolar disorder: Focus on bipolar II disorder and mixed depression. *Lancet* 369(9565):935–945.

Bourne, E. J. 2000. *The Anxiety and Phobia Workbook.* 3rd edition. Oakland, CA: New Harbinger Publications.

Brach, T. 2003. *Radical Acceptance: Embracing Your Life with the Heart of a Buddha.* New York: Bantam Books.

Campos, J. J., R. G. Campos, and K. C. Barrett. 1989. Emergent themes in the study of emotional development and emotion regulation. *Developmental Psychology* 25(3): 394-402.

Copeland, M. E. 2001. *The Depression Workbook.* Oakland, CA: New Harbinger Publications.

Denisoff, E. 2007. Cognitive behavior therapy for anxiety. PowerPoint presentation at the Toronto Advanced Professional Education Cognitive Behavioural Therapy certificate program, Toronto, Ontario.

Dimeff, L. A., K. Koerner, and M. M. Linehan. 2006. *Summary of Research on DBT.* Seattle, WA: Behavioral Tech.

Ekman, P., and R. J. Davidson. 1993. Voluntary smiling changes regional brain activity. *Psychological Science* 4(5):342–345.

Frank, E., and M. E. Thase. 1999. Natural history and preventative treatment of recurrent mood disorders. *Annual Review of Medicine* 50:453–468.

Ghaemi, S., J. Ko, and F. Goodwin. 2002. "Cade's disease" and beyond: Misdiagnosis, antidepressant use, and a proposed definition for bipolar spectrum disorder. *Canadian Journal of Psychiatry* 47(2):125–134.

Goldberg, J. F., J. L. Garno, A. C. Leon, J. H. Kocsis, and L. Portera. 1999. A history of substance abuse complicates remission from acute mania in bipolar disorder. *Journal of Clinical Psychiatry* 60(11):733–740.

Goldstein, T. R., D. A. Axelson, B. Birmaher, and D. A. Brent. 2007. Dialectical behavior therapy for adolescents with bipolar disorder: A 1-year open trial. *Journal of the American Academy of Child and Adolescent Psychiatry* 46(7):820–830.

Green, M. J., C. M. Cahill, and G. S. Malhi. 2007. The cognitive and neurophysiological basis of emotion dysregulation in bipolar disorder. *Journal of Affective Disorders* 103(1–3):29–42.

Gutierrez, J. M., and J. Scott. 2004. Psychological treatment for bipolar disorders: A review of randomized controlled trials. *European Archives of Psychiatry and Clinical Neuroscience* 254(2):92–98.

Harvard Medical International. 2004. The benefits of mindfulness. *Harvard Women's Health Watch* 11(6):1–3.

Hayes, S. C., with S. Smith. 2005. *Get Out of Your Mind and Into Your Life*. Oakland, CA: New Harbinger Publications.

Henquet, C., L. Krabbendam, R. de Graaf, M. ten Have, and J. van Os. 2006. Cannabis use and expression of mania in the general population. *Journal of Affective Disorders* 95(1–3):103–110.

Hirschfeld, R., J. B. W. Williams, R. L. Spitzer, J. R. Calabrese, L. Flynn, P. E. Keck Jr., L. Lewis, S. L. McElroy, R. M. Post, D. J. Rapport, et al. 2000. Development and validation of a screening instrument for bipolar spectrum disorder: The Mood Disorder Questionnaire. *American Journal of Psychiatry* 157(11):1873–1875.

Kabat-Zinn, J. 1994. *Wherever You Go, There You Are: Mindfulness Meditation in Everyday Life*. New York: Hyperion.

Kabat-Zinn, J., A. O. Massion, J. Kirsteller, L. G. Peterson, K. E. Fletcher, L. Pbert, W. R. Lenderking, and S. F. Santorelli. 1992. Effectiveness of a meditation-based stress reduction program in the treatment of anxiety disorders. *American Journal of Psychiatry* 149(7):936–943.

Keltner, D., and J. Haidt. 1999. Social functions of emotions at four levels of analysis. *Cognition and Emotion* 13(5):505–521.

Kutz, I., J. Z. Borysenko, and H. Benson. 1985. Meditation and psychotherapy: A rationale for the integration of dynamic psychotherapy, the relaxation response, and mindfulness meditation. *American Journal of Psychiatry* 142(1):1–8.

Leahy, R. L. 2007. Bipolar disorder: Causes, contexts, and treatments. *Journal of Clinical Psychology: In Session* 63(5):417–424.

Levitt, J. T., T. A. Brown, S. M. Orsillo, and D. H. Barlow. 2004. The effects of acceptance versus suppression of emotion on subjective and psychophysiological response to carbon dioxide challenge in patients with panic disorder. *Behavior Therapy* 35(4):747–766.

Linehan, M. M. 1993a. *Cognitive-Behavioral Treatment of Borderline Personality Disorder.* New York: Guilford Press.

Linehan, M. M. 1993b. *Skills Training Manual for Treating Borderline Personality Disorder.* New York: Guilford Press.

Linehan, M. M. 2000. *Opposite Action: Changing Emotions You Want to Change.* Seattle, WA: Behavioral Tech.

Linehan, M. M. 2003a. *From Chaos to Freedom: Getting Through a Crisis Without Making It Worse; Crisis Survival Skills; Part One—Distracting and Self-Soothing.* Seattle, WA: Behavioral Tech.

Linehan, M. M. 2003b. *From Chaos to Freedom: Getting Through a Crisis Without Making It Worse; Crisis Survival Skills; Part Two—Improving the Moment and Pros and Cons.* Seattle, WA: Behavioral Tech.

Linehan, M. M. 2003c. *From Chaos to Freedom: This One Moment; Skills for Everyday Mindfulness.* Seattle, WA: Behavioral Tech.

Linehan, M. M. 2003d. *From Suffering to Freedom: Practicing Reality Acceptance.* Seattle, WA: Behavioral Tech.

Magill, C. A. 2004. The boundary between borderline personality disorder and bipolar disorder: Current concepts and challenges. *Canadian Journal of Psychiatry* 49(8):551–556.

Malhi, G. S., B. Ivanovski, D. Hadzi-Pavlovic, P. B. Mitchell, E. Vieta, and P. Sachdev. 2007. Neuropsychological deficits and functional impairment in bipolar depression, hypomania and euthymia. *Bipolar Disorders* 9(1–2):114–125.

May, G. 1987. *Will and Spirit: A Contemplative Psychology.* New York: HarperOne.

McKay, M., J. C. Wood, and J. Brantley. 2007. *The Dialectical Behavior Therapy Skills Workbook: Practical DBT Exercises for Learning Mindfulness, Interpersonal Effectiveness, Emotion Regulation, and Distress Tolerance.* Oakland, CA: New Harbinger Publications.

McMain, S., L. M. Korman, and L. Dimeff. 2001. Dialectical behavior therapy and the treatment of emotional dysregulation. *Journal of Clinical Psychology* 57(2):183–196.

Miller, J. J., K. Fletcher, and J. Kabat-Zinn. 1995. Three-year follow-up and clinical implications of a mindfulness meditation-based stress reduction intervention in the treatment of anxiety disorders. *General Hospital Psychiatry* 17(3):192–200.

Oatley, K., and J. M. Jenkins. 1992. Human emotions: Function and dysfunction. *Annual Review of Psychology* 43:55–85.

O'Brien, J. T., A. Lloyd, I. McKeith, A. Gholkar, and N. Ferrier. 2004. A longitudinal study of hippocampal volume, cortisol levels, and cognition in older depressed subjects. *American Journal of Psychiatry* 161(11):2081–2090.

Ramirez Basco, M. 2006. *The Bipolar Workbook: Tools for Controlling Your Mood Swings*. New York: Guilford Press.

Rizvi, S., and A. E. Zaretsky. 2007. Psychotherapy through the phases of bipolar disorder: Evidence for general efficacy and differential effects. *Journal of Clinical Psychology: In Session* 63(5):491–506.

Roehrs, T., and T. Roth. 2001. Sleep, sleepiness and alcohol use. *Alcohol Research and Health* 25(2):101–109.

Salloum, I. M., and M. E. Thase. 2000. Impact of substance abuse on the course and treatment of bipolar disorder. *Bipolar Disorders* 2(3 pt. 2):269–280.

Segal, Z. V., J. M. G. Williams, and J. D. Teasdale. 2002. *Mindfulness-Based Cognitive Therapy for Depression*. New York: Guilford Press.

Simon, N. M., M. W. Otto, S. R. Wisniewski, M. Fossey, K. Sagduyu, E. Frank, G. S. Sachs, A. A. Nierenberg, M. E. Thase, and M. H. Pollack. 2004. Anxiety disorder comorbidity in bipolar disorder patients: Data from the first 500 participants in the Systematic Treatment Enhancement Program for Bipolar Disorder (STEP-BD). *American Journal of Psychiatry* 161(12):2222–2229.

Stoll, A. L., P. F. Renshaw, D. A. Yurgelun-Todd, and B. M. Cohen. 2000. Neuroimaging in bipolar disorder: What have we learned? *Biological Psychiatry* 48(6):505–517.

Strakowski, S. M., M. P. DelBello, D. E. Fleck, and S. Arndt. 2000. The impact of substance abuse on the course of bipolar disorder. *Biological Psychiatry* 48(6):477–485.

Teasdale, J. D., Z. V. Segal, J. M. G. Williams, V. A. Ridgeway, J. M. Soulsby, and M. A. Lau. 2000. Prevention of relapse/recurrence in major depression by mindfulness-based cognitive therapy. *Journal of Consulting and Clinical Psychology*, 68(4):615–623.

Thase, M. E. 2005. Bipolar depression: Issues in diagnosis and treatment. *Harvard Review of Psychiatry* 13(5):257–271.

Thase, M. E. 2006. Pharmacotherapy of bipolar depression: An update. *Current Psychiatry Reports* 8(6):478–488.

Tolle, E. 2006. *A New Earth: Awakening to Your Life's Purpose*. London: Penguin Books.

Van Laar, M., S. van Dorsselaer, K. Monshouwer, and R. de Graaf. 2007. Does cannabis use predict the first incidence of mood and anxiety disorders in the adult population? *Addiction* 102(8):1251–1260.

Vawter, M. P., W. J. Freed, and J. E. Kleinman. 2000. Neuropathology of bipolar disorder. *Biological Psychiatry* 48(6):486–504.

Velyvis, V. 2007. CBT for Bipolar Disorder. Spoken remarks at the Toronto Advanced Professional Education Cognitive Behavioural Therapy certificate program, Toronto, Ontario.

Williams, J. M. G., Y. Alatiq, C. Crane, T. Barnhofer, M. J. V. Fennell, D. S. Duggan, S. Hepburn, and G. M. Goodwin. 2008. Mindfulness-based cognitive therapy (MBCT) in bipolar disorder: Preliminary evaluation of immediate effects on between-episode functioning. *Journal of Affective Disorders* 107(1–3):275–279.

Williams, J. M. G., J. D. Teasdale, Z. V. Segal, and J. Kabat-Zinn. 2007. *The Mindful Way Through Depression.* New York: Guilford Press.

Zaretsky, A. E., S. Rizvi, and S. V. Parikh. 2007. How well do psychosocial interventions work in bipolar disorder? *Canadian Journal of Psychiatry* 52(1):14–21.

역자 소개

김 원

인제의대 서울백병원 정신건강의학과 부교수
정신건강의학과 전문의, 인지행동치료 전문가
가톨릭의대 졸업, 의학박사
미국 스탠퍼드의대 방문교수(조울병클리닉, 인지행동치료)
한국인지행동치료학회 부회장
대한우울조울병학회 홍보이사

저서 및 역서

조울병 치유로 가는 길 : 양극성장애 극복 가이드(공역)
인지행동치료에서의 메타포(공역)
양극성장애(공저)
조울병으로의 여행(공저)
똑똑한 인지행동치료(공역) 외 다수